AF218698

ACCESO GRATIS a la Lectura en la Nube

Para visualizar el libro electrónico en la nube de lectura envíe junto a su nombre y apellidos una fotografía del código de barras situado en la contraportada del libro y otra del ticket de compra a la dirección:

ebooktirant@tirant.com

En un máximo de 72 horas laborables le enviaremos el código de acceso con sus instrucciones.

EL MARCO LEGAL DE LA CULTURA Y LA CREACIÓN ARTÍSTICA

(Un estudio interdisciplinar)

EL MARCO LEGAL DE LA CULTURA Y LA CREACIÓN ARTÍSTICA

(Un estudio interdisciplinar)

Dirección y coordinación:

EVA DESDENTADO DAROCA

Autores:

ELENA DESDENTADO DAROCA
EVA DESDENTADO DAROCA
ALFONSO GARCÍA-MONCÓ
MANUEL LUCAS DURÁN
MARTA TIMÓN HERRERO

tirant lo blanch
Valencia, 2023

©   Eva Desdentado Daroca y otros

©   TIRANT LO BLANCH
EDITA: TIRANT LO BLANCH
C/ Artes Gráficas, 14 - 46010 - Valencia
TELFS.: 96/361 00 48 - 50
FAX: 96/369 41 51
Email: tlb@tirant.com
www.tirant.com
Librería virtual: www.tirant.es
DEPÓSITO LEGAL: V-2503-2023
ISBN: 978-84-1147-418-4

Si tiene alguna queja o sugerencia, envíenos un mail a: *atencioncliente@tirant.com*. En caso de no ser
atendida su sugerencia, por favor, lea en *www.tirant.net/index.php/empresa/politicas-de-empresa* nuestro
procedimiento de quejas.

Responsabilidad Social Corporativa: http://www.tirant.net/Docs/RSCTirant.pdf

Índice

Capítulo III
La libertad de creación artística como derecho fundamental autónomo. Su contenido y límites
MARTA TIMÓN HERRERO

Capítulo IV
Una aproximación al régimen jurídico de la propiedad intelectual. Los derechos de autor
MARTA TIMÓN HERRERO

Capítulo V

**Las formas de la intervención administrativa en la
cultura. En especial, la subvención pública cultural.**

EVA DESDENTADO DAROCA

Capítulo VI
La contratación pública cultural
Eva Desdentado Daroca

Capítulo VII
La relación laboral de los artistas
Elena Desdentado Daroca

Capítulo VIII
La protección social de los artistas
Elena Desdentado Daroca

Capítulo IX
La planificación fiscal de la gestión cultural
ALFONSO GARCÍA-MONCÓ

Capítulo X
Fiscalidad de las actividades culturales y artísticas
MANUEL LUCAS DURÁN

Presentación

El marco legal de la cultura y de la creación artística es complejo e interdisciplinar y en él se entremezclan importantes e interesantes cuestiones constitucionales, administrativas, civiles, laborales, fiscales, tributarias y de Seguridad Social.

Cuando se lanzó, en la Universidad de Alcalá, el Máster Universitario de Gestión Cultural y de Industrias Creativas y solicitaron del departamento de Ciencias Jurídicas nuestra participación en la impartición de una asignatura sobre los aspectos jurídicos de la materia, nos dimos cuenta de la dificultad de la tarea, de su carácter heterogéneo y de la escasez de estudios que abarcaran la cuestión de una forma sencilla y comprensible no solo para juristas, sino también para aquellos que se aproximan a ello desde otras materias, como es habitual en este tipo de másteres sobre gestión cultural.

La primera labor consistió en identificar los aspectos más importantes del marco legal general, sin descender al estudio de las regulaciones de sectores concretos de la cultura (cine, teatro, museos…), puesto que las características del máster y la duración de la asignatura no lo permitían. Nos pareció relevante, no obstante, que, aunque el marco legal se abordara de forma sintética y solo pudiera hacer referencia a la parte general, la docencia comprendiera los distintos aspectos que abarca el complejo poliedro que configuran estas regulaciones contando para ello con expertos en diferentes sectores del ordenamiento jurídico (constitucional, administrativo, civil, laboral, fiscal y tributario).

Este libro que ahora se presenta es fruto y reflejo de esa labor docente desarrollada en el Máster por los distintos profesores que han participado en el mismo desde sus respectivas especializaciones. Ha sido esta docencia la que nos ha convencido de la necesidad de un trabajo como el presente que esperamos sea de utilidad para los estudios que se realizan en la Universidad de Alcalá, pero también en otros másteres sobre gestión cultural y, en general, para las empresas, asociaciones, fundaciones y artistas que se mueven en el ámbito de la cultura y la creación.

A efectos de facilitar tanto la docencia como el aprendizaje y con la finalidad de que ambos puedan realizarse en diversos grados de profundidad según el deseo del lector, los capítulos ofrecen dos niveles de información; por un lado, exposiciones de la materia de carácter más general en el texto principal y en letra más grande y, por otro, informaciones adicionales que permiten profundizar o que aportan ejemplos y datos más concretos en párrafos adicionales y en letra más pequeña.

Hemos perseguido una redacción sencilla, clara y accesible tanto para juristas como para no juristas, incluyendo algunas claves generales sobre el funcionamiento del Derecho allí donde hemos considerado que era necesario para el no experto. Hemos optado, además, por ofrecer una perspectiva tanto teórica como práctica, incorporando jurisprudencia, ejemplos, casos prácticos, actividades y materiales para el debate. En cualquier caso, la bibliografía básica orientará a quién lo desee hacia una mayor profundización de los temas abordados en cada capítulo.

En los últimos años, se ha puesto de manifiesto la importancia del sector cultural y artístico y la necesidad de una adecuada regulación del mismo que tenga en cuenta sus singularidades. Desde el Libro Verde *Liberar el potencial de las industrias culturales y creativas* (COM (2010) 183), la Unión Europea ha insistido de forma reiterada en el relevante papel que desempeña el sector en nuestras sociedades promoviendo la diversidad, la evolución en valores, el pluralismo, la dinamización económica y la generación de empleo, pero también ha insistido en la necesidad de un marco legal y financiero adecuado para que puedan desarrollar todo su potencial. A ello se ha sumado también una fuerte reivindicación de las empresas dedicadas a este sector y de los artistas que se han venido encontrando con regulaciones que no tenían en cuenta las peculiaridades de su quehacer y han reclamado una normativa sensible y adaptada a sus características específicas.

La toma de conciencia sobre la relevancia del sector para nuestras sociedades democráticas, nuestro sistema de valores y nuestra economía, así como las constantes y fundadas reclamaciones de los artistas están traduciéndose en un Derecho de la Cultura de nueva generación que apenas asoma en el ámbito de las regulaciones ad-

ministrativas —ahora con un enfoque más centrado en el acceso a
la cultura y en la búsqueda de la imparcialidad de la intervención
pública—, pero que ha cuajado ya en amplias y recientes reformas
en sectores como el Derecho del Trabajo y de la Seguridad Social o
en modificaciones no tan amplias pero relevantes como la necesaria
adaptación de nuestra normativa de propiedad intelectual a las exigencias europeas de armonización en materia de derechos de autor
(especialmente en el contexto de una sociedad digital) o como la
reciente modificación de las retenciones del IRPF. Este libro aparece,
pues, en un momento especialmente oportuno ofreciendo una aproximación a un contenido normativo de gran novedad y actualidad
que condicionará el devenir del sector en los próximos años.

Es preciso reconocer las necesarias limitaciones del contenido de
este libro, pues el marco legal de la cultura y la creación artística es
muy amplio y no es posible, en un único volumen, abarcarlo en su
totalidad, como tampoco lo hace la asignatura del máster que ha dado lugar al mismo. Como ya se ha dicho, el libro se centra en la parte general, esto es, en las herramientas e instrumentos jurídicos de
carácter más transversal u horizontal, prescindiendo del análisis de
sectores concretos (patrimonio, cine, teatro, museos, bibliotecas...),
puesto que ello excede de los objetivos que nos hemos fijado y sobre-
dimensionaría el trabajo y su extensión.

La aproximación al marco legal general de la cultura y la creación
artística exige partir de una adecuada comprensión de las fuentes de
las que se nutre este sector del ordenamiento jurídico, de la complejidad de su sistema de producción (a nivel internacional, europeo
y nacional) y de la interrelación de sus normas, pero también de
las últimas líneas de tendencia y evolución en las regulaciones sobre
la cultura y en sus principios generales. A ello se dedica el capítulo
primero del libro, al que le sigue el análisis de nuestra *Constitución
cultural*, esto es, de los valores nucleares, de los principios generales
y de las libertades y derechos fundamentales de los que nos hemos
dotado en relación con la creación artística y la cultura, así como de
su régimen de protección, garantía y límites. Ello se aborda en el
capítulo segundo del libro, pero dada la centralidad de la libertad
artística, hemos dedicado un capítulo posterior (el capítulo tercero)
a un estudio específico de este derecho fundamental, complemen-
tando así el capítulo segundo y descargando a éste de contenido para

que pueda mostrar de una forma más sintética los rasgos fundamentales de esa *Constitución cultural* que no solo comprende los valores, principios y derechos, sino que impregna incluso nuestro modelo de organización territorial de Estado y determina una singular y única fórmula de distribución de competencias entre Estado y Comunidades Autónomas en esta materia.

Estrechamente ligado a lo anterior, aunque descendiendo a un plano más concreto, se encuentran cuestiones como las relativas a la organización administrativa para la cultura y las relaciones del sector con las Administraciones públicas. Estas cuestiones se incluyen también en el capítulo segundo. Hemos prestado especial atención a la obligación de relacionarse electrónicamente con la Administración, puesto que alcanza a las pymes tan presentes en el sector de la cultura en nuestro país y porque somos conscientes de las dificultades que tal obligación está generando con frecuencia, convirtiéndose a veces más en un obstáculo, trampa o merma de garantías, que en un avance o un instrumento para la agilización de las tramitaciones. Por lo que se refiere a la organización administrativa para la cultura, su adecuada comprensión es relevante por diversos motivos. En primer lugar, para entender la heterogeneidad de entes que operan en el ámbito del sector público de la cultura. Y, en segundo lugar, para comprender que su configuración no es una cuestión menor, sino que determina su régimen jurídico (entre otros aspectos, su contratación en el ámbito cultural) y condiciona su mayor o menor imparcialidad y objetividad en el desarrollo de sus funciones.

La libertad de creación artística reconocida constitucionalmente se encuentra fuertemente ligada al régimen de propiedad intelectual (derechos de autor y derechos conexos), pues es este el que protege a la persona creadora y a la obra creada en una compleja búsqueda del necesario incentivo a la creación y a la difusión y circulación de las obras sin que ello se traduzca en un detrimento de la adecuada protección del interés general o de otros bienes y derechos. El capítulo cuarto del libro aborda el análisis de este importante régimen de reconocimiento legal de derechos vinculados a la creación artística presentando el contenido, los límites y la protección de los derechos de autor (morales y patrimoniales).

Nuestra *Constitución cultural* no se detiene en la protección de la libertad de creación, sino que consagra —aunque sea como principio rector y no como derecho fundamental— la relevancia del acceso y la participación de la ciudadanía (con especial referencia a la juventud y a la tercera edad) en la cultura, así como de la protección y enriquecimiento de nuestro patrimonio cultural, estableciendo la obligación de nuestros poderes públicos de tutelar y promover esos objetivos. La intervención pública de tutela y promoción de la creación artística y la cultura es, pues, una exigencia constitucional, que puede traducirse en el desarrollo de una actividad administrativa de diverso tipo, pero fundamentalmente de incentivo, de prestación y de contratación. Tampoco puede olvidarse que, en ocasiones, la actividad cultural no solo genera beneficios para la sociedad, sino también molestias, perjuicios y externalidades negativas que requieren una intervención de limitación o policía por parte de nuestros poderes públicos.

El libro ofrece, en su capítulo quinto, un panorama general de estas diversas formas de intervención pública en el ámbito de la cultura, pero ahonda, por su especial relevancia y por el interés y dificultad de su régimen jurídico, en los instrumentos de la subvención (capítulo quinto) y la contratación pública (capítulo sexto).

El incentivo mediante la subvención resulta fundamental dada la trascendencia social de la cultura y las dificultades que frecuentemente afrontan las empresas del sector cultural (especialmente las pymes) para rentabilizar la realización de actividades artísticas o culturales. Es importante, sin embargo, que los perceptores de las ayudas sean conscientes de que ser beneficiario de dinero público implica importantes restricciones en su forma de actuación, así como obligaciones respecto al manejo de los fondos obtenidos que de incumplirse puede generar consecuencias graves y dar lugar a sanciones.

Por su parte, la contratación cultural pública es una vía fundamental para que las Administraciones satisfagan las necesidades culturales de la colectividad y preserven y mejoren nuestro patrimonio. El régimen de esa contratación merece un estudio particularizado no solo por la relevancia de la actividad que se desarrolla por esta vía, sino también por la dificultad y singularidad de su régimen jurídico, frecuentemente caracterizado por criterios singulares que convierten en regla lo que habitualmente, en el mundo ordinario de la contratación pública, es la excepción. Hemos hecho, por tanto, un esfuerzo por sistematizar y presentar de una forma ordenada este régimen singular acompañándolo de supuestos prácticos, ejemplos de contratación y jurisprudencia que ofrezcan una visión práctica de la materia. A estos efectos, quiero agradecer, desde estas páginas, la colaboración desinteresada y entusiasta de César Ruiz Nodar, Director de Área de Contratación, Patrimonio y Seguros del Ayuntamiento de Alcalá de Henares.

Dos aspectos fundamentales del marco legal de la actividad de creación artística y cultural y, que además han sido especialmente controvertidos, son los relativos a las relaciones laborales y al régimen de Seguridad Social de los artistas. La relación laboral de los artistas presenta múltiples aspectos de interés y una indudable complejidad. Algunos artistas actúan como asalariados y otros como autónomos y, en algunos casos, realizan su actividad en el ámbito de los espectáculos públicos. El deslinde del trabajo asalariado y autónomo no siempre es sencillo y la actividad laboral desarrollada en espectáculos públicos presenta particularidades (sobre todo, una acusada temporalidad) que requieren un régimen específico. No ha sido fácil acertar con un régimen especial adecuado y se han sucedido numerosas críticas que apuntaban fundamentalmente a que la laxitud de la regulación favorecía el abuso. Estas quejas sobre el régimen laboral especial se acompañaron de críticas adicionales en materia fiscal y de la Seguridad Social y cristalizaron en la reivindicación por parte del sector de un Estatuto del Artista. Ello se ha traducido en importantes y recientes reformas (Real Decreto-ley 5/2022, de 22 de marzo; Real Decreto-ley 1/2023, de 10 de enero) que se analizan con detenimiento en los capítulos séptimo y octavo del libro. Estos capítulos se caracterizan, pues, por su extraordinaria actualidad y permiten al artista conocer de forma sencilla y con supuestos prácticos, cuáles son, tras las recientísimas reformas, sus derechos como trabajador.

El libro se cierra con dos capítulos sobre la planificación fiscal de la gestión cultural y la fiscalidad de las actividades culturales y artísticas que abordan cuestiones cruciales, tales como: los beneficios y fórmulas fiscales necesarias para favorecer la actividad de las industrias culturales y creativas; las obligaciones frente al Fisco de los artistas y entidades que gestionan manifestaciones del arte o de la cultura;

y los impuestos directos o indirectos que se ven obligados estos a satisfacer ya sea cuando operan en el seno de una relación laboral o como personas autónomas. Se examina, también, el tratamiento fiscal que tiene la interposición de sociedades "instrumentales" para prestar servicios artísticos o culturales con la finalidad, en la mayoría de las ocasiones, de disminuir la "factura fiscal" que debe satisfacerse por las actividades creativas o de gestión. Y, por último, se hace una referencia a la fiscalidad del *crowdfunding*; una figura de gran actualidad e interés que está teniendo un gran impacto para la financiación de creaciones culturales y artísticas.

Esperamos que este trabajo pueda ser un instrumento para la docencia que, actualmente, se desarrolla en diversos másteres sobre gestión cultural o mercado del arte y también que aproxime y facilite la comprensión del marco legal general en que se mueven a aquellos que se dedican a la atractiva y admirable labor de la cultura y la creación artística, que tan relevantes son para nuestro adecuado desarrollo individual y colectivo. Pensando en todos ellos —profesores, alumnos, artistas y gestores culturales— hemos elaborado este libro y a ellos deseamos ser de alguna utilidad.

Eva Desdentado Daroca
Madrid, 1 de junio de 2023

Capítulo I
Las industrias culturales y creativas: concepto y fuentes de regulación

EVA DESDENTADO DAROCA
Catedrática de Derecho Administrativo
Universidad de Alcalá

1. LAS INDUSTRIAS CULTURALES Y CREATIVAS. CONCEPTO. OPORTUNIDADES, RETOS Y DIFICULTADES

1.1. El concepto de industria cultural y creativa

El sector cultural y creativo y, en particular, las industrias culturales y creativas (en adelante, ICC), tienen un rol esencial en nuestras sociedades. Por un lado, son motor del desarrollo económico y la generación de empleo, dinamizando otros sectores (ciencia e innovación, educación, turismo, urbanismo) y contribuyendo a la nueva economía creativa globalizada y digitalizada. Por otro lado, y sobre todo, contribuyen al bienestar social, al desarrollo de la personalidad de cada ciudadano, al diálogo intercultural y la integración social, a la creación de un patrimonio cultural común (local, regional, nacional y europeo), a preservar la diversidad cultural y lingüística, a dar formar a nuestras aspiraciones, a la evolución de los valores, al debate de ideas, a la existencia de una ciudadanía crítica y activa, y, en último término, a un adecuado funcionamiento de nuestras democracias.

En el año 2020 el sector de las ICC representaba un 4'2% del PIB de la UE y un 3'6% del empleo europeo; un 2'4% del PIB español y un 3'5% del empleo en España (Anuario de Estadísticas Culturales 2021). Por otro lado, el Informe de la UNESCO, *Tiempos de Cultura: el primer mapa mundial de las industrias culturales y creativas* (2015) señala que las industrias culturales y creativas generan cada año 2,25 billones de dólares, lo que supone el 3% del PIB mundial, y dan empleo a 29,5 millones de personas (1% de la población activa del mundo), siendo además un sector con un alto porcentaje de empleo de jóvenes. Según estos datos, el informe destaca que los

ingresos de las industrias culturales y creativas superan a los de los servicios de te-
lecomunicaciones y suponen más puestos de trabajo que los de la industria automo-
vilística de Europa, Japón y Estados Unidos en su conjunto (29,5 millones de empleos
frente a 25 millones).

Además las ICC contribuyen a la consecución de algunos de los ODS (Objetivos
de Desarrollo Sostenible), en particular de los ODS 3 (salud y bienestar), 4 (educación
de calidad), 8 (trabajo decente y crecimiento económico), 10 (reducción de las desigualdades) y 11 (ciudades y comunidades sostenibles).

El carácter dual de las ICC, por su doble vertiente económica y
cultural, ha sido debidamente destacado a nivel internacional, europeo y nacional, y esa naturaleza singular las diferencias de otros
tipos de sectores e industrias y justifica unas políticas y unas medidas
específicas.

Así se ha señalado en diversos instrumentos: *Políticas para la creatividad. Guía
para el desarrollo de las industrias culturales y creativas*, UNESCO, 2010; Reglamento
UE 818/2021 de aprobación del Programa Europa Creativa (2021-2027); Resolución del
Parlamento Europeo de 12 de mayo de 2011 sobre *Liberar el potencial de las industrias
culturales y creativas*.

En la Convención de la Unesco sobre la Protección y Promoción de la Diversidad
de las Expresiones Culturales se afirma, en particular, "que las actividades, los bienes
y los servicios culturales son de índole a la vez económica y cultural, porque son por-
tadores de identidades, valores y significados, y por consiguiente no deben tratarse
como si sólo tuviesen un valor comercial". Y en esta misma idea se basa la Unión
Europea para regular los servicios de comunicación audiovisual.

Pero, ¿qué comprende el sector cultural y creativo? ¿qué son las
industrias culturales y creativas? ¿qué tipos de actividades quedan
comprendidas en estos conceptos?

Es una cuestión compleja y sujeta a evolución (a una evolución,
de momento, expansiva), por lo que la UNESCO y la Unión Europea
optan por un enfoque amplio que comprende toda actividad organiza-
da que se basa en valores culturales o expresiones artísticas y otras
expresiones creativas, individuales o colectivas y que tiene como objeto la creación, producción, promoción, difusión y/o comercialización de bienes, servicios y actividades de contenido cultural, artístico
o patrimonial.

En el Libro Verde *Liberar el potencial de las industrias culturales y creativas*
(COM (2010) 183), se distingue entre industrias culturales e industrias creativas. Las

industrias culturales se definen como aquellas "que producen y distribuyen bienes o servicios que, en el momento en que se están creando, se considera que tienen un atributo, uso o fin específico que incorpora o transmite expresiones culturales, con independencia del valor comercial que puedan tener" (artes escénicas y visuales, video, radio, televisión, música, libros, patrimonio cultural...). Las industrias creativas, por otro lado, serían "aquellas que utilizan la cultura como material y tienen una dimensión cultural, aunque su producción sea principalmente funcional" (arquitectura, diseño, publicidad). No se integran en el concepto de ICC las industrias que se basan en la producción de contenido para su propio desarrollo y que presentan una cierta interdependencia con las ICC (turismo, nuevas tecnologías).

Se trata de un sector, de una industria, que se caracteriza, por tanto, por su extraordinaria diversidad. Comprende los tradicionales sectores artísticos (artes plásticas (pintura y escultura), artes escénicas y musicales (teatro, danza, música), arquitectura, literatura), las artes audiovisuales (cine, radio, televisión; a los que se añaden ahora juegos de video y multimedia), el diseño (diseño gráfico, diseño de moda, publicidad), el patrimonio cultural (incluido el sector público; museos, archivos, bibliotecas...) y la artesanía artística. Por otro lado, incluye tanto la realización de esas actividades por empresas como por artistas individuales.

Ahora bien, todas estas actividades tienen en común la creatividad como componente esencial y un contenido artístico o cultural, así como, frecuentemente, una vinculación con la libertad de creación artística y los derechos de propiedad intelectual.

1.2. Oportunidades, retos y dificultades de las ICC. El papel de los poderes públicos: la necesidad de una adecuada regulación y una buena política de fomento

La creatividad y la innovación son dos factores imprescindibles para avanzar hacia una nueva economía, en un contexto tecnológico y mundializado, así como para mejorar la competitividad, impulsar el empleo y dinamizar diversos sectores.

En la medida en que las ICC funcionan, como se dijo en el Plan de Fomento de las ICC 2016, como *"plataforma de interacción entre conocimiento, creación, arte, negocio y tecnología"* se encuentran en una posición privilegiada para impulsar la innovación, para crear empleo, para atraer inversores, estimular el consumo, aumentar el atractivo de las ciudades y regiones. Por ello, tanto a nivel europeo como nacional, se consideran un sector puntero y estratégico que permitirá avanzar hacia una nueva economía basada en la creatividad y la innovación, esto es, hacia la llamada "nueva economía creativa".

> Como se afirma en el *Libro Verde Liberar el potencial de las Industrias Culturales y Creativas*, "las ciudades y regiones consideran cada vez más que las infraestructuras culturales de primera clase y los servicios de alta tecnología, las buenas condiciones de vida y de ocio, el dinamismo de las comunidades culturales y el vigor de las ICC locales son factores de implantación indirectos que pueden ayudarles reforzar su competitividad económica estableciendo un entorno positivo para la innovación y atrayendo personas muy cualificadas así como empresas".

Las ICC facilitan, además, la consecución de otros objetivos. Proporcionan contenido a las redes digitales, facilitan la aceptación y desarrollo de las TIC y pueden contribuir a generar empleos verdes y consolidar un nuevo modelo sostenible de desarrollo, por lo que la Unión Europea las considera también una industria esencial para la lucha contra el cambio climático, así como un posible cauce para sensibilizar a la sociedad de los problemas medioambientales y promover cambios en el comportamiento social. Las ICC pueden impulsar el libre desarrollo de la personalidad, el debate de ideas, la evolución de los valores sociales, la ruptura de prejuicios sociales, la cohesión social y territorial (dinamizando las zonas más abandonadas, que sufren despoblación), el intercambio cultural, la circulación de información y conocimientos, y pueden también contribuir a una educación más creativa e innovadora y a la sensibilización y toma de conciencia sobre asuntos clave como la igualdad de género o la sostenibilidad ambiental. De ahí que la UNESCO en su informe *Re/pensar las políticas para la creatividad* (2022) reivindique la cultura y la labor que realizan las ICC como un bien público global y que la Red Española para el Desarrollo Sostenible (REDS) haya destacado el papel que la cultura y la creatividad pueden desempeñar en la consecución de los ODS de la Agenda 2030 en su informe *Objetivos de Desarrollo Sostenible y sus metas desde la perspectiva cultural*.

Por otra parte, las nuevas tecnologías ofrecen indudablemente a las ICC nuevas oportunidades de crecimiento, de incremento de su público y de impacto social. Sin embargo, las ICC también se encuentran con desafíos relevantes como: las dificultades de la incorporación de la digitalización y el paso de la forma tradicional de producción y distribución a otra que utilice las nuevas tecnologías; las insuficiencias de financiación y de retribución efectiva de la creación; la dimensión de las empresas (la mayoría microempresas, pymes y autónomos); el déficit de internacionalización; y, en ocasiones, la inadecuación de la normativa aplicable a las peculiaridades de un sector que requeriría reglas especiales que configuraran un marco legal favorable para que puedan prosperar y desarrollar todo su potencial, tanto social como económico.

Al margen de estas dificultades externas, las ICC deben afrontar también retos o dificultades internas. No puede obviarse que algunas actividades propias de las ICC generan externalidades medioambientales y, por tanto, deben realizar un esfuerzo por transformarse para desarrollar su labor de plena conformidad con el principio de sostenibilidad ambiental, minimizando impactos, reduciendo residuos, contaminación, consumo de agua y energía, etc. Por otra parte, es sabido que el mundo de la cultura no es ajeno a las desigualdades y, en particular, a las dificultades de las mujeres para desarrollar su carrera profesional y conciliar su vida profesional y familiar, por lo que este es también un ámbito en el que son posibles mejoras y cambios.

De ahí la importancia de que los poderes públicos desarrollen tanto una adecuada regulación del sector, como una política de fomento y de contratación consistente y efectiva con estos objetivos, principios y valores.

Como ha señalado la UNESCO en su documento *Políticas para la creatividad. Guía para el desarrollo de las industrias culturales y creativas* (2010), es imprescindible un análisis del marco jurídico de las ICC para identificar las carencias, vacíos, inadecuaciones y necesidades de actualización normativa, prestando atención no solo a la regulación cultural específica, sino también a las normas de distinta índole —fiscal, laboral, mercantil, administrativa— que pueden tener también un impacto en el desarrollo y funcionamiento de las ICC.

En el informe de la Unión Europea *The role of public policies in developing entrepreneurial and innovation potential of the cultural and creative sectors* (2018) se señalan algunos factores que conviene tener presentes en la regulación del sector cultural y creativo: 1) la necesidad de ahondar en las especificidades del mismo, 2) los problemas de los derechos de propiedad intelectual como forma de retribución de la creatividad y la innovación, 3) las dificultades que tienen los profesionales del sector para lograr una adecuada cobertura de la Seguridad Social, 4) la necesidad de reducir las cargas y la complejidad burocrática, atendiendo a que un número importante de profesionales del sector se organiza como autónomos o como microempresas y pymes.

A ello hay que añadir el enfoque de la sostenibilidad medioambiental y la alineación, en general, con los ODS de la Agenda 2030, tal y como se ha señalado en numerosas Declaraciones y resoluciones internacionales.

> Entre ellas, cabe destacar la Declaración de Hangzhou "Situar la cultura en el centro de las políticas de desarrollo sostenible" (2013), la Declaración de Florencia "Cultura, Creatividad y Desarrollo Sostenible" (2014), la Declaración final de Mondiacult (Conferencia sobre políticas culturales y desarrollo sostenible, 2022) y las resoluciones A/66/288 sobre *El futuro que queremos* (2012) y A/68/223 sobre *Cultura y Desarrollo Sostenible* (2013).

En consecuencia, resulta esencial enfocar las políticas públicas, las estrategias, planes, subvenciones y contratos en materia cultural desde esta perspectiva y, singularmente, desde la perspectiva ecológica y de lucha contra el cambio climático. Pero la incidencia de la cultura va más allá del reto medioambiental, impregnando otras políticas públicas y contribuyendo a otros objetivos del desarrollo sostenible, lo que evidencia su naturaleza transversal; la cultura es una especialidad o un sector de regulación específico, pero al mismo tiempo es un factor o elemento que puede y debe impregnar las regulaciones que se ocupan de otros ámbitos como la educación, la ordenación del territorio, el urbanismo, el turismo, o el desarrollo local y la lucha contra la despoblación, entre otros.

2. LAS FUENTES DE REGULACIÓN DE LAS ICC

2.1. La complejidad de las fuentes de regulación de las ICC. Los niveles internacional, europeo, regional y local

2.1.1. Derecho Internacional: la relevancia de las Convenciones de la UNESCO

La regulación del sector cultural y de las ICC es compleja, como lo son sus fuentes. La producción normativa tiene lugar a todos los niveles: internacional, europeo, nacional, regional y local.

En el nivel internacional, destaca la labor desarrollada por las Naciones Unidas y, más concretamente, por la UNESCO.

Las declaraciones, pactos, convenciones, informes, recomendaciones y programas de la UNESCO tienen una extraordinaria importancia e inspiran y constituyen el marco en el que se desarrollan tanto la regulación y política cultural europea como española.

En la Declaración Universal de Derechos Humanos aprobada por la UNESCO en 1948 se afirma que *"toda persona tiene derecho a tomar parte libremente en la vida cultural de la comunidad"* y *"a gozar de las artes"* (art. 27.1), así como que *"toda persona tiene derecho a la protección de los intereses morales y materiales que le correspondan por razón de las producciones.... literarias o artísticas de que sea autora"*.

De igual forma, en el Pacto Internacional de Derechos Económicos, Sociales y Culturales (art. 15), los Estados parte reconocen la libertad para la actividad creadora y el derecho a beneficiarse de la protección de los intereses morales y materiales que le correspondan en razón de las producciones literarias o artísticas de las que sea autora. También reconocen el derecho de toda persona a participar en la vida cultural y la obligación de los poderes públicos de adoptar medidas para asegurar el ejercicio de ese derecho, entre las que se citan, expresamente, la conservación, el desarrollo y la difusión de la cultura. Por último, los Estados reconocen los beneficios que derivan del fomento y desarrollo de la cooperación y de las relaciones internacionales en cuestiones culturales.

Por su parte, en el Pacto Internacional de Derechos Civiles y Políticos se consagra (art. 19) el derecho de toda persona *"a la liber-*

tad de expresión" que comprende *"la libertad de buscar, recibir y difundir informaciones e ideas de toda índole, sin consideración de fronteras, ya sea oralmente, por escrito o en forma impresa o artística, o por cualquier otro procedimiento de su elección"* (apartado 1) si bien se añade que el ejercicio de ese derecho *"entraña deberes y responsabilidades especiales".* Por consiguiente, puede estar sujeto a ciertas restricciones, que deberán, sin embargo, estar expresamente fijadas por la ley y ser necesarias para: a) asegurar el respeto a los derechos o a la reputación de los demás; b) la protección de la seguridad nacional, el orden público o la salud o la moral públicas. Por otro lado, en el art. 27 se afirma que los Estados respetarán el derecho de las personas que pertenezcan a minorías étnicas, religiosas o lingüísticas, en común con los demás miembros de su grupo, a tener su propia vida cultural y a emplear su propio idioma.

La UNESCO desarrolla, también, una importante labor de protección del patrimonio cultural en la que destacan sus convenciones y recomendaciones sobre la preservación del patrimonio cultural. Estas convenciones muestran la extraordinaria evolución en los objetivos internacionales de preservación y defensa del patrimonio cultural que ha avanzado desde la protección en casos extremos de conflicto bélico, pasando por medidas más generales de preservación del patrimonio cultural mundial hasta la protección del patrimonio inmaterial y la diversidad de expresiones culturales.

En particular, hay que mencionar: la Convención para la Protección de los Bienes Culturales en caso de Conflicto Armado de 1954; la Convención para la Protección del Patrimonio Mundial, Cultural y Natural de 1972; la Convención sobre las Medidas para evitar la Importación, Exportación y Transferencia de Propiedades Ilícitas de Bienes Culturales de 1979; la Convención para la Protección del Patrimonio Subacuático de 2001; la Convención para la Salvaguarda del Patrimonio Inmaterial de 2003; y la Convención para la Protección de la Diversidad de las Expresiones Culturales de 2005.

También merece destacarse la Recomendación relativa a la condición del artista, en la que se afirma la relevancia del arte y del artista para el conjunto de la sociedad y, por tanto, la importancia de que los poderes públicos desarrollen políticas que garanticen el fomento de la creación artística en la educación, el apoyo al desarrollo de la labor creadora, la participación del artista en las políticas culturales, la protección del artista en materia laboral y de seguridad social, una retribución justa del arte y un adecuado sistema de protección de los derechos de propiedad intelectual.

2.1.2. Derecho europeo

La siguiente fuente de producción de Derecho Cultural es la que procede de organizaciones supranacionales en las que los Estados han cedido parte de su soberanía, como es el caso, en lo que a nosotros interesa, de la Unión Europea.

Es indudable que la cultura constituye un pilar nuclear de la propia existencia de la Unión: los países miembros que la conforman comparten una cultura común que actúa de elemento aglutinador y explica la propia configuración de la Unión. Sin embargo, las competencias en materia de cultura no estuvieron presentes en los tratados iniciales y las referencias a la cultura eran escasas. Esta situación ha ido, no obstante, evolucionando.

En el Tratado de la Unión Europea, esta se compromete a respetar la riqueza de su diversidad cultural y lingüística y a velar por la conservación y el desarrollo del patrimonio cultural europeo (art. 3).

Por otro lado, la Unión reconoce los derechos y libertades enunciados en la Carta de Derechos Fundamentales de la Unión —que tiene el mismo valor jurídico que los Tratados— y que consagra la libertad artística (*"las artes son libres"* dice su artículo 13).

También se integran en el Derecho de la Unión los derechos fundamentales garantizados por el Convenio Europeo para la Protección de los Derechos Humanos y de las Libertades Fundamentales que operan como principios generales del Derecho Comunitario. Por ello, hay que recordar que el Convenio no consagra específicamente la libertad artística, pero que esta se entiende comprendida —como se deriva de la redacción del art. 10— en la libertad de expresión. Esta libertad, dice el Convenio, comprende la libertad de opinión y la libertad de recibir o de comunicar informaciones o ideas sin que pueda haber injerencia de autoridades públicas y sin consideración de fronteras. No obstante, a continuación, añade que ello no impide que los Estados sometan a las empresas de radiodifusión, de cinematografía o de televisión a un régimen de autorización previa. Y en general dispone que el ejercicio de la libertad de expresión entraña deberes y responsabilidades y puede ser sometido a ciertas formalidades, condiciones, restricciones o sanciones, previstas por la ley, cuando constituyan medidas necesarias, en una sociedad democrática, para la seguridad nacional, la integridad territorial o la seguridad pública, la defensa del orden y la prevención del delito, la protección de la salud o de la moral, la protección de la reputación o de los derechos ajenos, para impedir la divulgación de informaciones confidenciales o para garantizar la autoridad y la imparcialidad del poder judicial.

Por lo que se refiere a las competencias de la Unión Europea en materia de cultura, el Tratado de funcionamiento de la Unión (art. 6) prevé que esta tiene competencia para llevar a cabo acciones de coordinación o de apoyo, así como de complemento de la acción de los Estados miembros en materia de cultura y también de industria, turismo y educación. Y también que tendrá en cuenta los aspectos culturales en su actuación en virtud de otras competencias, en particular con la finalidad de respetar y fomentar la diversidad de sus culturas.

De ahí que el art. 167 del mismo Tratado establezca que la Unión contribuirá al florecimiento de las culturas de los Estados miembros, dentro del respeto de su diversidad nacional y regional, poniendo de relieve al mismo tiempo el patrimonio cultural común.

También debe la Unión favorecer la cooperación entre Estados miembros y, si fuere necesario, apoyar y completar la acción de éstos en relación con: la mejora del conocimiento y la difusión de la cultura y la historia de los pueblos europeos; la conservación y protección del patrimonio cultural de importancia europea; los intercambios culturales no comerciales; la creación artística y literaria, incluido el sector audiovisual.

La Unión puede, asimismo, fomentar la cooperación con los terceros países y con las organizaciones internacionales competentes en el ámbito de la cultura, especialmente con el Consejo de Europa.

En cualquier caso, en la medida en que la competencia en materia de cultura de la Unión es una competencia de apoyo y complemento de las acciones de los Estados miembros, no puede sustituir la competencia de estos en ese ámbito y sus decisiones no pueden comportar tampoco armonización alguna de las disposiciones legales y reglamentarias nacionales.

En ejercicio de estas competencias en materia de cultura, la Unión Europea ha dictado algunas normas relevantes. Entre ellas cabe destacar, la regulación sobre la exportación de bienes culturales (Reglamento 116/2009, de 18 de diciembre), la restitución de bienes culturales que han salido de forma ilegal del territorio de un Estado miembro (Directiva 2014/60/UE) y la prestación de servicios de comunicación audiovisual (Directiva 2010/13/UE).

> Un aspecto fundamental de la acción de la UE ha sido la creación de un mercado único europeo para los servicios audiovisuales y la llamada "excepción cultural" que permite a los Estados establecer cuotas de pantalla en la televisión y en el cine como excepción al principio de libre circulación de bienes y servicios en el mercado europeo sobre la base de la preservación de la diversidad cultural y lingüística.

Por último, hay que señalar que la Unión apoya y fomenta la cultura mediante diversos instrumentos, como el programa Europa Creativa 2021-2027 y sus subprogramas (Cultura y Media), el sello de patrimonio europeo, las capitales europeas de la cultura y diversos premios (arquitectura, música, literatura…).

> Dentro del Programa Europa Creativa se ha incluido un sistema de garantías para créditos, implementado por la Comisión Europea, a través del Fondo Europeo de Inversiones (FEI), y que complementa las ayudas de los dos subprogramas y otras ayudas que se dan en el marco de los Fondos Estructurales o de otros programas como el Programa para la Innovación y Competitividad. Se trata de ayudar a las pymes del sector cultural a salvar las dificultades a las que suele enfrentarse para acceder a créditos bancarios para financiar sus proyectos. Existen diversas razones que explican esas dificultades: a) el carácter intangible de los activos del sector cultural y creativo (los derechos de autor); b) los productos del sector cultural y creativo muy frecuentemente no se producen en serie; c) la disposición a invertir en el sector es baja tanto por la falta de capacidades empresariales para convencer a las instituciones financieras de invertir como por el desconocimiento de las instituciones financieras de estos sectores. Ello se traduce en un déficit de financiación que no siempre puede solventarse mediante subvenciones.
>
> La Comisión Europea cubre el 70% del riesgo de la financiación concedida a las PYME para facilitar su acceso al crédito. De esta manera se ayuda a las PYMES a conseguir créditos bancarios para la financiación de sus proyectos. Para solicitarlo, las empresas de los sectores culturales y creativos deben contactar con los interme-

diarios financieros seleccionados para cada país. En el caso de España, la Compañía Española de Reafianzamiento (CERSA).

Cada año dos ciudades de dos países de la Unión Europea se designan capitales europeas de la cultura, siendo seleccionadas por un comité de expertos sobre la base de un programa cultural de dimensión europea (Decisión n. 455/2014/UE para el periodo 2020-2033).

El sello de patrimonio europeo se concede a parajes de gran valor simbólico, claves en la historia y la cultura europea y de la Unión Europea, valorándose su relación con los principios democráticos y los derechos humanos. Su finalidad es reforzar el sentimiento de pertenencia a la Unión y el diálogo intercultural y potenciar el valor del patrimonio cultural europeo (Decisión n. 1194/2011/UE).

2.1.3. El Derecho nacional, regional y local: características generales y nuevas tendencias. ¿Hacia un Derecho de la Cultura de nueva generación?

España es un Estado descentralizado, un Estado organizado territorialmente en Comunidades Autónomas, ciudades autónomas (Ceuta y Melilla) y entes locales. Las Comunidades Autónomas son fruto de una fuerte descentralización política, por lo que cada una de ellas cuenta con poder legislativo y ejecutivo. Los entes locales son fruto de una descentralización administrativa para la gestión de los propios intereses, lo que implica el desarrollo de una amplia función ejecutiva y administrativa.

El reparto de competencias entre estas distintas instancias es complejo, pero, como veremos más adelante con más detalle, tanto el Estado como las Comunidades Autónomas y los entes locales tienen competencia en materia de cultura, lo que da lugar a una vasta producción normativa y a normas culturales tanto estatales como autonómicas y locales.

En todo caso, los cierto es que, desde una perspectiva sustantiva, no todos los ámbitos del sector cultural cuentan con el mismo nivel de regulación; algunos sectores están más intensamente regulados (televisión, radio, prensa, cine, patrimonio, archivos y bibliotecas…) que otros (música, pintura, escultura…).

Por otro lado, hasta el momento, en la regulación cultural ha predominado una normativa de carácter especial o sectorial, esto es, una regulación que ha abordado la regulación de diversos sectores o ámbitos de la cultura por separado y de forma singularizada: patrimonio cultural e histórico, bibliotecas, archivos, museos, artesanía, teatro y danza, cine, audiovisual, tauromaquia. Recientemente hay, por el contrario, una nueva tendencia regulatoria de carácter más integral u horizontal.

Esta nueva línea de regulación busca desarrollar más detalladamente las responsabilidades del poder público en relación con la cultura atendiendo a su función social, a su carácter de bien básico de primera necesidad y a su relevancia tanto para la conformación de la persona a nivel individual, como para la configuración de una sociedad libre, plural y democrática. Por otro lado, persigue también el establecimiento de nuevas garantías para un adecuado ejercicio de los derechos culturales, en especial, para el ejercicio de la libertad de creación artística (eliminando la interferencia ideológica desde el poder público en el arte) y el derecho de acceso a la cultura en condiciones de igualdad efectiva (removiendo todo factor de discriminación y garantizando la equidad social y territorial). Se plantean, también otras medidas de interés como el apoyo a una red equilibrada de equipamientos culturales en el territorio y la creación de un sistema público cultural basado en la colaboración, cooperación y coordinación y dotado de equipamientos culturales suficientes, adecuados y de proximidad. La cultura libre y procomún y el *copyfarleft* se adoptan como vía para mejorar la accesibilidad a publicaciones realizadas por las Administraciones públicas, de igual forma que se facilita el acceso virtual a la cultura mediante la creación de Portales Digitales de la Cultura y se asume por las Administraciones un papel de mediación cultural que facilite a la ciudadanía la compresión de las manifestaciones culturales y artísticas.

Se advierte también en estas nuevas propuestas de regulación, la preocupación por la injerencia de los poderes públicos en la creación cultural y se contemplan mecanismos para garantizar la autonomía en la gestión y dirección artística de los equipamientos culturales públicos.

La única norma aprobada hasta el momento que responde a esta nueva tendencia regulatoria es la Ley foral 1/2019, de 15 de enero, de Derechos Culturales de Navarra, pero existen también varias proposiciones de ley que se han presentado en diversas Comunidades

Autónomas, como Madrid [Proposición de Ley del Sistema Público de Cultura de la Comunidad de Madrid (Grupo Parlamentario Socialista) y Proposición de Ley de Cultura y Derechos Culturales de la Comunidad de Madrid (Grupo Parlamentario Más Madrid)] y Canarias [Proposición de Ley del Sistema Público de Cultura de Canarias (varios grupos parlamentarios)], y alguna proposición no de ley, como la presentada por el Grupo Parlamentario Ciudadanos-Partido de la Ciudadanía en Aragón, instando a que el Proyecto de Ley de Cultura que se prevé elaborar en esta Comunidad Autónoma se incluyan medidas para hacer frente a la llamada "cultura de la cancelación". También responde a esta nueva tendencia regulatoria el Anteproyecto de Ley de Derechos Culturales de Cataluña.

2.1.4. ¿Principios generales específicos del marco legal de las industrias culturales y creativas?

El Derecho no se compone solo de normas, sino también de principios generales, esto es, de valores nucleares subyacentes a la totalidad del ordenamiento jurídico. Estos principios juegan un papel crucial en el sistema jurídico: informan el ordenamiento jurídico, ayudan en la labor de interpretación de las normas, operan de límite de la actuación de los poderes públicos y de la Administración en particular, y son, además, un instrumento esencial para salvar las incoherencias y las lagunas de las regulaciones escritas (art. 1.4 del Código Civil).

Entre estos principios generales se encuentran, entre otros, el principio de igualdad, el principio de legalidad, el principio de irretroactividad de las normas sancionadoras desfavorables, el principio de interdicción de la arbitrariedad de los poderes públicos, el principio de racionalidad, el principio de proporcionalidad, el principio de razonabilidad, el principio de sostenibilidad (económica, social y ambiental), el principio de seguridad jurídica y el principio de buena fe y confianza legítima. Todos ellos son principios de relevancia transversal pues pueden operar en cualquier ámbito del Derecho, pero los sectores con regulación específica suelen contar, además, con principios generales singulares, propios de esa disciplina concreta. Así ocurre, por ejemplo, en el Derecho del Medio Ambiente que cuenta con principios específicos como los de quien contamina paga, no regresión, precaución y prevención, o en el Derecho Urbanístico en el que encontramos también principios propios, como el principio de equidistribución de cargas y beneficios.

Cabe preguntarse, por tanto, si el Derecho que regula la cultura y la creación artística cuenta también con principios generales particulares de esta rama. No es esta una cuestión que haya sido objeto de especial análisis y estudio por la doctrina. Pueden, no obstante, identificarse algunos principios o valores nucleares de las regulaciones en materia de cultura tanto de nivel nacional como supranacional. Entre esos principios podríamos enunciar los principios de respeto a la diversidad cultural, de inclusión en el acceso a la cultura, de excepcionalidad cultural, de pluralismo cultural, de respeto a la libertad de creación artística y de promoción cultural por los poderes públicos.

Presenta especial interés la relación entre estos últimos principios puesto que entre ellos que puede generarse cierta tensión: el principio de pluralismo cultural y de libertad de creación y el principio de promoción de la cultura por el poder público. Sin duda, el arte y la cultura han de desenvolverse en un espacio de libertad, de no injerencia, de respeto al pluralismo, a la innovación e incluso a la transgresión para que puedan cumplir el importante papel que desempeñan en el desarrollo tanto del individuo como de la sociedad. No es deseable por ello el dirigismo público, ni la manipulación de la cultura o de la creación artística desde el poder en favor de determinadas ideas, grupos o ideologías; el artista debe ser enteramente libre para cumplir su función y la cultura debe desenvolverse en un clima abierto y sin restricciones o imposiciones innecesarias. Pero, por otra parte, la cultura y el arte, precisamente por su relevancia, por su esencial función social y su condición de bien básico y de primera necesidad, merecen y precisan apoyo público e incluso intervención o acción pública y no deben quedar exclusivamente al albur de las dinámicas del mercado, ni restringido su disfrute a aquellos que puedan permitírselo económicamente. De ahí, la importancia crucial del principio de promoción o intervención públicas en este sector.

La conciliación entre promoción/intervención y pluralismo cultural/libertad de creación apuntan, pues, necesariamente hacia otro principio esencial: el principio de neutralidad del Estado en materia de cultura, también conocido como principio de autonomía de la cultura. El Estado tiene un papel de extraordinaria importancia promoviendo la cultura y las artes, facilitando y garantizando el acceso a las mismas de la ciudadanía, pero ha de hacerlo desde una exquisita neutralidad en lo que se refiere a los contenidos. Las decisiones de promoción o fomento no deben depender de que guste o no a los políticos o administradores el contenido de la obra de un artista, ni pueden servir para fomentar determinadas manifestaciones culturales en detrimento de otras, de igual forma que las programaciones públicas o financiadas con dinero público no deben responder, en sus contenidos, a los deseos o intereses de nuestros dirigentes políticos. Las decisiones públicas deben adoptarse sobre la base de estrictos criterios de calidad y adoptarse por expertos o, al menos, contando con el asesoramiento de comités especializados; el principio o criterio de *expertise* debe guiar e impregnar tanto la organización administrativa como los procedimientos administrativos (programación, subvención, contratación, selección de directivos de los entes con funciones culturales...).

2.2. *La pirámide kelseniana: el Derecho como sistema y los principios de relación internormativa*

El Derecho no es un mero conjunto de normas. Es un sistema en el que las normas están ordenadas conforme a principios. La gráfica representación de Kelsen del Derecho como una pirámide pone de manifiesto el carácter vertical y fuertemente jerarquizado del ordenamiento jurídico. Sin duda, el principio de jerarquía (*lex superior derogat inferiori*) juega un papel capital en la ordenación del sistema. En la cúspide de la pirámide del Derecho nacional se sitúa la Constitución que es nuestro pacto de convivencia y la norma que establece nuestros valores, principios y derechos fundamentales, nuestro modelo de Estado y nuestras instituciones más relevantes. Inmediatamente por debajo de la Constitución en la pirámide, nos encontramos con la ley que es expresión de la voluntad del pueblo a través de sus representantes. Y en el último peldaño de la pirámide aparecen los reglamentos estatales, autonómicos y locales que proceden del poder ejecutivo y no del poder legislativo.

La validez de las normas depende de su conformidad con las normas de rango superior. Una ley contraria a la Constitución, que vulnera, por ejemplo, la libertad de creación artística, es una ley inválida dentro del sistema, que debe ser depurada y expulsada del mismo a través de los cauces pertinentes (en nuestro modelo, solo el Tribunal Constitucional puede anular las leyes inconstitucionales, aunque los tribunales pueden plantear cuestión de inconstitucionalidad). Un reglamento que vulnera la ley o la Constitución es igualmente un reglamento inválido que puede ser depurado y expulsado del ordenamiento jurídico (en este caso, la jurisdicción ordinaria puede proceder a la anulación de la disposición reglamentaria inconstitucional o ilegal).

No obstante, el principio de jerarquía no es el único que rige las relaciones entre las normas. En un Estado descentralizado territorialmente como el nuestro, la distribución competencial condiciona la relación entre normas y obliga a introducir el principio de competencia que atiende, en caso de conflicto entre normas, a determinar la validez de las mismas en función de quién tiene atribuida la competencia sobre la materia que aborda la norma. Una ley autonómica contraria a una ley estatal puede ser válida si regula una materia que le es propia teniendo en cuenta la competencia que corresponde a la legislación autonómica, pues, en tal caso, es la ley estatal la que resulta ser inválida al haber invadido un ámbito material que no le corresponde al no ser competencia del Estado.

Por otra parte, el sistema de fuentes actual es complejo y la diversidad tipológica de normas responde, en ocasiones, no a un criterio de competencia, sino a un criterio puramente material y procedimental: determinadas materias han de ser reguladas por un tipo singular de norma que se tramita además por un procedimiento normativo específico. Tal es el caso, por ejemplo, de la ley orgánica que tiene encomendada la regulación de ciertas materias (entre ellas el desarrollo del contenido esencial de los derechos fundamentales) y que requiere para su aprobación de una mayoría absoluta, en lugar de la mayoría simple que requiere la ley común u ordinaria. En estos casos, el principio que rige la relación internormativa no es el de jerarquía, ni el de competencia; se trata del principio de procedimiento que atiende a qué materia ha de ser regulada por el tipo de norma en cuestión y a través de qué procedimiento. Por ello, ciertas materias están reservadas a ley orgánica, pero esta también está reservada a esas materias concretas, con escasas y muy restrictivas excepciones.

El Derecho no es, en todo caso, un sistema estático, sino dinámico: las normas se aprueban y están vigentes un tiempo (más o menos extenso según los casos y la volatilidad de cada sector del Derecho) hasta que se derogan expresa o tácitamente por otras normas.

En caso de conflicto entre normas, además de los principios de jerarquía (*lex superior derogat inferiori*), competencia y procedimiento, pueden entrar en juego los principios de cronología y de especialidad para determinar la norma aplicable. El principio de cronología (*lex posterior derogat priori*) implica que la norma posterior deroga a la anterior en el tiempo. El principio de especialidad, por su parte, prescribe que la norma especial deroga a la general (*lex specialis derogat generali*). No obstante, el juego de estos principios, aplicados al mismo supuesto, puede dar lugar a resultados dispares, sin que estén ordenados o jerarquizados entre sí, por lo que, en tales casos, el conflicto requiere una operación interpretativa que es ineludible y, a veces, controvertida.

Por lo que se refiere a la aplicación del Derecho en el tiempo, las normas entran en vigor, es decir, son eficaces, una vez publicadas en el boletín oficial correspondiente, en la fecha que se disponga en la propia norma (puede ser el mismo día de la publicación o en un momento posterior y no tiene por qué entrar en vigor toda la norma al mismo tiempo; en ocasiones, la entrada en vigor es diferente para distintas partes de la norma). Si la propia norma no dispone nada al respecto rige la regla de *vacatio legis* del art. 2.1 del Código Civil conforme a la cual las normas entran en vigor a los veinte días de su publicación.

La pirámide kelseniana, como representación del Derecho, y la propia articulación de las fuentes se complica si al Derecho nacional, le añadimos el Derecho europeo e internacional. El Derecho europeo, compuesto fundamentalmente por Reglamentos y Directivas, se aplica directamente en nuestro país sin necesidad de que se proceda a su publicación en el boletín oficial del Estado, puesto que España pertenece a la Unión Europea que es una organización supranacional a la que nuestro país voluntariamente ha cedido parte de su soberanía. Sin embargo, de las normas que integran el Derecho internacional, solo forman parte del Derecho español los tratados válidamente celebrados por nuestro país y debidamente publicados en el boletín oficial del Estado.

Conviene advertir que la aplicación de los reglamentos y directivas comunitarias es diferente. Los reglamentos europeos son normas que establecen una regulación plena o completa que se aplica íntegramente en nuestro país. Las directivas son normas, en principio, de objetivos, esto es, que fijan fines comunes a todos los países miembros, que están obligados a su consecución, pero con libertad en cuanto a los medios o políticas para lograr esos fines. Por ello, las directivas, a diferencia de los reglamentos, exigen una norma nacional de trasposición, esto es, una norma de desarrollo que establezca una determinada política, unas regulaciones y medios concretos, para la consecución de los objetivos comunes a toda la Unión.

3. BIBLIOGRAFÍA BÁSICA

AAVV, *Manual Atalaya de apoyo a la gestión cultural*, 2013, http://atalayagestioncultural.es, consultado 03/03/2023.

Fundación Gabeiras y Gabeiras&Asociados, *Reflexiones sobre los impactos de los sectores culturales y creativos*, disponible *on line* en https://lacultivadaediciones.es/reflexiones-sobre-los-impactos-de-los-sectores-culturales-y-creativos/, consultado 03/03/2023.

Padrós Reig, C. *Derecho y cultura*, Atelier, Derecho y cultura, Barcelona, 2000.

Pérez-Bustamante Yábar, D. C., *La política cultural de la Unión Europea*, Dykinson, Madrid, 2011.

Prieto de Pedro, J. J., "El Derecho de la Cultura", en T. Cano Campos (coord.), *Lecciones y materiales para el estudio del Derecho Administrativo*, tomo VIII, vol. 2, Iustel, Madrid, 2009.
   – *Cultura, culturas y Constitución*, CEPC, Madrid, 2004.

Sánchez Morón, M., *Derecho Administrativo, Parte General*, Tecnos, Madrid, 2022.

Vaquer Caballería, M., *Estado y cultura: la función cultural de los poderes públicos en la Constitución Española*, Ramón Areces, Madrid, 1998.
   – "Las Administraciones públicas, ¿sirven con objetividad a la libertad del arte?", en Vaquer Caballería, M., Dedeu, R. y Timón, M. y otros, *Libertad, arte y cultura. Reflexiones sobre la libertad de creación artística*, en https://lacultivadaediciones.es/3d-flip-book/libertad-arte-y-cultura-

reflexiones-juridicas-sobre-la-libertad-de-creacion-artistica/, consultado el 03/03/2023.

4. MATERIALES, ACTIVIDADES Y/O CASOS

ACTIVIDAD n. 1. Lectura y debate en torno al trabajo de Lyndell Prott, "Entenderse acerca de los derechos culturales" en Halina Niec, *¿A favor o en contra de los derechos culturales? Compilación de ensayos en conmemoración del cincuentenario de la Declaración Universal de los Derechos Humanos*, Ediciones Unesco, París, 2001, págs. 257 y ss (https://unesdoc.unesco.org/ark:/48223/pf0000123891).

Algunos puntos para el debate:

1. ¿Qué es la cultura? ¿Existe una única acepción del término "cultura"?
2. ¿Qué son los derechos culturales? ¿Qué tipos de derechos culturales se identifican en el texto? ¿Están esos derechos reflejados en los tratados internacionales? ¿Qué dice la Declaración Universal de Derechos Humanos? ¿Y el Pacto Internacional de Derechos Civiles y Políticos?

ACTIVIDAD n. 2. Análisis de la Nueva Agenda Europea para la Cultura.

Busque en la red la Nueva Agenda Europea para la Cultura (COM (2018) 267), léala y conteste a las siguientes preguntas:

1. ¿Cuáles son los objetivos estratégicos en materia de cultura de la UE?
2. ¿A través de qué tipo de políticas o medidas plantea la UE lograr esos objetivos estratégicos?
3. ¿Cómo se prevé que se implante la Nueva Agenda? ¿Qué competencias tiene la UE en materia de cultura?

ACTIVIDAD n. 3. Práctica sobre las "Capitales Europeas de la Cultura" y el "Sello de Patrimonio Europeo".

Busque información y conteste a las siguientes preguntas:

1. ¿Qué son las Capitales Europeas de la Cultura? ¿Qué objetivos persigue la UE con la existencia de esta institución? ¿Cómo se decide qué ciudades alcanzan esta categoría?
2. ¿Qué es el "Sello de Patrimonio Europeo"? ¿Qué hay que hacer para obtenerlo?

La cultura en la Constitución: valores, principios, derechos y distribución competencial. La organización administrativa para la cultura. La posición de las ICC en sus relaciones con la Administración

EVA DESDENTADO DAROCA
Catedrática de Derecho Administrativo
Universidad de Alcalá

1. LA CULTURA EN LA CONSTITUCIÓN

1.1. *Los valores y principios constitucionales relacionados con la cultura*

La cultura tiene una extraordinaria importancia en nuestra Constitución. En efecto, la cultura aparece ya en su Preámbulo, en el que, tras proclamarse que España es un Estado de Derecho, se afirma que la nación española desea *"proteger a todos los españoles y a todos los pueblos de España en el ejercicio de sus derechos humanos, sus culturas y tradiciones, lenguas e instituciones"*, así como *"promover el progreso de la cultura"*. Es más, se anuda la cultura a una digna calidad de vida; la promoción del progreso de la cultura persigue el logro de esa calidad (*"promover el progreso de la cultura...para asegurar a todos una digna calidad de vida"*).

El objetivo de la protección del ejercicio, por los españoles y pueblos de España, de sus culturas tiene un desarrollo irregular en el texto constitucional, pues no se regulan en el mismo los llamados derechos culturales colectivos más allá de los relacionados con la lengua o, indirectamente, mediante la atribución de competencias en materia de cultura a las Comunidades Autónomas. El castellano es la lengua oficial del Estado —dice el art. 3.1 CE— pero las demás lenguas españolas son oficiales también en las respectivas Comunidades Autónomas de acuerdo con sus Estatutos. Es más, el art. 3.3 dispone que *"la riqueza de las distintas modalidades lingüísticas de España es un patrimonio cultural que será objeto de especial respeto y protección"*. Por otro lado, la Constitución abre la puerta a que las Comunidades Autónomas, asuman —como efectivamente lo han hecho— en sus Estatutos de Autonomía, competencias para el fomento de la cultura y la enseñanza de la lengua de la Comunidad Autónoma (art. 148.1.17 CE).

La promoción del progreso de la cultura sí tiene un reflejo en el capítulo de derechos y libertades y también en la distribución de competencias en la materia, como veremos a continuación.

En todo caso, son tan numerosos los preceptos que hacen referencia a la cultura o a lo cultural en sus diversas concepciones y manifestaciones que se ha llegado a afirmar que nuestra Constitución junto a una Constitución política y económica incluye una *Constitución cultural* y que nuestro país puede calificarse de *Estado de Cultura*, esto es de Estado que asume el progreso cultural como un fin propio y se compromete con una acción positiva para facilitar y promover la cultura. Por tanto, nuestra Constitución consagra un principio de intervención en materia de cultura, al mismo tiempo que, como veremos, recoge también el principio de libertad cultural. Por ello es preciso un equilibrio entre intervención y libertad; un equilibrio que, como hemos analizado en el capítulo anterior, ha de guiarse por el criterio de neutralidad en la medida de lo posible, para evitar que la acción positiva del Estado subvierta la creatividad, el pluralismo y la función crítica que corresponden al arte y a la cultura.

1.2. *Los derechos constitucionales relacionados con la cultura*

1.2.1. La libertad de creación artística: un auténtico derecho fundamental

En el Título Primero (*"De los derechos y deberes fundamentales"*) de nuestra Constitución se reconocen algunos derechos y libertades importantes relacionados con la cultura. Estos derechos son de distinta naturaleza; algunos son verdaderos derechos fundamentales que merecen la máxima protección en nuestro ordenamiento jurídico, mientras que otros son meros principios de la política económica y social, que cuentan con un nivel inferior de garantías.

El artículo 20 reconoce y protege un auténtico derecho fundamental: el derecho a expresar y difundir libremente los pensamientos, ideas y opiniones mediante la palabra, el escrito o cualquier otro medio de reproducción (art. 20.1.a) CE) y a la producción y creación literaria, artística, científica y técnica (art. 20.1.b) CE), como dos derechos, por tanto, diferenciados: la libertad de expresión y la libertad de creación artística.

A los efectos de su preservación, la propia Constitución dispone que *"el ejercicio de esos derechos no puede restringirse mediante ningún tipo de censura previa"* (art. 20.2) y que el secuestro de publicaciones, grabaciones y otros medios sólo puede acordarse mediante resolución judicial (art. 20.5).

No obstante, la libertad de producción y creación artística —como cualquier otro derecho— no carece de límites. El propio apartado 4 del art. 20 señala que *"estas libertades tienen su límite en el respeto a los derechos reconocidos en este Título, en los preceptos de las leyes que lo desarrollen y, especialmente, en el derecho al honor, a la intimidad, a la propia imagen y a la protección de la juventud y de la infancia"*.

El análisis de este derecho fundamental y de sus límites se aborda, con mayor profundidad, en el capítulo III, al que, por tanto, nos remitimos.

1.2.2. El derecho de acceso a la cultura, la conservación y enriquecimiento del patrimonio cultural, el derecho de los jóvenes a la participación en el desarrollo cultural y la promoción del bienestar cultural de nuestros mayores: principios rectores de la política económica y social

El capítulo III del Título I de la Constitución (*"De los principios rectores de la política social y económica"*) incluye, también, diversos preceptos relacionados con la cultura.

El artículo 44.1 dispone que *"los poderes públicos promoverán y tutelarán el acceso a la cultura, a la que todos tienen derecho"*. El artículo 48 establece que *"los poderes públicos promoverán las condiciones para la participación libre y eficaz de la juventud en el desarrollo político, social, económico y cultural".* El artículo 50 prescribe que los poderes públicos promoverán el bienestar de los ciudadanos de la tercera edad *"mediante un sistema de servicios sociales que atenderán a sus problemas específicos de... cultura y ocio".* Y, por último, el artículo 46 atribuye a los poderes públicos la garantía de la conservación y enriquecimiento del patrimonio cultural y artístico de los pueblos de España y de los bienes que lo integran, cualquiera que sea su régimen y titularidad (es decir, aunque sean de propiedad privada), incluyéndose en la ley penal los atentados contra este patrimonio.

1.2.3. El diferente régimen de garantías de la libertad de creación artística y del derecho de acceso a la cultura y al disfrute del patrimonio cultural y artístico

Las libertades y derechos a los que hemos hecho referencia en los apartados anteriores se regulan en distintas partes de la Constitución (la libertad de creación artística en la sección relativa a los derechos fundamentales; los demás derechos u objetivos en el capítulo relativo a los principios rectores de la política económica y social) y tienen una naturaleza muy diferente.

La libertad de creación artística es un auténtico derecho fundamental que cuenta con algunas garantías importantes, además de las enunciadas en el propio artículo 20. En primer lugar, su desarrollo sólo puede abordarse por ley orgánica (art. 81 CE) que deberá respetar su contenido esencial. En segundo lugar, la libertad de creación artística puede invocarse directamente para su protección y, además, los ciudadanos disponen, para ello, de cauces especiales. En efecto, en la jurisdicción ordinaria cuentan con el procedimiento especial para la protección de derechos fundamentales que se caracteriza por las notas de preferencia y sumariedad y, en su caso, esto es, agotada la vía judicial ordinaria, también pueden interponer recurso de amparo ante el Tribunal Constitucional, si bien, en la actualidad, la admisión del recurso está condicionada a que la demanda presente especial trascendencia constitucional, no siendo, por tanto, suficiente la mera existencia de una lesión del derecho fundamental.

El artículo 44 parece enunciar también un derecho: el derecho de acceso a la cultura. E incluso de los artículos 46, 48 y 50 podrían también deducirse otros derechos: el derecho de la juventud a participar en la vida cultural; el derecho de los ciudadanos de la tercera edad a contar con servicios sociales para garantizar su acceso a la cultura; el derecho de toda la ciudadanía a la conservación y enriquecimiento del patrimonio cultural y artístico de los pueblos de España. Sin embargo, hay que tener en cuenta que todos estos preceptos enuncian principios rectores de la política económica y social y no derechos fundamentales. Es más, tampoco enuncian derechos subjetivos que deriven directamente de la Constitución y que puedan invocarse como tal ante los tribunales. Hay que ser conscientes de que el art. 53.3 CE, a estos efectos, dispone que *"sólo podrán ser alegados ante la jurisdicción ordinaria de acuerdo con lo que dispongan las leyes que los desarrollen"*. Por tanto, para su invocación es preciso que previamente haya un desarrollo normativo adecuado.

Puesto que no son derechos fundamentales, no requieren ley orgánica para su desarrollo, ni cuentan con los cauces singulares de protección del procedimiento preferente y sumario y ni del recurso de amparo.

Esto no significa que no tengan ninguna virtualidad. Todos los derechos y libertades reconocidos en el Título I vinculan a todos los poderes públicos y todos los principios rectores de la política económica y social han de informar la legislación positiva, la práctica judicial y la actuación de los poderes públicos. Por tanto, una regulación o una actuación administrativa contraria al contenido de los artículos 44, 46, 48 y 50 sería inconstitucional, abriendo la vía a la anulación (en el caso de tratarse de una ley mediante la vía del recurso de inconstitucionalidad o, en su caso, de la cuestión de inconstitucionalidad).

Por último, hay que tener presente que nuestra Constitución ha creado una figura específica que tiene encomendada la defensa de los derechos y libertades fundamentales. Se trata de la institución del Defensor del Pueblo, alto comisionado de las Cortes Generales, designado por éstas y cuya misión es la defensa de los derechos y libertades enunciados en el Título I de la Constitución, supervisando la actividad de la Administración y dando cuenta a las Cortes Generales de cuanto estime pertinente.

En cualquier caso, estos principios rectores de la política económica y social fijan unos objetivos en materia de cultura a los poderes públicos de extraordinaria trascendencia, pues su otra cara es el acceso a la cultura por parte del ciudadano, un factor que la propia Constitución considera esencial en su mismo inicio —en su Preámbulo— para lograr una digna calidad de vida.

El derecho de acceso a la cultura ha de dotarse de contenido a través del desarrollo normativo correspondiente y, en su caso, a través una adecuada actividad administrativa de servicio público, programación y fomento que permitan una vida cultural rica, asequible y accesible en condiciones de igualdad tanto social como territorial. A esa finalidad tienden numerosas normas como, por ejemplo, las de protección y conservación del patrimonio cultural, las que imponen al propietario de bienes de interés cultural la obligación de permitir el acceso al ciudadano en condiciones de gratuidad (art. 13 de la Ley 16/1985, de Patrimonio Histórico Español y, en el mismo sentido, diversas normas autonómicas sobre patrimonio cultural), las que otorgan doble valor a las producciones que incorporan sistemas de accesibilidad para personas con discapacidad física o sensorial a efectos del cumplimiento de la cuota de pantalla (art. 18.2.e) de la Ley 55/2007, del Cine) o las que regulan la propia existencia y acceso a museos, archivos, bibliotecas y filmotecas.

Resultan, no obstante, llamativos los datos de algunos estudios sobre el limitado acceso a la cultura y la participación en la misma en el entorno europeo.

> El documento de la Unión Europa *Una Nueva Agenda para la Cultura* (COM (2018) 267) señala que "los datos de Eurostat muestran que más de un tercio de los europeos no participan en ninguna actividad cultural", pese a que existen datos que evidencian que "la participación cultural...mejora la salud y el bienestar". De hecho, una encuesta reciente revela que el 71% de los europeos coincide en que "vivir cerca de lugares vinculados al patrimonio cultural europeo puede mejorar la calidad de vida. Y los estudios confirman que el acceso a la cultura es el segundo factor determinante más importante del bienestar psicológico superado únicamente por la ausencia de enfermedades".

Las nuevas tecnologías pueden contribuir a superar ese déficit de acceso y participación y también a remediar el desequilibrio territorial que existe en este ámbito.

Como se afirma en el Libro Verde *Liberar el potencial de las Industrias Culturales y Creativas* (COM (2010) 183), "la tecnología y la disponibilidad de infraestructuras de banda ancha en zonas urbanas y rurales abre nuevas oportunidades para que los creadores produzcan y distribuyan sus obras a un público más amplio y a un coste menor, con independencia de las limitaciones físicas y geográficas". Ahora bien, para ello, es necesario que el entorno cultural cambie los modelos tradicionales de producción y consumo y que ese cambio reciba el apoyo necesario de nuestras instituciones.

Por otra parte, como hemos señalado más arriba (epígrafe 2.1.3 del capítulo I), se advierte una nueva tendencia regulatoria en materia de cultura —aún muy inicial— entre cuyas preocupaciones se encuentra precisamente el desarrollo y efectividad del derecho de acceso a la cultura y el incremento de la participación en la vida cultural. Así en la Ley foral 1/2019, de Derechos Culturales de Navarra, se establece que las Administraciones públicas navarras adoptarán todas las medidas que sean necesarias para asegurar el acceso a la cultura y la participación en la vida cultural y para garantizar, en este contexto, la igualdad de hombres y mujeres, la inclusión de personas y grupos vulnerables y de personas con discapacidad. Las nuevas tecnologías se consideran, a esos efectos, esenciales, puesto que las visitas virtuales y la digitalización de contenidos culturales puede facilitar enormemente el acceso y contribuir a romper los desequilibrios territoriales. El Portal Digital de la Cultura Navarra se ha creado precisamente con la finalidad de hacer accesible a la ciudadanía la información y documentación cultural. El recurso y promoción de los sistemas de procomún y cultura libre reman en el mismo sentido. Y el objetivo de apoyar la construcción y dotación de equipamientos culturales municipales para equilibrar su distribución en el territorio completan el compromiso del legislador navarro con la mejora del acceso a la cultura. No obstante, la legislación se mantiene, por lo general, en un nivel programático y de gran abstracción, faltando medidas concretas que confieran al derecho de acceso a la cultura un contenido concreto y lo conviertan en un derecho subjetivo accionable, en caso de incumplimiento, ante los tribunales.

4. EL MODELO TERRITORIAL DE ESTADO Y LA CULTURA. EN ESPECIAL, LA DISTRIBUCIÓN DE COMPETENCIAS EN MATERIA DE CULTURA

4.1. La diversidad cultural como eje del modelo territorial del Estado autonómico

Nuestra Constitución opta por un modelo territorial descentralizado basado en el reconocimiento de un derecho a la autonomía de las nacionalidades y regiones que la integran (art. 2 CE). Pues bien, ese derecho a la autonomía lo han ejercido, de acuerdo con el art. 143, las regiones con una entidad regional histórica (lo que implica una entidad cultural regional singular) y las provincias limítrofes con características comunes de diverso tipo (históricas, económicas...) entre las que se encuentran las culturales. La cultura se sitúa, por tanto, en el corazón de nuestro modelo territorial de Estado y en la base de la creación de las distintas Comunidades Autónomas.

Por otra parte, la cultura y algunos aspectos más específicos de la misma son una materia singular a efectos de la distribución competencial entre el Estado, las Comunidades Autónomas y los municipios y provincias.

4.2. La distribución competencial en materia de cultura. Una distribución compleja y singular

4.2.1. La distribución de competencias entre Estado y Comunidades Autónomas

La distribución de competencias entre Estado y Comunidades Autónomas en materia de cultura es compleja y singular (esto es, propia y característica de este ámbito).

Por una parte, hay que tener en cuenta que, en los artículos 148 y 149 CE, se hace referencia a la cultura en general (servicio de la cultura, fomento de la cultura) y también a sectores concretos del mundo de la cultura (ferias, artesanía, museos, bibliotecas, conservatorios de música, patrimonio monumental, enseñanza de la lengua) y que a ello hay que añadir el posible impacto del ejercicio de otras competencias (regulación de las condiciones básicas para garantizar la igualdad en el ejercicio de derechos y el cumplimiento de obligaciones constitucionales, legislación sobre propiedad intelectual…). Por otro lado, algunos sectores del mundo de la cultura no se mencionan en los artículos 148 y 149 y no cuentan con una regla de distribución singular (por ejemplo, el cine, el teatro…).

De acuerdo con los arts. 148 y 149, las CCAA podían asumir —y han asumido— en sus Estatutos de Autonomía competencias en las materias siguientes: a) ferias interiores (art. 148.1.12ª); b) artesanía (art. 148.1.14ª); c) museos, bibliotecas, conservatorios de música de interés para la Comunidad Autónoma (art. 148.1.15ª); d) patrimonio monumental de interés de la Comunidad Autónoma (art. 148.1.16ª); e) la enseñanza de la lengua de la Comunidad Autónoma (art. 148.1.17ª); f) el desarrollo de las normas básicas del Estado y la ejecución en relación con el régimen de prensa, radio y televisión y cualesquiera otros medios de comunicación social; g) la gestión, en su caso, de los museos, bibliotecas y archivos de titularidad estatal. Y a estas materias hay que añadir la relativa al "fomento de la cultura" (art. 148.1.17ª), que es una materia configurada de forma genérica y no referida a ningún sector específico de la actividad cultural.

Por otro lado, son competencias del Estado: a) las normas básicas del régimen de prensa, radio y televisión y, en general, de todos los medios de comunicación social (art. 149.1.27ª); b) la legislación sobre propiedad intelectual (art. 149.1.9ª); c) la defensa del patrimonio cultural, artístico y monumental español contra la exportación y expoliación (art. 149.1.28ª); d) el patrimonio monumental de interés estatal (148.1.16ª *a sensu contrario*); y e) los museos, bibliotecas y archivos de titularidad estatal (art. 149.1.28ª).

Hay que tener en cuenta que el Estado tiene competencias con las que puede incidir en materia cultural como es la competencia que le atribuye el art. 149.1.1ª para la regulación de las condiciones básicas para garantizar la igualdad en el ejercicio de derechos y el cumplimiento de deberes constitucionales o la competencia para establecer las bases y coordinación de la planificación general de la actividad económica (art. 149.1.13ª). Por su parte, las Comunidades Autónomas también cuentan con otras competencias estrechamente relacionadas con la cultura como la competencia exclusiva en materia de

ordenación del territorio y urbanismo (art. 148.1.3ª) y la promoción
y ordenación del turismo en su ámbito territorial (art. 148.1.18ª).

Finalmente, en materia de cultura, más allá de lo dispuesto en el
apartado 1 del art. 149, hay una previsión específica y singular en el
apartado 2 que establece que, sin perjuicio de las competencias que
las Comunidades Autónomas puedan asumir, el Estado *"considerará
el servicio de la cultura como deber y atribución especial y facilitará la comunicación cultural entre las Comunidades Autónomas, de acuerdo con ellas"*.

Ello confiere al reparto de competencias en materia de cultura un
perfil muy especial: en determinados ámbitos específicos la competencia puede ser exclusiva del Estado o de las Comunidades Autónomas o incluso compartida, dependiendo del objeto concreto de regulación, pero la materia genérica sobre cultura se somete a un sistema
de competencia concurrente que responde a la propia naturaleza de
la cultura como manifestación de la comunidad.

> Por ello, el Tribunal Constitucional (STC 49/1984, de 5 de abril) ha afirmado que
> la cultura "es algo de la competencia propia e institucional tanto del Estado como de
> las Comunidades Autónomas, y aún podríamos añadir de otras comunidades, pues
> allí donde vive una comunidad hay una manifestación cultural respecto de la cual
> las estructuras públicas representativas pueden ostentar competencias, dentro de
> lo que entendido en un sentido no necesariamente técnico-administrativo puede
> comprenderse dentro de "fomento de la cultura"". Y en consecuencia, en esta ma-
> teria, considera el Tribunal que "más que un reparto competencial vertical, lo que se
> produce es una concurrencia de competencias ordenada a la preservación y estí-
> mulo de los valores culturales propios del cuerpo social desde la instancia pública
> correspondiente".

En virtud de esta competencia genérica en materia de cultura,
el Estado puede llevar a cabo la regulación de aquello que precise
de un tratamiento general o que requiera una acción que no pueda
proceder de otras instancias, pero también una competencia para
la preservación del patrimonio cultural común (STC 49/1984). Por
ello, el art. 149.2 CE ha sido un título fundamental para establecer,
por ejemplo, el régimen jurídico del patrimonio histórico español y
la definición de los bienes de interés cultural (SSTC 17/1991, de 31
de enero; y 122/2014, de 17 de julio), o para regular la tauromaquia
como patrimonio cultural inmaterial. Por otro lado, en virtud de esta
competencia concurrente, también se ha reconocido a las CCAA la

posibilidad de realizar una actividad de difusión internacional del patrimonio histórico-artístico, en concurrencia con la que desarrolla el Estado.

En algunos sectores culturales específicos, que no cuentan con una regla específica de distribución de competencias, se entrelazan de forma compleja distintas competencias y la litigiosidad ha ido siendo resuelta, en los distintos aspectos problemáticos, por el Tribunal Constitucional en diversas sentencias.

> Tal es el caso del cine que al ser un fenómeno cultural, social, económico e industrial puede ser abordado desde distintos títulos competenciales, correspondiendo en algunos casos la competencia al Estado y en otros a las Comunidades Autónomas. Por tanto, como ha dicho el Tribunal Constitucional (STC 153/1989, de 5 de octubre) a efectos de determinar a quién corresponde la titularidad de la competencia, habrá de estarse al sentido y finalidad de las normas objeto de conflicto. Así, en ocasiones, ha prevalecido el título sobre espectáculos que corresponde a las Comunidades Autónomas (SSTC 143/1985, 149/1985, 153/1985, 87/1987); en otras, la limitación impuesta a las libertades consagradas en el art. 20 CE en aras de la protección de la infancia y la juventud (como la que comporta la calificación de películas como X) ha implicado el reconocimiento de la competencia estatal ex art. 149.1.1 CE (STC 49/1989); y en otras, se ha atendido a la regulación del cine como industria (STC 153/1989) o como comercio internacional (STC 106/1987).

Por último, hay que tener en cuenta que las materias no atribuidas expresamente al Estado en la Constitución pueden corresponder a las CCAA si las asumen en sus respectos EEAA, pero las no asumidas en los Estatutos corresponden al Estado, de acuerdo con el art. 149.3 CE. Ello explica que las competencias asumidas por las Comunidades Autónomas en determinadas materias sean más amplias de lo previsto en el art. 148 CE, como ha ocurrido en materia de museos, archivos y bibliotecas que se ha extendido más allá de aquellos que son de interés para la Comunidad para alcanzar a todos los que no son de titularidad estatal y están ubicados en el territorio de la Comunidad, superándose el criterio del interés para terminar estableciéndose un criterio de territorialidad que ha sido considerado válido por el Tribunal Constitucional (en este sentido, STC 103/1988, de 8 de junio).

4.2.2. Las competencias de los entes locales en el ámbito de la cultura

Los entes locales tienen reconocida constitucionalmente autonomía para la gestión de los intereses que les son propios (art. 137 CE), desarrollándose esa autonomía en la Ley 7/1985, de Bases del Régimen Local, que, en lo que ahora nos interesa, regula las competencias que les corresponden diferenciando entre competencias propias, competencias delegadas y otras competencias impropias.

El art. 25.1 LBRL recoge una cláusula general conforme a la cual los municipios pueden promover actividades y servicios públicos que contribuyan a satisfacer las necesidades y aspiraciones de la comunidad vecinal. Y, anteriormente, el art. 28 contemplaba la posibilidad de que realizaran actividades complementarias de las competencias del Estado y de la Comunidad Autónoma en algunas materias, entre las que se enunciaba la cultura. Este precepto está hoy derogado y el art. 7.4 LBRL dispone que el ejercicio de competencias impropias (o distintas de las propias) queda condicionado a que no se ponga en riesgo la sostenibilidad de la hacienda municipal y a que no implique simultanear una actividad o servicio que ya presta otra administración pública. Se trata de evitar duplicidades y gastos innecesarios. Ahora bien, hay que tener en cuenta la naturaleza singular de la materia cultura, ya señalada por el Tribunal Constitucional, y el carácter consustancial a la misma de competencias concurrentes de las distintas Administraciones.

En cualquier caso, de acuerdo con el art. 25.2 LBRL, la legislación sectorial ha de reconocer a los municipios competencias propias en materia de *"promoción de la cultura y equipamientos culturales"* (apartado m)) y también en relación con la *"protección y gestión del patrimonio histórico"* (apartado a)), las *"ferias"* y *"mercados"* y el *"comercio ambulante"* (apartado i)) y otras materias estrechamente conectadas con la protección de la cultura como el *"urbanismo"*, el *"medio ambiente urbano"* y la *"información y promoción de la actividad turística de interés y ámbito local"*.

La cultura también puede verse como un servicio público municipal de prestación obligatoria, pero ¿con qué alcance se contempla en nuestra LBRL? ¿qué servicios culturales deben ofrecer necesariamente los Ayuntamientos a sus vecinos? Entre los servicios de prestación obligatoria en todos los municipios no hay ninguno de carácter cultural. Únicamente en los municipios con más de 5.000 habitantes es obligatoria la existencia de una biblioteca pública. Sí se contempla la posibilidad de que la Administración del Estado o de las Comunidades Autónomas deleguen en los municipios la gestión de instalaciones culturales de titularidad de la Comunidad Autónoma o del Estado, si bien se trata de una delegación que está más bien pensada para las diputaciones provinciales.

Sin duda, nuestra LBRL debería mejorarse en lo referente a la regulación de los servicios culturales de prestación obligatoria por los municipios, si queremos tomarnos en serio el derecho de acceso a la cultura y la igualdad de la ciudadanía en dicho acceso.

5. LA ORGANIZACIÓN ADMINISTRATIVA PARA LA CULTURA

Como hemos señalado, existen competencias de cultura en todos los niveles territoriales. Por tanto, cada una de las Administraciones principales o territoriales (Administración del Estado, Administraciones autonómicas y Administraciones locales) tiene su propia organización para la gestión de sus competencias en esta materia.

En la actualidad, en el ámbito estatal, las competencias corresponden al Ministerio de Cultura y Deporte y a sus organismos adscritos (por ejemplo, Biblioteca Nacional de España; Museo Nacional del Prado; Museo Nacional Centro de Arte Reina Sofía; Instituto Nacional de las Artes Escénicas y de la Música; Instituto de Cinematografía y de las Artes Audiovisuales…). Estos organismos adscritos se crean, con personalidad jurídica propia, con la finalidad de lograr una gestión más autónoma y flexible, lo que, en materia cultural, tiene una importancia capital.

El esquema de organización institucional es similar en el ámbito de las Administraciones autonómicas y locales, pues las Consejerías y áreas con competencias en materia de cultura también suelen tener adscritos entes instrumentales con personalidad jurídico-pública.

Los entes instrumentales pueden tener formas distintas como las de organismo autónomo y entidad pública empresarial (por ejemplo, la Entidad Pública empresarial Donostia Kultura), pero también se puede acudir a organizaciones que se basan en la colaboración voluntaria entre distintas Administraciones públicas e incluso incorporar empresas públicas o privadas. A estos efectos puede acudirse a la fórmula de los consorcios, como es el caso del Museo Nacional de Arte de Cataluña (en el que participan la Administración catalana, la Administración estatal y el Ayuntamiento de Barcelona) o del Museo de Arte Contemporáneo de Barcelona (en el que participan el Ayuntamiento de Barcelona, la Generalidad de Cataluña, el Ministerio de Cultura y una función privada (Fundación MACBA)).

En el ámbito local, se puede —y resulta muy conveniente dada la dimensión de muchos de nuestros municipios— acudir también a fórmulas asociativas, como las mancomunidades, para la gestión de servicios culturales, lo que permite acercar la cultura a pequeños municipios (ejemplos de ello son la Mancomunidad de Servicios Culturales de la Sierra de Madrid Norte o la Mancomunidad cántabra "Altamira-Los Valles").

En todo caso, el logro de una adecuada gestión cultural no puede realizarse al margen de los sectores culturales, por lo que, en este ámbito, tienen una extraordinaria importancia los órganos de carácter colegiado a través de los cuales se canaliza el asesoramiento y participación del mundo de la cultura y de los expertos en la toma de decisiones. Ejemplos de estos órganos colegiados son, entre otros, la Conferencia Sectorial de Cultura, el Consejo Jacobeo, la Junta de Museos, el Consejo Estatal de las Artes Escénicas y de la Música o el Consejo Navarro de la Cultura y las Artes, pero también los órganos colegiados de expertos que realizan informes, valoraciones o propuestas de resolución en numerosos procedimientos administrativos en materia de cultura (patrimonio, subvenciones, contratación pública...).

Por último, hay que señalar que el sector público cultural es más amplio, pues no solo comprende las Administraciones territoriales y sus entes públicos adscritos, sino también otras entidades con personalidad jurídico-privada, como las empresas públicas y las fundaciones públicas que también pueden realizar una actividad cultural, como es el caso, entre otros, de Madrid Destino, la Corporación RTVE (ambas empresas públicas), el Museo Lázaro Galdiano, el Museo

Thyssen-Bornemisza o El Legado Andalusí (todos ellos fundaciones públicas).

La forma de organización no es irrelevante. En efecto, de la organización depende en gran medida una mejor o peor gestión, pero también una gestión más o menos autónoma del poder político. Una adecuada organización, sobre todo si se combina con sistemas objetivos de nombramiento de los puestos directivos (sustituyéndose, por ejemplo, la libre designación por el nombramiento mediante concurso en atención a méritos), puede contribuir a que se lleve a cabo una gestión orientada por criterios culturales, estéticos o artísticos, evitando el dirigismo político de la cultura y las programaciones o desprogramaciones (las conocidas "cancelaciones") de carácter puramente ideológico.

Por otro lado, una forma de organización u otra también tiene consecuencias importantes en cuanto al régimen jurídico aplicable a la gestión cultural. Las Administraciones territoriales o principales se encuentran enteramente sometidas al Derecho Administrativo, al Derecho Público, pero los entes instrumentales lo están de forma variable y las empresas públicas en mucha menor medida.

Los organismos autónomos se ven sometidos, normalmente, de una forma plena al Derecho Administrativo. Sin embargo, las entidades públicas empresariales rigen su actividad por el Derecho Privado, aunque la formación de la voluntad de sus órganos y el ejercicio de las potestades administrativas que le correspondan se encauzan por el Derecho Administrativo. El control económico-financiero y contable de estas entidades se somete a lo dispuesto en la Ley General Presupuestaria, pero se le aplican las reglas más flexibles previstas para el sector público empresarial en aras de la agilidad en su gestión. Por otra parte, hay que tener en cuenta que la contratación de las entidades públicas empresariales es una contratación de derecho privado, pese a lo cual, en determinados supuestos les puede resultar de aplicación la Ley de Contratos del Sector Público, puesto que forman parten del sector público y además pueden tener la condición de poderes adjudicadores.

Por último, las sociedades y fundaciones públicas, por lo general, se rigen por el Derecho Privado, tanto en lo que se refiere a su organización como a su actividad, pero debido a su pertenencia al sector público le pueden ser de aplicación ciertas normas de Derecho Administrativo, resultando de singular importancia la aplicación de ciertas reglas a la selección de su personal y a su contratación.

6. NOCIONES GENERALES SOBRE LA POSICIÓN DE LAS ICC EN SUS RELACIONES CON LA ADMINISTRACIÓN. EN ESPECIAL, EL ALCANCE DE LA OBLIGACIÓN DE RELACIONARSE ELECTRÓNICAMENTE CON LA ADMINISTRACIÓN

La Administración es una organización servicial cuya misión constitucional es la satisfacción de los intereses generales (art. 103.1 CE). A esos efectos, la legislación atribuye a la Administración unas prerrogativas o potestades singulares que la sitúan en una posición privilegiada y distinta a la que ocupa un particular. Ahora bien, como contrapartida de esas potestades exorbitantes, la Administración está sujeta a límites especiales y los ciudadanos que se relacionan con ella tienen reconocidos derechos que reequilibran la balanza. En ocasiones, sin embargo, también se establecen obligaciones para el administrado sobre la forma en que ha de relacionarse con la Administración.

Este régimen singular de prerrogativas, derechos y obligaciones ha de tenerse, por tanto, en cuenta por las ICC cuando se relacionan con las Administraciones públicas (por ejemplo, cuando solicitan una subvención, cuando piden una autorización o licencia, cuando celebran un contrato….).

No es posible, lógicamente, en el marco de este breve tema abordar todos los aspectos de las reglas que rigen las relaciones entre ciudadanos y Administraciones, por lo que es insoslayable remitir a la legislación administrativa general [en especial, Leyes 39/2015, del Procedimiento Administrativo Común de las Administraciones Públicas (LPACAP) y 40/2015, del Régimen Jurídico del Sector Público (LRJSP)] y a los manuales y bibliografía de Derecho Administrativo, sin perjuicio de que, a continuación, se destaquen algunos aspectos generales que se consideran de singular relevancia.

1) La actuación de la Administración, a diferencia de los particulares, no se rige, en su actuación, por el principio de libertad o de autonomía de la voluntad. En su quehacer está plenamente sometida a la ley y al Derecho y, a diferencia de los ciudadanos que actúan libremente en el marco de los límites que fija la ley (vinculación negativa), la Administración, en la mayor parte de sus actuaciones, solo puede hacer aquello que la ley le habilita para hacer atribuyéndole potestades que deberá ejercer de acuerdo con las disposiciones legales y el resto del ordenamiento jurídico, incluidos los principios generales del Derecho (vinculación positiva).

2) Las decisiones o resoluciones de la Administración son —a diferencia de las decisiones de los particulares— ejecutivas y ejecutorias, es decir, tienen la fuerza de obligar al destinatario de las mismas a su cumplimiento sin tener que acudir para ello a los tribunales (autotutela declararativa) y, en caso de incumplimiento, cuenta con potestades para asegurar por sí misma el cumplimiento (autotutela ejecutiva) utilizando herramientas como el apremio sobre el patrimonio o la ejecución subsidiaria. Por otra parte, en caso de conflicto entre la Administración y el ciudadano, en algunos supuestos, el ciudadano se encuentra con que la Administración tiene la prerrogativa de resolver ella por sí misma el conflicto, antes de que el particular pueda acudir a la vía judicial (se trata de los supuestos en los que la legislación prevé el recurso administrativo de alzada que es, cuando procede, de interposición preceptiva).

3) Las decisiones de la Administración han de ser fruto de un cauce formal que actúa como garantía de legalidad, eficacia, participación y respeto a los derechos de los interesados o afectados. Ese cauce formal es el procedimiento administrativo (aunque no existe uno solo, sino múltiples en función del tipo de decisión a adoptar) que se compone de una serie de trámites más o menos complejos que pueden consistir en informes, pruebas, alegaciones, trámite de audiencia o de información pública. La relevancia del procedimiento es tal que la adopción de una resolución administrativa sin seguir el procedimiento debido tiene la máxima consecuencia jurídica. Por ejemplo, una sanción administrativa impuesta sin seguir el correspondiente procedimiento administrativo sancionador es una sanción nula de pleno Derecho. No obstante, hay que tener en cuenta que, como ya hemos señalado, las decisiones administrativas son ejecuti-

vas y ejecutorias y ello opera incluso en relación con las resoluciones viciadas, por lo que el particular no puede obviarlas sin más, sino que se encuentra ante la tesitura de tener que impugnar la resolución contraria a Derecho. Y hay que tener en cuenta que los plazos de impugnación tanto en vía de recursos administrativos como en vía contencioso-administrativa son breves y obligan a una reacción rápida.

4) Los procedimientos, una vez iniciados (sea por la propia Administración o a instancias de un ciudadano), tienen un plazo de resolución y de notificación o publicación de la resolución. Si transcurrido el plazo no se ha dictado y comunicado resolución, la ley atribuye a esa situación un efecto jurídico con la finalidad de que evitar una ausencia indefinida de resolución y también con la finalidad de que el afectado pueda reaccionar y, en su caso, impugnar en vía administrativa y/o judicial (arts. 24 y 25 LPACAP).

Así en los procedimientos iniciados a instancia del particular (como puede ser, por ejemplo, un procedimiento de autorización o licencia), por regla general, el silencio administrativo ha de entenderse positivo, lo que implica que el ciudadano puede entender que se le ha concedido aquello que ha pedido (en nuestro ejemplo, la autorización o licencia). Esta regla general tiene, sin embargo, importantes excepciones. Así el silencio es negativo en los procedimientos que tienen como consecuencia la transferencia al solicitante o a terceros de facultades relativas al dominio público o al servicio público y también en aquellos que tengan por objeto el ejercicio de actividades que pueden dañar el medio ambiente y en los procedimientos de responsabilidad patrimonial, y, por lo general, en los de impugnación de actos y disposiciones (art. 24 LPACAP).

En los procedimientos iniciados de oficio por la Administración, el efecto previsto depende del tipo de procedimiento de oficio de que se trate. Si se trata de un procedimiento de los que puede derivarse una consecuencia positiva para el particular, como es el caso, por ejemplo, de los procedimientos de otorgamiento de subvenciones, se produce un efecto negativo, por lo que el particular ha de entender que su pretensión ha sido desestimada (art. 25 LPACAP). Si, por el contrario, se trata de procedimientos de los que puede derivarse una consecuencia negativa o desfavorable, como es el caso, por ejemplo, de un procedimiento sancionador, lo que se produce es la caducidad del procedimiento, es decir, su terminación por archivo de las actuaciones (art. 25 LPACAP).

5) Hay que tener en cuenta que la ley no impone siempre la notificación personal. En ocasiones esta se sustituye por la publicación en el boletín oficial correspondiente (boletín oficial del Estado, de la Comunidad Autónoma o de la provincia correspondiente, según la Administración de la que proceda el acto a notificar). Los actos son objeto de publicación y no de notificación personal cuando así lo establezcan las normas reguladoras de cada procedimiento o cuando lo aconsejen razones de interés público apreciadas por el órgano competente. En todo caso, los actos serán objeto de publicación, surtiendo los efectos de la notificación (art. 45 LPACAP): a) cuando el acto tenga por destinatario a una pluralidad indeterminada de personas o cuando la Administración estime que la notificación efectuada a un solo interesado es insuficiente para garantizar la notificación a todos, siendo, en este último caso, adicional a la individualmente realizada; b) cuando se trate de actos integrantes de un procedimiento selectivo o de concurrencia competitiva de cualquier tipo. En este último caso, la convocatoria del procedimiento debe indicar el medio donde se efectuarán las sucesivas publicaciones, careciendo de validez las que se lleven a cabo en lugares distintos.

Las notificaciones pueden realizarse en papel o en vía electrónica, lo que tiene una prolija, compleja y no siempre acertada, regulación en los arts. 41 y ss LPACAP. La ley dispone que la notificación se realizará preferentemente por vía electrónica y, en todo caso, cuando el interesado resulte obligado a recibirlas por esta vía. Si el interesado no tiene esa obligación, en cualquier momento puede solicitar a la Administración que dejen de practicarse por medios electrónicos. En todo caso, la ley dispone que todas las notificaciones que se practiquen en papel deberán ser puestas a disposición del interesado en la sede electrónica de la Administración u organismo actuante para que pueda acceder al contenido de las mismas de forma voluntaria. La ley prevé además que, con independencia de que la notificación se realice en papel o electrónicamente, el interesado puede identificar un dispositivo electrónico y/o una dirección de correo electrónico que servirá para el envío de aviso de que se ha puesto a su disposición de una notificación en la sede electrónica de la Administración u organismo correspondiente o en la dirección electrónica habilitada única. Se trata, no obstante, de un mero aviso y no de la práctica de la notificación. Por otra parte, hay que tener presente que la LPACAP dispone en el art. 41.6 que la ausencia de aviso no impedirá que la notificación sea considerada plenamente válida, lo que implica que el particular no debe confiarse ante la existencia de esta vía del aviso y tiene que estar pendiente de si se han realizado o no las notificaciones por el procedimiento en cada caso correspondiente.

Las notificaciones y publicaciones deben reunir ciertos requisitos. Así, de acuerdo con el art. 40.2 LPACAP, es preciso que figure el texto íntegro de la resolución, con indicación de si pone o no fin a la vía administrativa, la expresión de los recursos que procedan, en su caso, en vía administrativa y judicial, el órgano ante el que hubieran de presentarse y el plazo para interponerlos. Sin estos requisitos, la notificación o publicación ha de considerarse defectuosa, lo que implica que el acto no cobra eficacia ni comienzan a correr los plazos de impugnación del mismo, salvo que el interesado realice actuaciones que supongan el conocimiento del contenido y alcance de la resolución e interponga un recurso que proceda.

> Cuando la notificación es en papel y se practica en el domicilio del interesado, de no hallarse éste presente en el momento de entregarse la notificación, podrá hacerse cargo de la misma cualquier persona mayor de catorce años que se encuentre en el domicilio y que haga constar su identidad. Si nadie se hace cargo de la notificación, esta circunstancia ha de hacerse constar en el expediente, junto con el día y la hora en que se intentó la notificación, intento que se repetirá una sola vez y en una hora distinta dentro de los tres días siguientes. En el caso de que el primer intento de notificación se haya realizado antes de las quince horas, el segundo intento se realizará después de las quince horas y viceversa, dejando en todo caso un margen de tres horas entre ambos intentos de notificación. Si el segundo intento fuere infructuoso, se procederá a la notificación por anuncio publicado en el BOE, que es el medio que se utiliza también cuando se desconoce el lugar de notificación.
>
> En el caso de las notificaciones electrónicas la comparecencia tiene lugar en la sede electrónica de la Administración u organismo actuante, a través de la dirección electrónica habilitada única o mediante ambos sistemas, según disponga cada Administración u organismo. La comparecencia se produce mediante el acceso del interesado o su representante en la sede electrónica al contenido de la notificación. La notificación se entiende rechazada si no se accede a su contenido en un plazo de diez días naturales desde su puesta a disposición en la sede electrónica. Los interesados pueden acceder a las notificaciones desde el Punto de Acceso General electrónico de la Administración, que funcionará como punto de acceso.

6) La ley (art. 13 de la LPACAP) reconoce a los ciudadanos que se relacionan con la Administración los siguientes derechos: a) a comunicarse con las Administraciones Públicas a través de un Punto de Acceso General electrónico; b) a ser asistido en el uso de medios electrónicos en sus relaciones con las Administraciones públicas; c) a utilizar las lenguas oficiales en el territorio de su Comunidad Autónoma, de acuerdo con lo previsto en esta ley y en el resto del ordenamiento jurídico, d) al acceso a información pública, archivos y registros, de acuerdo con lo previsto en la Ley 19/2013, de Transparencia, Acceso a la Información Pública y Buen Gobierno, y el resto del ordenamiento jurídico, e) a ser tratados con respeto y deferencia por las autoridades y empleados públicos que habrán de facilitarles el ejercicio de sus derechos y el cumplimiento de sus obligaciones, f) a exigir las responsabilidades de las Administraciones públicas y autoridades, cuando corresponda legalmente, g) a la obtención y utilización de los medios de identificación y firma electrónica contemplados en esta Ley, h) a la protección de datos de carácter personal, y en particular a la seguridad y confidencialidad de los datos que figuran en los ficheros, sistemas y aplicaciones de las Administraciones públicas.

7) Por otra parte, la LPACAP también reconoce derechos especiales a los interesados en los procedimientos (art. 53): a) a conocer el cualquier momento el estado de los procedimientos y a acceder y obtener copia de los documentos que obran en los mismos, b) a identificar a las autoridades y personal bajo cuya responsabilidad se tramitan los procedimientos, c) a no presentar documentos originales salvo que la normativa reguladora aplicable lo exija, d) a no presentar datos y documentos no exigidos por las normas aplicables al procedimiento, que ya se encuentren en poder de las Administraciones o hayan sido elaborados por éstas, e) a formular alegaciones y aportar documentos en cualquier fase del procedimiento anterior al trámite de audiencia, f) a obtener información y orientación acerca de los requisitos jurídicos o técnicos que las normas imponen a los proyectos, actuaciones o solicitudes que se propongan realizar, g) a actuar asistidos por un asesor cuando lo consideren conveniente en defensa de sus intereses, h) a cumplir las obligaciones de pago a través de medios electrónicos, i) en los procedimiento sancionadores, a ser notificados de los hechos que se le imputan y de las infracciones y sanciones correspondientes, así como de la identidad del instruc-

tor, de la autoridad con competencia para resolver la sanción y de la norma que atribuye la competencia, teniendo también derecho a que no se presuma la responsabilidad administrativa si no se prueba lo contrario.

8) Como hemos visto más arriba, los ciudadanos tienen derecho a relacionarse electrónicamente con la Administración (art. 13.a) LPACAP), por lo que, por regla general, las personas físicas podrán elegir en todo momento si se comunican con ellas a través de medios electrónicos o no. No obstante, hay determinadas personas que están obligadas legalmente a relacionarse con la Administración por esta vía electrónica. Así, es importante tener presente que están obligadas a la utilización de medios electrónicos las personas jurídicas, independientemente de su tamaño y, por tanto, las pymes y lo están también las entidades sin personalidad jurídica propia (art. 14.2 LPA-CAP). Además, la Administración puede establecer la obligación de relacionarse electrónicamente para determinados procedimientos o para determinados colectivos de personas físicas que, por razón de su capacidad económica, técnica, dedicación profesional u otros motivos, quede acreditado que tienen acceso y disponibilidad de los medios precisos para ello.

7. BIBLIOGRAFÍA BÁSICA

AAVV, *Manual Atalaya de apoyo a la gestión cultural*, 2013, http://atalayagestioncultural.es

Alegre Ávila, J. M., "Artículo 149.1.28ª" en M. Rodríguez-Piñero y Bravo Ferrer y M. E. Casas Baamonde, *Comentarios a la Constitución Española*, Tomo I, Wolters Kluwer, BOE, Ministerio de Justicia, Tribunal Constitucional, Madrid, 2018, págs. 1441 a 1458.
  – "Artículo 149.2" en M. Rodríguez-Piñero y Bravo Ferrer y M. E. Casas Baamonde, *Comentarios a la Constitución Española*, Tomo I, Wolters Kluwer, BOE, Ministerio de Justicia, Tribunal Constitucional, Madrid, 2018, págs. 1499 a 1507.

Álvarez de Toledo, F. A., "La libertad de creación artística: música" en Vaquer Caballería, M., Dedeu, R. y Timón, M. y otros, *Libertad, arte y cultura. Reflexiones sobre la libertad de creación artística*, en https://lacultivadaediciones.es/3d-flip-book/libertad-arte-y-cultura-reflexiones-juridicas-sobre-la-libertad-de-creacion-artistica/, consultado el 03/03/2023.

Amoedo Souto, C. A., "El derecho de acceso a la cultura en España: diagnóstico y propuestas de estrategia jurídica", *Revista Vasca de Administración Pública*, n. 99-100, 2014, págs. 293 y ss.

Desdentado Daroca, E., "La libertad de creación literaria" en Vaquer Caballería, M., Dedeu, R. y Timón, M. y otros, *Libertad, arte y cultura. Reflexiones sobre la libertad de creación artística*, en https://lacultivadaediciones.es/3d-flip-book/libertad-arte-y-cultura-reflexiones-juridicas-sobre-la-libertad-de-creacion-artistica/, consultado el 03/03/2023.

Erokoreka Gervasio, J. I., "Reflexiones sobre el alcance y contenido de la competencia que el art. 149.1.28 de la Constitución reserva al Estado en materia de patrimonio cultural, artístico y monumental", *Revista Vasca de Administración Pública*, n. 41, 1995, págs. 97 y ss.

González-Varas, S., *El Estado de la cultura*, Tirant lo Blanch, Valencia, 2021.

Guerrero Ron, A. G., "Così fan tutte o Mala mujer: ¿debe protegerlas el Derecho?" en Vaquer Caballería, M., Dedeu, R. y Timón, M. y otros, *Libertad, arte y cultura. Reflexiones sobre la libertad de creación artística*, en https://lacultivadaediciones.es/3d-flip-book/libertad-arte-y-cultura-reflexiones-juridicas-sobre-la-libertad-de-creacion-artistica/, consultado el 03/03/2023.

Martín Rebollo, L. y Alegre Ávila, J. M., "Proyección extraterritorial de las competencias autonómicas en materia de bienes culturales: sobre la funcionalidad y los límites del conflicto de competencias (A propósito de la STC 6/2012: el caso de los bienes del Monasterio de Sigena" en J. R. Fernández Torres, J. R. Prieto de Pedro y J. M. Trayter (coords.), *El Camino de Santiago y otros itinerarios. Cultura, historia patrimonio, urbanismo, turismo, ocio y medio ambiente. Liber amicorum Enrique Gómez-Reino y Carnota*, Xunta de Galicia-Tirant lo Blanch, Valencia, 2014.

Nieto Garrido, E., "Artículo 44" en M. Rodríguez-Piñero y Bravo Ferrer y M. E. Casas Baamonde, *Comentarios a la Constitución Española*, Tomo I, Wolters Kluwer, BOE, Ministerio de Justicia, Tribunal Constitucional, Madrid, 2018, págs. 1360 a 1365.

Prieto de Pedro, J. J.,"El Derecho de la Cultura", en T.Cano Campos (coord.), *Lecciones y materiales para el estudio del Derecho Administrativo*, tomo VIII, vol. 2, Iustel, Madrid, 2009.
  – *Cultura, culturas y Constitución*, CEPC, Madrid, 2004.
  – "Artículo 44: el derecho a la cultura" en O.Alzaga Villaamil (dir.), *Comentarios a la Constitución Española de 1978*, tomo IV, Cortes Generales-Edersa, Madrid, 1996.

Padrós Reig, C., *Derecho y cultura*, Atelier, Barcelona, 2000.

Pérez-Bustamante Yábar, D. C., *La política cultural de la Unión Europea*, Dykinson, Madrid, 2011.

Sánchez Morón, M., *Derecho Administrativo. Parte general*, Tecnos, Madrid, 2022.

Tajadura Tejada, J., "El acceso a la cultura" en J. Tajadura Tejada (dir.), *Los principios rectores de la política social y económica*, Editorial Biblioteca Nueva, 2004, págs. 262 a 290.

– "El servicio de la cultura como deber y atribución esencial del Estado", *Revista de Derecho Político*, n. 50, 2001, págs. 83 a 95.

– "La Constitución cultural", *Revista de Derecho Político*, n. 43, 1998, págs. 99 a 134.

Timón, M., "A vueltas con la *performance*: la insuficiencia del elemento ficcional" en Vaquer Caballería, M., Dedeu, R. y Timón, M. y otros, *Libertad, arte y cultura. Reflexiones sobre la libertad de creación artística*, en https://lacultivadaediciones.es/3d-flip-book/libertad-arte-y-cultura-reflexiones-juridicas-sobre-la-libertad-de-creacion-artistica/, consultado el 03/03/2023.

Vaquer Caballería, M., *Estado y cultura: la función cultural de los poderes públicos en la Constitución Española*, Ramón Areces, Madrid, 1998.

Vaquer Caballería, M., Dedeu, R. y Timón, M. y otros, *Libertad, arte y cultura. Reflexiones sobre la libertad de creación artística*, en https://lacultivadaediciones.es/3d-flip-book/libertad-arte-y-cultura-reflexiones-juridicas-sobre-la-libertad-de-creacion-artistica/, consultado el 03/03/2023.

8. MATERIALES, ACTIVIDADES Y/O CASOS

ACTIVIDAD n. 1.

La fiesta de los toros es una tradición cultural controvertida que cuenta con acérrimos defensores y convencidos detractores. ¿Pueden las Comunidades Autónomas prohibir la fiesta en sus territorios? Lea y analice la STC 177/2016, de 20 de octubre, que se dictó al hilo de la aprobación de la Ley catalana 28/2010. Lea también la actual Ley de Tauromaquia (Ley 18/2013, de 12 de noviembre). ¿Qué consideración y régimen de protección tiene en la actualidad la tauromaquia en nuestro país? ¿Sobre la base de qué títulos competenciales se ha dictado esta ley?

ACTIVIDAD n. 2.

Analice y compare los Estatutos del Museo del Prado y del Museo Thyssen-Bornemisza.

a)   ¿Qué tipo de persona jurídica son cada uno de ellos?

b)   ¿Quién los dirige?

c)   ¿Cómo se toman las decisiones?

d)   ¿Con qué personal cuentan y cuál es el régimen de este personal? ¿Son funcionarios o laborales?

Capítulo III

La libertad de creación artística como derecho fundamental autónomo. Su contenido y límites

MARTA TIMÓN HERRERO
*Subdirectora General de Reclamaciones del Consejo
de Transparencia y Buen Gobierno*

1. INTRODUCCIÓN: LA *CONSTITUCIÓN CULTURAL* Y LOS DERECHOS FUNDAMENTALES EXPRESIVOS Y COMUNICATIVOS

Se entiende como *Constitución Cultural*, tal y como ya se ha señalado en el capítulo II, aquel conjunto de preceptos de la Constitución Española que reconoce derechos y valores referidos a la *cultura* y a la *creación* cultural y artística y que permite constatar la verdadera existencia de unas bases constitucionales culturales y de un mandato de actuación de los poderes públicos a favor del *progreso en la cultura*.

Concretamente, conforman nuestra *Constitución Cultural* los artículos 3, 20, 44, 46, 50, 148 y 149 CE, que se han analizado sucintamente en el capítulo II. En este capítulo III, se desarrollará, por su carácter central, el derecho a la libertad de creación artística consagrado en el artículo 20 CE.

Este derecho no puede dejar de relacionarse con la cláusula de interpretación progresiva y dinámica de los derechos fundamentales prevista en el artículo 10.2 CE en la medida en que prevé que *"[l]as normas relativas a los derechos fundamentales y a las libertades que la Constitución reconoce se interpretarán de conformidad con la Declaración Universal de Derechos Humanos y los tratados y acuerdos internacionales sobre las mismas materias ratificados por España"*, cobrando especial importancia la incorporación de la jurisprudencia del Tribunal Europeo de Derechos Humanos (TEDH).

En particular, y en lo que aquí interesa, la Constitución reconoce de forma específica una serie de derechos fundamentales que podrían denominarse *libertades comunicativas y expresivas*. Así, el artículo 20 CE reconoce como derecho fundamental, con la especial protección que ello comporta, la libertad de expresión por escrito o por cualquier otro medio de comunicación [artículo 20.1.a) CE]; la libertad de producción y creación literaria, artística, científica, y técnica [artículo 20.1.b) CE]; la libertad de cátedra [artículo 20.1.c) CE] y la libertad de comunicar o recibir libremente información veraz [artículo 20.1.d) CE].

> "Art. 20 CE. 1. Se reconocen y protegen los derechos:
> a) A expresar y difundir libremente los pensamientos, ideas y opiniones mediante la palabra, el escrito o cualquier otro medio de reproducción.
> b) A la producción y creación literaria, artística, científica y técnica.
> c) A la libertad de cátedra.
> d) A comunicar o recibir libremente información veraz por cualquier medio de difusión. La ley regulará el derecho a la cláusula de conciencia y al secreto profesional en el ejercicio de estas libertades".

Por tanto, nuestro texto constitucional reconoce de forma expresa el derecho fundamental a la *producción y creación literaria y artística* (junto al derecho a la producción y creación *científica y técnica*, cuyo estudio no se aborda en este capítulo), diferenciándose de otros textos internacionales en los que no existe esta mención específica en la medida en que las manifestaciones artísticas se entienden incluidas en el ámbito de protección de la libertad de expresión: esto es, los estándares de protección del ejercicio del derecho (el establecimiento de su ámbito de protección cuando entra en conflicto con otros derechos) y sus límites se construyen a partir de y por extensión de la jurisprudencia recaída sobre la libertad de expresión.

Así, por ejemplo, no existe una referencia concreta a la *libertad de creación artística* en el Convenio Europeo de Derechos Humanos (en adelante, CEDH) lo que no ha impedido su reconocimiento y su protección al amparo del derecho a libertad de expresión reconocido en el artículo 10 CEDH y con aplicación de la jurisprudencia del TEDH referida al contenido y los límites del ejercicio de este.

> El artículo 10.1 CEDH dispone que *"Toda persona tiene derecho a la libertad de expresión. Este derecho comprende la libertad de opinión y la libertad de recibir o de comunicar informaciones o ideas sin que pueda haber injerencia de autoridades públicas y sin consideración de fronteras. El presente artículo no impide que los Es-*

tados sometan a las empresas de radiodifusión, de cinematografía o de televisión a un régimen de autorización previa", previendo su apartado segundo los límites que pueden imponerse (sobre los que luego se volverá).

En la misma línea se sitúa la Convención Interamericana de Derechos Humanos (CIDH) cuyo artículo 13 no menciona explícitamente la *libertad artística*, si bien ello no ha impedido que dispense protección adecuada a la difusión de obras artísticas. Así, en la sentencia de 5 de febrero de 2001 (*Caso Olmedo Bustos y otros v. Chile*), con ocasión de resolver el recurso presentado contra la prohibición de difusión de la película de Scorsese, *La última tentación de Cristo*, la CIDH declara la prevalencia de la libertad de expresión sobre la protección de los sentimientos religiosos que había fundamentado la prohibición de difusión de la película, concluyendo que el Estado de Chile ha vulnerado el derecho a la libertad de expresión y de pensamiento reconocido en el artículo 13 de la Convención Americana de Derechos Humanos e instándole a modificar su legislación para suprimir el sistema de censura previa. Por su parte, el Pacto internacional relativo a los derechos civiles y políticos (artículo 19.2) engloba la libertad de creación artística en el ámbito de la libertad de expresión al reconocer que *"[t]oda persona tiene derecho a la libertad de expresión; este derecho comprende la libertad de buscar, recibir y difundir informaciones e ideas de toda índole, sin consideración de fronteras, ya sea oralmente, por escrito o en forma impresa o artística, o por cualquier otro procedimiento de su elección".* En este caso, lo artístico se concibe como una *forma* de expresión.

El artículo 13 de la Carta de los Derechos Fundamentales de la Unión Europea reconoce la *libertad de las artes y las ciencias.* Por su parte, por poner otros ejemplos, tanto en la Constitución italiana (artículo 21) como en la Constitución alemana (artículo 5) se reconoce la libertad del *arte*. La Constitución Portuguesa diferencia de forma clara los derechos a la libertad de expresión e información (artículo 37), por un lado, y a la libertad de creación cultural, por otro, afirmando en su artículo 42 que *"será libre la creación intelectual, artística y científica. 2. Esta libertad comprende el derecho a la invención, producción y divulgación de obras científicas, literarias o artísticas, incluyendo la protección legal de los derechos de autor".*

2. EL DERECHO A LA LIBERTAD DE PRODUCCIÓN Y CREACIÓN LITERARIA Y ARTÍSTICA: DEFINICIÓN Y ÁMBITO DE PROTECCIÓN

2.1. *Una precisión previa: la diferenciación entre los derechos a la libertad de expresión, la libertad de información y la libertad de creación artística*

Antes de entrar en el *contenido* del derecho fundamental a la creación artística (qué es y a quién se protege) y sus límites, es necesario realizar una diferenciación previa entre este derecho fundamental y los derechos a la libertad de expresión y la libertad de información reconocidos en el mismo precepto; derechos, todos ellos que, obviamente, mantienen una estrecha relación y que se ven sometidos a los límites específicos que prevé el artículo 20.4 CE.

Es abundante la jurisprudencia del Tribunal Constitucional, como máximo intérprete de la Constitución, que delimita el contenido esencial y pone de manifiesto las diferencias entre los derechos fundamentales a la libertad de expresión y a la libertad de información al conocer de recursos de amparo en estos ámbitos. En cambio, la doctrina constitucional es mucho más escasa respecto del derecho fundamental a la producción y creación artística pues son contados los casos que han llegado al Tribunal Constitucional a través del recurso de amparo, siendo más abundante la jurisprudencia sentada por la Sala de lo Civil del Tribunal Supremo u otros órganos jurisdiccionales.

La primera característica común a estos tres derechos fundamentales es que se trata de derechos con una doble dimensión, subjetiva y objetiva, pues no se configuran únicamente como derechos de *libertad* frente a los poderes públicos, sino que su ejercicio contribuye a la formación de la opinión pública, facilita la participación política y coadyuva a la preservación de la pluralidad y la diversidad de la sociedad. Esta contribución les confiere una especial posición, una *dimensión objetiva e institucional*, que va acompañada de una protección reforzada frente a otros derechos fundamentales u otros bienes susceptibles de protección (cuando se produce una colisión).

Por lo que se refiere al contenido de los derechos, la jurisprudencia constitucional señala que el derecho fundamental a la *libertad de expresión* protege la libre manifestación de opiniones y juicios de valor por cualquier medio, incluyendo aquellas expresiones que puedan resultar chocantes, transgresoras o, incluso, perturbadoras, siempre que no constituyan insulto o vejación (lo que se situaría extramuros del derecho). La defensa de este derecho fundamental, pasa, precisamente por entender que se encuentran en su ámbito de protección aquellos discursos que no se comparten pero que no resulten vejatorios.

La libertad de expresión ampara, por tanto, expresiones hirientes y desabridas, pero no protege el insulto. La cuestión estriba, en caso de conflicto, en determinar cuándo se ha producido esa extralimitación, lo que la jurisprudencia constitucional parece reconducir a la existencia o inexistencia de un *vínculo de conexión* entre las expresiones proferidas y el mensaje que se pretende transmitir; esto es, a la verificación de si las expresiones proferidas resultan *necesarias* para transmitir el mensaje que se pretende pues, de lo contrario, se entenderán como manifestaciones *gratuitas* —juicio de *necesidad* de las expresiones que parece difícilmente aplicable en el ámbito de la libre creación artística, dada su singularidad, pues, con independencia del discurso que, en su caso, subyazca a la obra, no resulta exigible que lo creado sea *necesario* como justificación de la creación—.

> Ese juicio de necesidad se aprecia en la STC 192/2020, de 17 de diciembre, que desestima el recurso de amparo promovido frente a la pretendida vulneración del derecho fundamental a la libertad de expresión como consecuencia de la condena de los demandantes por un delito de ofensa de los sentimientos religiosos (artículo 525 del Código Penal) consistente en interrumpir la celebración de una misa lanzando pasquines y profiriendo consignas a favor del aborto. Resalta la mayoría del Tribunal Constitucional la inexistencia de un *punto de conexión* que permita entender la ceremonia religiosa como un foro de intercambio de ideas, pudiéndose difundir el mensaje por medios alternativos *"sin necesidad de perturbar a los fieles"* —la STC cuenta con votos particulares (discrepantes)—. En una línea similar, la STC 190/2020, de 15 de diciembre, desestima el recurso de amparo interpuesto por el condenado por un delito de ultrajes a España (artículo 543 CP) por proferir la expresión *"hay que prenderle fuego a la puta bandera"* en el marco de una protesta laboral, pues, de nuevo según la mayoría del Pleno, las expresiones controvertidas encierran un mensaje de menosprecio hacia la bandera y son *"de todo punto innecesarias para sostener el sentido y alcance de las reivindicaciones laborales (...)"* —sentencia que cuenta, también, con votos particulares discrepantes—.

Por su parte, el derecho fundamental a comunicar y recibir información veraz protege, no sólo la creación de medios de comunicación, sino la difusión de información entendida como transmisión de hechos *noticiables* con relevancia para la formación de la opinión pública (que contribuye al debate público) de forma *veraz*. La veracidad de la información no se refiere a la *verdad* de lo transmitido, sino a la existencia de una previa *diligencia informativa* —una investigación diligente con contraste de fuentes, de hechos, etc., con carácter previo a la difusión de la noticia y por parte de quien ejerce el derecho—

En la STC 50/2010, (FJ 5) se precisa que *"(...) el concepto de veracidad no coincide con el de verdad de lo publicado o difundido, ya que, cuando la Constitución requiere que la información sea "veraz", no está tanto privando de protección a las informaciones que puedan resultar erróneas como estableciendo un deber de diligencia sobre el informador, a quien se puede y debe exigir que los que tramite como "hechos" hayan sido objeto de previo contraste con datos objetivos".* Por ello, *"el requisito de la verdad deberá entenderse cumplido en aquellos casos en los que el informador haya realizado, con carácter previo a la difusión de la noticia, una labor de averiguación de los hechos sobre los que versa la información y haya efectuado la referida indagación con la diligencia exigible a un profesional de la información".*

El ámbito de protección del derecho a la libertad de expresión y a la libertad de información (o su mayor resistencia a los límites) se ensancha cuando su ejercicio se enmarca en un contexto de debate público político o social, y también, cuando las opiniones o la información transmitidas se refieren a personas públicas o con notoriedad o proyección públicas. Ensanchamiento del ámbito de protección que, en ocasiones, también se ha extendido al ámbito del ejercicio del derecho a la libertad de creación artística.

Expresión e información se encuentran intrínsecamente unidas y, en muchas ocasiones, resulta difícil deslindarlas e identificar el concreto derecho fundamental que se está ejerciendo. Esta operación de deslinde es, sin embargo, necesaria porque la *veracidad* que se exige a la libertad de información para resultar protegible no se proyecta, en cambio, sobre la libertad de expresión; como tampoco lo hará sobre la libertad de creación artística. Deberá determinarse, por tanto, cuál es el derecho fundamental *preponderante* o *prevalente* porque de ello dependerá el abanico de medidas de protección y los requisitos que se exijan para apreciar la legitimidad del ejercicio del derecho en caso de conflicto con otros.

En esta línea se ha pronunciado el Tribunal Constitucional al remarcar que la identificación del concreto derecho fundamental que se está ejerciendo resulta determinante de la legitimidad de su ejercicio, pues mientras los hechos son susceptibles de prueba, las opiniones o juicios de valor, por su misma naturaleza, no se prestan a *una demostración de exactitud* y ello hace que, al que ejercita la libertad de expresión, no le sea exigible *la prueba de la verdad o diligencia en su averiguación* que condiciona, en cambio, la legitimidad del derecho a la información por expreso mandato constitucional.

2.2. Contenido de la libertad de creación artística y literaria

Ciertamente, dado el carácter dinámico del *arte* la destilación del adjetivo *artístico* puede presentarse como una tarea inabordable (en el ámbito de la creación *literaria* resulta más aprehensible al reconducirse fácilmente al ámbito de la literatura y sus diversos géneros). Sin embargo, la aproximación a lo que se entiende por actividad *artística* es imprescindible para delimitar el contenido del derecho fundamental.

Como se ha visto, el derecho a la libertad de creación artística tiene un engarce directo en la libertad de expresión y su conexión es tan íntima que, en ocasiones, no se reconoce de forma explícita sino que se protege como *una forma más de la libertad de expresión*. Esta fue, de hecho, la concepción que mantuvo el Tribunal Constitucional en sus primeros pronunciamientos sobre este derecho: la libertad creación artística se entendía como concreción o faceta del derecho fundamental a la libertad de expresión, dadas las raíces comunes de ambos derechos.

> En la STC 153/1985, de 7 de noviembre, dictada en un conflicto de competencias en relación con la calificación por edades de espectáculos teatrales, señala que *"[e]n efecto, el derecho a la producción y creación literaria, artística, científica y técnica, reconocido y protegido en el apartado b) del mencionado precepto constitucional, no es sino una concreción del derecho —también reconocido y protegido en el apartado a) del mismo— a expresar y difundir libremente pensamientos, ideas y opiniones, difusión que referida a las obras teatrales presupone no sólo la publicación impresa del texto literario, sino también la representación pública de la obra, que se escribe siempre para ser representada (FJ 5)"*.

No obstante, con posterioridad, al conocer de un recurso de amparo por vulneración del derecho al honor (en conflicto con el derecho a la creación artística), el Tribunal Constitucional ha reconocido el carácter *autónomo* de este derecho. Un derecho autónomo, señala el Tribunal, cuyo *"objetivo principal [...] es proteger la libertad del propio proceso creativo, manteniéndolo inmune frente a cualquier forma de censura previa (20.1 CE) y protegiéndolo respecto de toda interferencia ilegítima proveniente de los poderes públicos o de los particulares"*.

El debate sobre la *autonomía* de este derecho fundamental debería entenderse superado a la vista de su reconocimiento explícito en el artículo 20.1.b) CE, de la jurisprudencia del Tribunal Constitucional (y también del Tribunal Supremo) y de la singularidad propia de la actividad artística. En la misma línea que la libertad de expresión, el ejercicio de la libertad de creación artística debe contar con una protección reforzada en una sociedad democrática, pero, sus especiales características permiten defender incluso, una protección *acrecida* (una suerte de *excepción de lo artístico*).

La delimitación del contenido del derecho fundamental a la creación artística debe partir, en primer lugar, de su diferenciación respecto de la *producción técnica y científica* que, si bien comparte algunos de los rasgos con aquélla (como la innovación o la creatividad), se diferencia en el tipo de métodos y técnicas utilizados para la creación.

> Ciertamente, el artículo 20.1.b) CE reconoce de forma expresa, y con protagonismo propio, el derecho a la *creación y producción literaria* (que aparece, así, desgajada de la creación artística). No obstante esta distinción, aquí se abordará el concepto y contenido de la libertad de producción y creación artística desde una perspectiva omnicomprensiva (incluyendo también a literaria) si bien no puede obviarse que la jurisprudencia constitucional se ha dictado básicamente en relación con manifestaciones literarias y, de ahí, como luego se verá, la introducción de la referencia a los *mundos imaginarios* o al contexto de ficción (referido, precisamente, a plasmaciones concretas de la libertad literaria —como la novela—).

El derecho a la *producción y creación artística* debe entenderse necesariamente referido a dos momentos: por un lado, al propio proceso de *creación* (en el que se idea, se inventa, se prueba, se bosqueja, etc.) y, por otro lado, al resultado concreto, independiente y separable de ese proceso creativo (sin perjuicio de aquellas obras artísticas en las que el propio proceso es el acto artístico en sí).

Para definir o concretar qué es lo *artístico,* referido tanto al proceso de creación como a la obra *alumbrada* y desde la perspectiva jurídica del derecho fundamental, debe partirse de la premisa del propio carácter dinámico e innovador del arte que impide la fijación de una definición unívoca y permanente. Habrá de atenderse, entonces, a la presencia de determinados elementos que permitan constatar que lo expresado constituye una manifestación artística (y no una plasmación del ejercicio del derecho a la libertad de expresión o a la libertad de información), identificando así el derecho fundamental que realmente se ha ejercido.

En general, el propio contenido de los derechos fundamentales está sometido al cambio de los usos y las convenciones y a su percepción social, por lo que no puede obviarse el factor evolutivo en la interpretación de los derechos. El Tribunal Constitucional aboga por la interpretación de la Constitución como un *árbol vivo* que permita hacer frente a la *realidad social jurídicamente relevante* de cada momento. Por ejemplo, el honor personal o la reputación profesional o social no se conciben actualmente de la misma forma, y ello incide directamente en la ponderación a realizar cuando entra en conflicto con otro derecho fundamental o con otro bien jurídicamente protegido. En la misma línea, el derecho fundamental a la intimidad, entendido como ese círculo íntimo que queremos preservar del conocimiento ajeno, ha experimentado una mutación con el uso de las redes sociales. La llamada *sociedad digital* constituye un factor detonante en la *resignificación* del alcance de los derechos que también se proyecta sobre la libertad de creación artística en la medida en que las formas de crear, los creadores y los espacios donde difundir lo creado (incluso el propio proceso de creación) han mutado.

El rasgo principal que define a la libertad de creación artística es su dimensión *cultural*, así como la innovación, la originalidad y la creatividad que se asocian al ejercicio de este derecho. Existe una relación entre la libertad de creación artística y la protección de la propiedad intelectual (derechos de autor) de la obra creada, aunque sus ámbitos de protección sean diferentes. Esa relación permite acudir a la definición de *obra protegible* contenida en el artículo 10 de la Ley de Propiedad Intelectual (LPI) que pone el acento, precisamente, en su *originalidad*, entendiéndola como una referencia a la creación de algo que antes no existía y en la que se aprecia la impronta personal de la persona autora. Características, éstas, la de la transformación de la realidad mediante la creación del algo nuevo y subjetividad del proceso creativo que definen también el contenido de la noción de *creación artística*. El citado artículo 10 LPI incluye una enumeración ejemplificativa de las *creaciones originales* protegidas entre las que se encuentran plasmaciones concretas del fenómeno de lo artístico: las novelas, las obras y representaciones teatrales, la danza, las producciones audiovisuales y cinematográficas, la obra plástica y visual, etc.

La dimensión artística de la expresión también viene determinada por el uso códigos específicos propios del arte: por ejemplo, el lenguaje disruptivo y provocador que puede apreciarse comúnmente (aunque no necesariamente) en el fenómeno de lo artístico. Carácter transgresor que, a veces, se proyecta sobre los propios códigos del arte (ejemplos de ello es el lenguaje que caracterizaba, por ejemplo, las obras de Duchamp frente a los códigos del arte vigentes en aquel momento; o la *revolución* que implicó el *arte de acción* o el arte conceptual en su momento) y, en otras ocasiones, sobre los códigos y prácticas político-sociales de cada época. El arte pretende conmover, agitar, hacer reaccionar, convirtiéndose, en no pocas ocasiones, en un vehículo de transmisión de cambios sociales.

> En este sentido el *Manifiesto por la Libertad de Expresión Artística y Cultural en la Era Digital* subraya el carácter angular de la libertad creativa en las sociedades democráticas, poniendo de relieve que los artistas "*revelan las verdades incómodas, nombran lo innombrable y visibilizan lo invisible [...] creando espacios para el debate social en el seno y más allá del discurso político dominante*".

La identificación del lenguaje propio del arte se aprecia también por el uso de determinados recursos (literarios, estéticos, etc.); por la concreta técnica o método de creación utilizado (pintura, performance, arte digital, video arte, cine, etc.) o por el contexto en el que se crea y difunde la obra (intervención de galeristas, marchantes u otras instituciones culturales) y la propia condición subjetiva de la persona creadora.

> Así, el *lenguaje poético* fue uno de los elementos determinantes para que el TEDH considerase que la imposición de un sanción penal al autor de un poemario muy crítico con las autoridades turcas había vulnerado el derecho a la libertad de expresión (art. 10 CEDH) y ello porque, al entender del Tribunal, las propias características de la composición poética y su lenguaje determinaban la existencia de un público minoritario y, por tanto, un limitado impacto en el orden público de las visión político-crítica que se expresaba en el poema (STEDH *Karatas c. Turquía*, de 8 de julio de 1999).
>
> La condición subjetiva y el método empleado fueron también elementos relevantes en el pronunciamiento contenido en la STC 43/2004, de 23 de marzo, que resuelve un recurso de amparo en relación con la pretendida vulneración del derecho al honor como consecuencia de la emisión de documental historiográfico sobre algunos hechos de la Guerra civil en el que se presentaba a determinadas personas como afines al régimen franquista. Considera el Tribunal Constitucional que prevalece el derecho a la libertad de creación (en este caso, científica) y para llegar a tal conclusión toma en consideración la *condición de historiadores* de los guionistas; que se trata de un documental que refleja un *debate histórico* que utiliza, por tanto, *unos usos y métodos característicos de la ciencia historiográfica* y que el tiempo transcurrido difumina, en cierta forma, la afectación del derecho al honor. Se señala, en particular, que el documental "*se refiere siempre a hechos del pasado y protagonizados por individuos cuya personalidad, en el sentido constitucional del término (su libre desarrollo es fundamento del orden político y de la paz social: art. 10.1 CE), se ha ido diluyendo necesariamente como consecuencia del paso del tiempo y no puede oponerse, por*

tanto, como límite a la libertad científica con el mismo alcance e intensidad con el que se opone la dignidad de los vivos al ejercicio de las libertades de expresión e información de sus coetáneos". En este caso, se refuerza la tutela del derecho funda-mental a la creación científica refiriéndose la sentencia a una *protección acrecida* de este derecho frente al derecho al honor.

A este *lenguaje específico del arte* alude, precisamente, la jurispru-dencia constitucional. En ella se pone de relieve el *alejamiento de la realidad* de la obra artística (como rasgo que la diferenciaría de la libertad de expresión) y la *creación* de *mundos ficticios o imaginarios*. Este elemento ficcional o *alejamiento* de la realidad constituiría una de las características propias de la creación artística, relevante, ade-más, en la ponderación o determinación de qué derecho prevalece sobre otro en caso de conflicto. Así, por ejemplo, en la STC 51/2008, de 14 de abril, el Tribunal Constitucional resuelve el conflicto entre el derecho al honor y el derecho a la libertad de creación literaria a favor de esta última partiendo, precisamente, del carácter ficticio de la novela cuestionada.

Se trataba de una novela de carácter biográfico, *El Jardín de Villa Valeria*, en la que el autor realizaba diversas alusiones a una tercera persona en uno de sus fragmentos, identificándola y sosteniendo que *"tenía cuatro fobias obsesivas: los homosexuales, los poetas, los curas y los catalanes. También usaba un taparrabos rojo chorizo, muy ajustado a las partes. Solía calentarse jugueteando libidinosamente bajo los pinos con las mujeres de los amigos para después poder funcionar con la suya como un gallo".*

La sentencia remarca que el texto controvertido constituye el fragmento de una novela (que, además, había sido editada ya en va-rias ocasiones) que se enmarca *sin duda alguna* en el derecho funda-mental reconocido en el artículo 20.1.b) CE (y no en el ejercicio de la libertad de información); tratándose, por tanto, de una actividad creativa marcada por la impronta subjetiva del autor a la que no es posible exigir *veracidad*. Las propias características de lo literario di-fuminan, sostiene el Tribunal Constitucional, el eventual ataque al honor de terceras personas. Y en esta conclusión, la desconexión de la realidad, la utilización de recursos literarios y el carácter ficticio de la obra resultan elementos determinantes.

En concreto, se razona en la sentencia que *"el carácter literario de la obra en la que se inserta el pasaje litigioso está fuera de toda duda. Aunque en la misma se hace referencia a personajes, lugares y hechos reales, el género novelístico de la obra y el hecho de no tratarse de unas memorias impiden desconocer su carácter ficticio y, con ello, trasladar a este ámbito las exigencias de veracidad propias de la transmisión de hechos y, por lo tanto, de la libertad de información. Es más, la propia libertad de creación literaria ampara dicha desconexión con la realidad, así como su transformación para dar lugar a un universo de ficción nuevo. En el caso concreto de la novela aquí analizada, las referencias a la generación a la que pertenece el perso- naje aludido en el pasaje litigioso y a su evolución durante la etapa de la transición política es evidente que no pretenden ser fidedignas, sino que pueden requerir de recursos literarios, como la exageración para cumplir la función que se persigue en la obra. Todo ello encuentra en el derecho a la creación literaria una cobertura cons- titucional. Y no sólo en el caso del autor del fragmento controvertido, sino también en el de la editorial que ha hecho posible su publicación, sin la cual la obra literaria pierde gran parte de su sentido".*

En otro momento de la STC 51/2008 se subraya que *"(...) el derecho fundamental a la producción y creación literaria [art. 20.1 b) CE] (...), protege la creación de un uni- verso de ficción que puede tomar datos de la realidad como puntos de referencia, sin que resulte posible acudir a criterios de veracidad o de instrumentalidad para limitar una labor creativa y, por lo tanto, subjetiva como es la literaria".*

Este *alejamiento o distorsión de la realidad* también se ha tomado en consideración en la jurisprudencia del Tribunal Europeo de Dere- chos Humanos (TEDH), aunque no tanto para subrayar el carácter ficticio de la obra como para poner de relieve la *transformación de la realidad* a través de la sátira o la parodia. Es decir, se pone el acento en el humor como *deformador* de la realidad para dotar al derecho a la libertad de creación artística de una mayor resistencia frente a otros derechos fundamentales.

No puede desconocerse que el TEDH realiza su enjuiciamiento a partir de la li- bertad de expresión y, en este ámbito, el humor siempre se ha tomado en considera- ción, precisamente, para ampliar el radio de legitimidad del ejercicio del derecho. Por ejemplo, en la STEDH *Vereingung Bildender Dünster v. Austria*, de 25 de abril de 2007, otorga prevalencia al derecho a la libertad de expresión de la asociación que había organizado la exposición donde se exhibía la obra de Otto Muehl, *Apocalypse*, sobre el derecho al honor de un parlamentario, reconocible, que aparece en la pintura colla- ge junto a otras personas en diversas actividades sexuales. El TEDH pone el acento en que la obra controvertida refleja una distorsión de la realidad (aunque aparezcan personajes reales) típica de la sátira señalando que *"(...) la sátira es una forma de ex- presión artística que, exagerando y distorsionando la realidad, es intencionadamente provocadora".* Por ello, cualquier interferencia en el derecho de un artista a tal forma de expresión supondría una injerencia en su derecho.

Todo este conjunto de indicios o rasgos propios del ejercicio de la libertad de creación artística permiten diferenciarla del resto de libertades expresivas/comunicativas; pudiéndose defender que esa cualidad o dimensión artística que le es propia (singularidad de lo artístico) introduce un nuevo valor a tomar en cuenta en la ponderación entre derechos que aumenta su ámbito de protección y permite mantener la existencia de una *presunción a favor del arte.*

2.3. El ámbito de protección del derecho a la libertad de creación artística

El derecho a la producción y creación artística reconocido en el artículo 20.1.b) CE garantiza, por un lado, que el proceso creación al que antes se ha aludido (de autoría individual o colectiva) sea libre, sin interferencias, intervenciones o imposiciones de los poderes públicos (proceso de creación que es manifestación concreta de los derechos de la personalidad y libertad ideológica reconocidos en os artículos 10.1 y 16.1 CE). Por otro, extiende su protección a la obra creada y a su difusión (y, de ahí, que este derecho fundamental pueda ser invocado no sólo por los creadores sino también por aquellas otras personas o instituciones que asumen la producción o la difusión de la obra artística de que se trate).

Aun tratándose de un derecho autónomo, resultan trasladables, por su cercanía, los estándares de protección que rigen para el derecho a la libertad de expresión. Obviamente, como derecho fundamental que es, cuenta con la protección reforzada que le otorga el artículo 53 CE (procedimiento especial de tutela de carácter preferente y sumario, así como posibilidad de acudir en recurso de amparo ante el Tribunal Constitucional), estando su regulación reservada a la ley orgánica (artículo 81 CE) que exige una mayoría reforzada.

En similar forma que la libertad de expresión, el derecho a la libertad de creación artística protege aquellas creaciones que puedan herir, resultar chocantes o perturbadoras siempre que se ejerza en el marco de los límites que impone la protección de otros derechos fundamentales (de terceros) o de otros bienes jurídicos dignos de protección, sin olvidar que su dimensión objetiva e institucional le confiere una protección acrecida a la que ya se ha aludido.

Un ejemplo de previsión legal de esta protección reforzada o acrecida se puede encontrar en el artículo 8.1 de la Ley Orgánica 1/1982, de protección civil del derecho al honor, a la intimidad personal y familiar y a la propia imagen, de 5 de mayo, que establece que no se apreciará la intromisión ilegítima al honor, intimidad o propia imagen en aquellos supuestos en que prevalezca "*un interés histórico, científico o cultural relevante*".

Partiendo de ese doble contenido del derecho como proceso de creación y exhibición o divulgación de lo creado, la garantía del derecho fundamental puede entenderse tanto desde una perspectiva activa (tutela y defensa del proceso creativo y de la obra creada, en estrecha ligazón con la Ley de Propiedad Intelectual), como pasiva (eliminación de las injerencias durante el proceso creativo o antes de la divulgación de la obra). La calidad artística, el buen gusto o la técnica constituyen elementos irrelevantes por lo que respecta al derecho fundamental, que no pueden modular a la baja las garantías (pero, que en cambio, sí puede tener su juego en el ámbito de los derechos de autor).

La garantía de no interferencia se recoge de forma explícita en el artículo 20.2 CE que prohíbe la censura previa (de todas las libertades comunicativas y expresivas del artículo 20 CE) entendiendo como tal aquella actuación que limite la elaboración o difusión de una obra mediante su sometimiento a un escrutinio previo por parte del poder público que debe otorgar su *placet*. Esto es, en un sistema con censura previa la obra debe acomodarse a determinados valores *abstractos* cuya concreción realiza el censor.

En esa línea, la STC 187/1999 o la STC 52/1983 declaran que la inmunidad que proporciona el reconocimiento de este derecho fundamental impide "*cualquier medida limitativa de la elaboración o difusión de una obra del espíritu que consista en el sometimiento a un previo examen por un poder público del contenido de la misma cuya finalidad sea la de enjuiciar la obra en cuestión con arreglo a unos valores abstractos y restrictivos de la libertad, de manera tal que se otorgue el plácet a la publicación de la obra que se acomode a ellos a juicio del censor y se le niegue en caso control*".

Es importante destacar que la CE prohíbe la *censura previa* de los poderes públicos y no toda censura o modalidades similares. El artículo 20. 2 CE no se refiere, pues a la autocensura de los creadores, o a la que podría denominarse hoy en día *censura blanda*, censura privada o llamada *cultura de la cancelación*, que constituyen otro tipo de restricciones que no aparecen reflejadas en el artículo 20.1.b) CE. En estos casos, no se alude a la intervención limitativa de los poderes públicos sino a otro tipo de actuaciones que llevan a cabo empresas, instituciones privadas o particulares y que implican ciertas restricciones respecto, particularmente, el momento de difusión de la obra, por considerar que pueden dañarse sentimientos colectivos o que exceden de lo *políticamente correcto*. Lo anterior incide directamente en la difusión de la obra concreta de que se trate y comporta, a su vez, un efecto desaliento en la medida en que puede llevar a la autolimitación de los artistas (influyendo, por tanto, de forma indirecta en el proceso creativo).

> Basta pensar, por ejemplo, en la retirada de obras de ferias de artes o de exposiciones por considerar que pueden atentar contra el buen gusto o herir a determinados colectivos (retirada de los anuncios de una exposición de Egon Schiële en Reino Unido; cancelación de carteles que anuncian conciertos, etc.) También se ha llegado a calificar de *censura* el control de contenidos que llevan a cabo las redes sociales o las plataformas de distribución audiovisual. En junio del año 2020, la plataforma HBO retiró durante dos semanas de su catálogo la película *Lo que el viento se llevó* (de Víctor Fleming, George Cukor y Sam Wood) a fin de proceder a una contextualización de la obra en relación con el racismo que estuviera disponible para el público. En redes sociales como Facebook se restringe o se considera como contenido inapropiado la pintura *El origen del mundo* (de Gustave Coubert).

La censura previa a la que alude el artículo 20.2 CE tampoco puede equipararse a las potestades de control sobre contenidos que pueden ejercer los editores de publicaciones o de medios de comunicación audiovisual o radiofónica, ni al control de contenidos que se asume actualmente por parte de plataformas de contenidos digitales, redes sociales, u otros prestadores de servicios de la sociedad de la información: control, sin embargo, el de estos últimos, que no deja de plantear interrogantes en su relación con la libertad de expresión y la libertad de creación artística, sobre todo cuando en los términos de uso se incluyen nociones jurídicas como la exclusión del *discurso del odio* cuya concreción, sin embargo, escapa al ámbito de criterios y normas jurídicas.

Distinta a la censura previa es también la posibilidad de acordar el secuestro de publicaciones y /o grabaciones que prevé el artículo 20.5 CE y que requiere en todo caso de la previa intervención judicial y de su adopción en el marco de un proceso en el que se hacen valer otros derechos. Obviamente, una medida con consecuencias tan gravosas para el pleno ejercicio del derecho fundamental debe ser motivada y acordarse de forma provisional. En estos casos, se trata de una *puesta a disposición judicial* a fin de proteger la eventual lesión irreparable de otros derechos que se produciría de permitir la inmediata difusión de la obra.

> La regulación preconstitucional no prohibía el secuestro de publicaciones u obras que se considerasen contrarias a la moral (por incurrir en obscenidad o pornografía), a la unidad de España o a la Monarquía. De ahí que se impidiera, por ejemplo, la exhibición de películas como *El crimen de Cuenca* (de Pilar Miró) o la obra de teatro *La Torna*. Más recientemente un Juzgado de Instrucción suspendió cautelarmente la exhibición en el festival de San Sebastián de la película *A Serbian Film* (Srdjan Spasojevic*)* por la posible comisión de un delito de grabación y difusión de pornografía infantil.

3. LÍMITES AL EJERCICIO DEL DERECHO Y PONDERACIÓN DE DERECHOS

3.1. *Cuestiones generales*

El ejercicio de la libertad de creación artística, como ocurre con el resto de los derechos fundamentales, no es ilimitado. El propio artículo 20 CE establece de forma expresa los límites constitucionales al ejercicio de todas las libertades comunicativas y expresivas reconocidas en el precepto, a fin de salvaguardar el ejercicio de otros derechos fundamentales o de otros valores constitucionales susceptibles de protección (límites internos).

> Dispone, así, el artículo 20.4 CE que "*estas libertades tienen su límite en el respeto a los derechos reconocidos en este Título, en los preceptos de las leyes que lo desarrollan y, especialmente, en el derecho al honor, a la intimidad, a la propia imagen y a la protección de la juventud y la infancia*".
>
> En esta línea se sitúan, también, los textos internacionales mencionados al principio de este capítulo que prevén la posibilidad de limitar o modular el ejercicio del derecho. El artículo 10 CEDH, por ejemplo, dispone que el ejercicio de la libertad de expresión (que incluye, como se ha señalado, la libertad artística) puede ser condicionado por "*restricciones o sanciones previstas por la ley, que constituyan medidas necesarias, en una sociedad democrática, para la seguridad nacional, la integridad territorial o la seguridad pública, la defensa del orden y la prevención del delito, la protección de la salud o de la moral, la protección de la reputación o de los derechos*

ajenos, para impedir la divulgación de informaciones confidenciales o para garantizar la autoridad y la imparcialidad del poder judicial".

La enumeración de los límites que contiene el artículo 20.4 CE no es exhaustiva y alude a la confrontación de esas libertades comunicativas o expresivas reconocidas en el primer apartado del precepto constitucional con el resto de los derechos fundamentales reconocidos en la Constitución y, especialmente con los denominados derechos *personalísimos:* el derecho fundamental al honor, a la propia imagen o a la intimidad. Colisiones que no son infrecuentes en aquellos casos en los que la obra artística creada contiene alusiones y/o imágenes referidas a hechos y personas reales que resultan identificables.

La libertad de creación artística encuentra también sus límites o modulaciones en otros derechos o valores protegibles como la protección de la infancia y de la juventud (en la que se fundamenta, precisamente, la introducción de horarios para la emisión de determinados contenidos o la recomendación por edades en las obras audiovisuales o la restricción de acceso a determinados espectáculos públicos); el respeto a la dignidad de colectivos vulnerables; la seguridad y la moral públicas o la salvaguarda de sentimientos religiosos; límites, algunos de ellos, cuyo alcance es cuestionado por la doctrina en el contexto de una sociedad pluralista.

En efecto ¿pueden la moral o los sentimientos erigirse como límites al ejercicio del derecho fundamental a la libertad de creación artística? ¿Cómo se define la moral pública? En el ámbito de la libertad de creación artística la idea de moralidad suele relacionarse con la idea de *obscenidad* o la pornografía. Sin embargo, la concepción sobre la moralidad en un momento y lugar determinados no puede configurarse como un canon de legitimidad del ejercicio del derecho a la libertad de creación artística, por lo que la *obscenidad* no debería constituir un límite a la difusión de obras artísticas (con independencia de las modulaciones a esta faceta del derecho cuando se trata de la protección de la infancia y de la juventud).

Modulaciones referidas al *tiempo* y al *lugar* donde se difunden, por ejemplo, obras cinematográficas con clasificación X (pornografía). En este sentido la STC 153/1985, de 7 de noviembre, relativa a un conflicto de competencias entre el Estado y la Comunidad Autónoma de Cataluña respecto de la regulación de la calificación de espectáculos teatrales y artísticos aprobada por esta última, señala que *"los mencio-nados derechos se hallan sujetos a las limitaciones establecidas en el art. 20.4 de la Constitución, entre las que se encuentra la protección de la juventud y de la infancia. La limitación por razón de la edad, contenida en el Decreto impugnado, correspon-de claramente a esta finalidad"* y por tanto tiene su justificación en el mencionado precepto constitucional. En cambio, respecto de la calificación "S" de determinados espectáculos artísticos y teatrales porque su temática pueda *herir la sensibilidad del espectador medio*, el Tribunal Constitucional considera que *"[s]e trata, por lo tanto, de una información al espectador sobre el contenido de los mencionados espectáculos que, si de una parte no supone limitación alguna a los derechos reconocidos en el art. 20 de la Constitución, de otra viene a potenciar incluso la libertad de decisión del espectador al facilitarle elementos básicos de juicio para llevar a cabo su elección"*.

En la conocida sentencia *Miller c. California* (1973) el Tribunal Supremo de Esta-dos Unidos estableció el llamado Test de Miller para determinar si una obra artística podía calificarse como obscena y quedar extramuros de la protección que dispensa la Primera Enmienda, lo que acontecería en el caso de concurrir cumulativamente estas tres características: a) que una persona promedio, aplicando los estándares de su comunidad, considere que la obra, en su conjunto, resulta *lujuriosa*; b) que en la obra se muestren de forma patentemente ofensiva conductas sexuales o funciones excretorias (definidas así por la ley que se aplique en casa Estado) y c) que la obra, to-mada en su conjunto, carezca de valor literario, artístico, político o científico desde la perspectiva de un ciudadano medio. Esto es, sensu contrario, el valor literario o artís-tico de una obra determina la exclusión de la *obscenidad* o la pornografía como límite.

Actualmente, la moral pública únicamente puede referirse a un *mínimo ético* conformado por los principios y valores de nuestro orde-namiento jurídico-constitucional, sin que en este concepto puedan incluirse las *buenas costumbres,* el *buen gusto,* u otras aproximaciones no constitucionales a la *moralidad* (que, como ya se ha señalado, no pueden erigirse en canon constitucional para determinar la legitimi-dad del ejercicio del derecho a la libertad de creación artística). No puede obviarse, no obstante, que en ese concepto amplio de *moral pública* podrían tener cabida discursos de lo que suele denominar-se *lo políticamente correcto* que, a pesar de no reunir las características necesarias para ser contemplado como un límite al ejercicio del de-recho fundamental a la libertad de creación artística, constituye, en no pocas ocasiones, el fundamento de la retirada o cancelación de contenidos en el ámbito de lo privado (por ejemplo, en las redes sociales antes aludidas o en la programación de eventos privados).

En cualquier caso, tal como se desprende la Constitución y de la jurisprudencia, los límites al ejercicio de un derecho fundamental deben preverse en una norma con rango de ley, de forma concreta y clara (que garantice su comprensión) y deben ser aplicados con respeto al principio de proporcionalidad. La proporcionalidad exige que se trate de una restricción necesaria para alcanzar el objetivo legítimo perseguido (por no existir ninguna otra medida posible menos lesiva del derecho), que se trate de una restricción idónea para ello, y que sea proporcionada en sentido estricto (por tener la aplicación de ese límite más beneficios para el interés general que costes para los bienes en conflicto). También con esta perspectiva, en la jurisprudencia del TEDH se valora si las medidas limitativas del derecho fundamental son de medidas *necesarias para una sociedad democrática* y responden a la existencia de una *necesidad social imperiosa* en ese sentido.

Teniendo en cuenta lo anterior, la apelación a sentimientos colectivos (como puedan ser los sentimientos religiosos) o a una moralidad pública (relacionada con la sexualidad) para frenar o prohibir una determinada manifestación artística introduce una excesiva vaguedad que, además, desconoce la diferencia entre ofensa (subjetiva) y perjuicio directo (objetivo) y la dimensión objetiva e institucional de este derecho fundamental.

Por otro lado, la sanción penal al ejercicio de la libertad de creación artística (entendida como límite) debería tener un carácter excepcional reservándose para aquellos casos en que se constate la existencia de un discurso de odio (*hate speech*) que incita a la violencia contra colectivos vulnerables, pues lo contrario no resulta acorde con las sociedades democráticas y puede provocar el llamado efecto desaliento o autocensura (*chilling effect*) en las personas creadoras. Así se recoge en múltiples recomendaciones internacionales y en la jurisprudencia del TEDH.

> En la STEDH de 20 de octubre de 2015 (*M'Bala Bala, v. Francia*), por ejemplo, se aplica el llamado enfoque de *exclusión de protección* (prohibición de abuso de derecho, con arreglo al artículo 17 CEDH) al considerar que se intenta utilizar el derecho a la libertad de expresión con fines contrarios a la letra y al espíritu del Convenio. A esta conclusión se llega tras constatar que la velada organizada por un humorista francés había perdido su carácter de espectáculo para convertirse en un mitin a favor del negacionismo del holocausto, señalando el TEDH que el artista no puede pretender que su propia condición y el uso de la sátira o el humor le exoneren de la aplicación de la legislación que penaliza los delitos de odio.

La aplicación de la ley penal, por tanto, no solo ha de ser la *última ratio* sino que, en relación con el ejercicio de las libertades comunicativas y expresivas su aplicación, según consolidada jurisprudencia del Tribunal Constitucional, queda supeditada a que se verifique, con carácter previo, si la conducta controvertida encaja en el ejercicio lícito de alguno de estos derechos fundamentales pues "*es obvio que los hechos probados no pueden ser al mismo tiempo valorados como actos de ejercicio de un derecho fundamental y como conductas constitutivas de un delito*" (STC 89/20210, de 15 de noviembre). La falta o insuficiencia de este análisis previo constituye, en sí misma, una vulneración del derecho a la libertad de expresión o, en su caso, de creación artística.

Ello es así porque una eventual extralimitación de la libertad de creación artística no se corresponde necesariamente con la comisión de un delito. Esto es, debe existir una zona intermedia entre el ejercicio legítimo del derecho a la libertad de creación y la comisión de una conducta delictiva o ilícita: una zona que permita la imposición de reproches no penales al ejercicio extralimitado del derecho (administrativos y civiles, por ejemplo) pues no existe colindancia entre el ejercicio constitucionalmente legítimo del derecho y las conductas punibles.

> Interesa destacar aquí la STC 35/2020, 25 de febrero (*Strawberry*) que declaró vulnerado el derecho a la libertad de expresión de un cantante y compositor (que no a la libertad de creación artística, porque, aunque no lo especifique el Tribunal, lo cuestionado eran unos *tweets* que expresaban en términos de humor una crítica política y no una de sus canciones) porque la sentencia previa (condenatoria) "*no ha dado cumplimiento con la necesaria suficiencia a la exigencia de valoración previa acerca de si la conducta enjuiciada era una manifestación del ejercicio del derecho fundamental a la libertad de expresión, al negar la necesidad de valorar, entre otros aspectos, la intención comunicativa del recurrente en relación con la autoría, contexto y circunstancias de los mensajes emitidos. Estos elementos resultaban indispensables en la ponderación previa que el juez penal debe desarrollar en materia de protección de la libertad de expresión como derecho fundamental*".

3.2. *Derecho a la libertad de creación artística y derecho al honor*

La protección de los derechos fundamentales de terceras personas puede justificar la limitación del ejercicio a la libertad de creación artística; en este caso, la protección de la reputación personal y profesional de una persona. La decisión de qué derecho prevalece en caso de conflicto deberá realizarse a través de una ponderación entre ambos derechos en la que será necesario, en primer lugar, contextualizar el ejercicio del derecho (qué tipo de obra se trata, dónde se ha difundido, hasta qué punto incide en la reputación de la persona, si esta es plenamente identificable o no, etc.) y atender al ya mencionado principio de proporcionalidad.

En epígrafes anteriores se ha aludido ya a la confrontación entre el derecho al honor y el derecho a la libertad de creación artística porque fue, precisamente, al resolver un recurso de amparo por eventual vulneración del derecho al honor (en la ya mencionada STC 51/2008, de 14 de abril), cuando el Tribunal Constitucional subrayó el carácter autónomo del derecho a la libertad de creación artística

El conflicto entre el derecho al honor y el derecho a la libertad de creación artística es frecuente en la medida en que no son pocas las obras literarias, cinematográficas, pero también pictóricas, que recurren a hechos y personajes reales e identificables. Es en estos casos donde adquiere relevancia el *elemento ficcional* o *alejamiento de la realidad* antes mencionado —pues, según la STC 51/2008, la *creación literaria da nacimiento a una nueva realidad, que se forja y transmite a través de la palabra escrita, y que no se identifica con la realidad empírica*—. Ese alejamiento de la realidad impide que se aplique el canon de veracidad y el de la relevancia pública de los personajes o hechos narrados —según la jurisprudencia del Tribunal Constitucional; criterio que, sin embargo, sí se toma en consideración por el TEDH—.

> La relevancia o carácter público de la persona sí se toma en consideración en la jurisprudencia del TEDH. Así, por ejemplo, en la STEDH *Vereinigung Bildender Künstler v. Austria*, antes citada, no fundamenta únicamente su conclusión de que se ha vulnerado el artículo 10 CEDH en al tono satírico (exagerado y distorsionador) de la obra cuestionada sino que tiene en cuenta que los personajes que aparecen en el collage, siendo reales y reconocibles, deben tener una mayor tolerancia a la crítica, en la medida en que se trata de personajes públicos (que están, por tanto, sometidos a un mayor escrutinio).
>
> En la STEDH *Le Plons v. France,* se considera desproporcionada y, por tanto, vulneradora de la libertad de expresión del artículo 10 CEDH, la prohibición de publicación de un libro sobre Mitterrand, ya fallecido, en el que se desvelaban detalles sobre su salud. El Tribunal toma en consideración que parte de lo publicado era ya conocido por el público, así como el tiempo transcurrido desde el fallecimiento.

Por tanto, en esa ponderación necesaria para resolver el conflicto entre el derecho al honor y el derecho a la libertad de creación artística se valorará, aparte de la dimensión colectiva (y no meramente subjetiva) del ejercicio a la libertad de creación artística, el mayor o menor acercamiento a la realidad (la posibilidad o no de reconocer de las personas reales) y el tratamiento más o menos ficticio que se realiza (lo que se relaciona directamente con el potencial impacto lesivo).

> En este sentido el Tribunal Supremo consideró prevalente el derecho al honor de la persona demandante que era mencionada en una obra literaria, pretendidamente una *autoficción*, en la que la autora no sólo la identificaba, sino que explicaba diversos pormenores de su vida privada que la demandante consideraba lesivos de su reputación. Entendió aquí el Tribunal Supremo que *"no hay el menor atisbo de creación de una nueva realidad imaginaria a partir de hechos o personajes reales, menos aún ficticios, ni se aprecia ningún interés cultural relevante que pudiera justificar los ataques personales a la demandante o la revelación de datos de su vida privada con una finalidad de creación literaria en el género de la autoficción o del relato de no ficción".*

Si bien el derecho al honor que reconoce el artículo 18 CE se configura como un derecho personalísimo, nuestro ordenamiento jurídico ha previsto una modalidad agravada en relación con el prestigio de determinadas personas o instituciones públicas. Así junto a los delitos de injurias y calumnias (artículos 205 a 216 CP), el Código Penal prevé una modalidad *agravada* cuando tales injurias o calumnias se proyectan sobre la Corona, el Rey, la Reina y la familia real (artículos 490 a 494 CP), así como sobre otras instituciones como el Parlamento o Asambleas Legislativas (artículo 496 CP) o Gobierno, Tribunal Constitucional y otros órganos constitucionales (artículo 504 CP).

La oposición de este tipo delictivo al ejercicio de la libertad de creación artística o de la libertad de expresión plantea problemas en términos de proporcionalidad. No puede desconocerse que las figuras públicas están sometidas, por su propia naturaleza, a un mayor grado de escrutinio y de crítica y que la previsión de consecuencias penales puede ser altamente disuasoria del ejercicio de estos derechos fundamentales. Si la relevancia pública de las personas es uno de los elementos determinantes del análisis en las colisiones del derecho a la libertad de expresión y del derecho a la libertad de información con otros derechos, debería constituirse también en elemento contextualizador relevante respecto del ejercicio de la libertad de creación artística.

> No son pocas las recomendaciones internacionales en orden a suprimir los delitos contra la difamación, al considerar que la reparación del derecho al honor tiene mejor cauce por otras vías. Así, el Comité de Derechos Humanos de Naciones Unidas, Observación General n.º 34 señala que los Estados partes *"deberían considerar la posibilidad de despenalizar la difamación y, en todo caso, la normativa penal solo debería aplicarse en los casos más graves, y la pena de prisión no es nunca adecuada"*.

En este sentido la jurisprudencia del TEDH es clara cuando afirma que las instituciones públicas (en sentido amplio) no deberían ser objeto de una protección reforzada frente al ejercicio de libertades expresivas, lo que no ha impedido que, en ocasiones, se haya aceptado la falta de legitimidad en el ejercicio de la libertad artística o la libertad de expresión por colisión con ese pretendido honor reforzado de instituciones públicas, como la Corona.

> Precisamente con fundamento en el artículo 490.3 CP (delito de injurias a la Corona) se acordó el secuestro judicial e incautación del molde de la portada de la revista *El Jueves* dedicada a la ayuda de 2500 euros por hijo acordada por el Gobierno, en la que se podría a ver a los Príncipes de Asturias manteniendo relaciones sexuales. Esta portada fue calificada como ultrajante, por rozar lo escatológico y lo pornográfico, acordándose la condena a una multa de 3000 euros. No parece que se tuviera en cuenta la peculiaridad del humor y del sarcasmo en la caricatura.
>
> Difícilmente puede entenderse que esta condena aplique el criterio ya establecido en la jurisprudencia del TEDH sobre este particular. Así, en la SETHD, *Stern Taulats y Roura Capellera v. España* (2007) se reitera que no puede establecerse una protección privilegiada de los jefes de Estado frente al ejercicio de los derechos a la libertad de expresión e información. En aquel caso, la conducta que fue objeto de condena consistió en la quema de una foto de los reyes de España, condena que había avalado el Tribunal Constitucional y que, sin embargo, el TEDH considera que tiene *"una relación clara y evidente con la crítica política concreta expresada por los demandantes, que se dirigía al Estado español y su forma monárquica"*.

3.3. Los sentimientos religiosos, la moral pública y la libertad de creación artística

¿Puede configurarse la protección de los *sentimientos* religiosos como un límite al ejercicio de la libertad de creación artística? La primera dificultad para apreciar este límite es la propia referencia a los *sentimientos* en la medida en que apelan a una visión subjetiva, no necesariamente unívoca e universal. Sin embargo, el Código Penal vigente mantiene la sanción penal de aquellas conductas que *con intención de ofender* los sentimientos religiosos hagan escarnio o se burlen de dogmas, creencias o ritos de la religión de que se trate —tipificación cuyo anclaje encuentran algunos en el derecho fundamental a la libertad religiosa; otros, en la identidad cultural (multicultural) de la sociedad y otros, en derechos personalísimos (como el honor o la intimidad de las personas que profesan la religión que es objeto de escarnio)—.

El artículo 525 CP tipifica el llamado *delito de escarnio:* "*1. Incurrirán en la pena de multa de ocho a doce meses los que, para ofender los sentimientos de los miembros de una confesión religiosa, hagan públicamente, de palabra, por escrito o mediante cualquier tipo de documento, escarnio de sus dogmas, creencias, ritos o ceremonias, o vejen, también públicamente, a quienes los profesan o practican. 2. En las mismas penas incurrirán los que hagan públicamente escarnio, de palabra o por escrito, de quienes no profesan religión o creencia alguna*".

Aunque no son pocas las ocasiones en las que derecho a la creación artística y los sentimientos religiosos han entrado en conflicto, lo cierto es que parece difícil aceptar que *un sentimiento* (el de *sentirse ofendido*) pueda constituir no ya solo un parámetro de control de la legitimidad del ejercicio de este derecho fundamental, sino el detonante de una sanción penal en estos casos.

En estos supuestos de colisión entre derechos, la jurisprudencia del TEHD parte de la existencia de un *amplio margen de apreciación* de los Estados en atención a sus propias normas, dada la ausencia de una concepción uniforme del fenómeno religioso. Por tanto, en sus pronunciamientos, el Tribunal se ve obligado a tomar en consideración la multiplicidad de ordenamientos jurídicos de los distintos Estados y la diversidad de regulaciones de distinto calado y con diferentes enfoques por lo que respecta a la protección de la religión, situándose en el terreno del *consenso común*. En cualquier caso, el TEDH pone el acento en la *necesaria proporcionalidad* de las restricciones que se impongan al ejercicio de la libertad de expresión artística, otorgando un papel preponderante a la identificación de la eventual existencia de una *necesidad social imperiosa* que justifique la limitación de la manifestación creativa o expresiva.

En el caso *Otto Preminguer Institute v. Austria* (1994), el TEDH confirmó el criterio de las autoridades austriacas que acordaron el secuestro judicial de la película *El Concilio*, impidiendo su exhibición, al considerar que la representación satírica y sexualizada de Dios, Jesús y María proyección podía herir los sentimientos religiosos de una *mayoría de su sociedad*, sin contribuir a ningún tipo de debate por lo que la ofensa resultaba gratuita y *esta naturaleza ofensiva no quedaba superada por sus méritos artísticos*. En este caso por tanto, se constata la necesidad de proteger a una mayoría y se pone el acento en que la película no está conectada a ningún discurso por lo que no contribuye al debate (lo que supone, en mi opinión, una traslación errada de estándares propios de la libertad de expresión al de la creación artística) y presta atención a los *méritos* o calidad artística (que, sin embargo, como se ha dicho, no debe constituir parámetro de control). Esta línea se confirma en la posterior SETDH *Wingrove v. Reino Unido* (1996) se confirma la prohibición de exhibición de una película acusada de blasfema por mostrar a Santa Teresa de Jesús manteniendo relaciones erótico-pornográficas con Jesucristo. Estos pronunciamientos han sido fuertemente criticados, pero también se han visto superados por jurisprudencia posterior.

La STEDH, *Mariya Alekhina y otras c. Rusia* (2018) consideró vulneradora de la libertad de expresión la condena al grupo musical punk Pussy Riot como consecuencia de la interpretación de su canción *Virgen María, llévate a Putin* en la Catedral de Cristo el Salvador en Moscú. Entiende el Tribunal que *"esta acción, descrita por las demandantes como una "actuación", es una mezcla de actuación y expresión oral y supone una forma de expresión artística y política amparada por el artículo 10"* y si bien la libertad de expresión (artística) no constituye una carta blanca para actuar en cualquier foro, la condena por un delito de vandalismo motivado por hostilidad y odio religiosos y la sentencia de privación de libertad por casi dos años resultaron desproporcionadas.

Conviene tener en cuenta que la aplicación de las sanciones penales debe ser la *última ratio*. La penalización de las críticas o parodias de la religión a partir de la redacción de tipos penales ciertamente genéricos introduce no pocos problemas en sociedades democráticas y plurales que deben permitir el debate y la crítica. No obstante, en España, el delito de ofensa de sentimientos religiosos no ha llevado hasta la fecha a la imposición de condena alguna en relación con el ejercicio de la libertad de creación artística, aunque se haya incrementado el número de querellas interpuestas contra artistas por este motivo.

En efecto, en general, los tribunales españoles no han apreciado la concurrencia del elemento subjetivo del delito (*la intención de ofender los sentimientos religiosos*), sino que han considerado la concreta manifestación artística como una crítica contra determinadas posiciones de la iglesia, o contra la propia religión —aplicando, en la mayoría de las ocasiones la jurisprudencia propia de la libertad de expresión—. Sin embargo, el hecho de que se archive la acción penal no implica que su iniciación y la propia existencia de esa *posibilidad* de condena haya generado ya un efecto de autocensura que puede conducir a que los artistas creen obras que se acomoden a la opinión o sentir dominante y puede tener influencia, asimismo, en la difusión comercial de la obra.

> La primera vez que una obra artística se enfrentó a una posible sanción penal por aplicación del citado artículo 525 CP fue en el caso de la obra *Cómo cocinar un crucifijo* de Javier Krahe, que fue finalmente absuelto. Por su parte, la obra del artista Abel Azcona *Pederastia* (consistente en una serie de fotografías en la que se representaba la palabra "pederastia" compuesta con obleas similares a las usadas en la eucaristía) también fue objeto de una querella por posible comisión de un delito de ofensa de los sentimientos religiosos. El procedimiento penal fue archivado (y el archivo confirmado por auto de la Audiencia Provincial de Navarra, de 4 de mayo de 2017) remarcándose la falta de intención de ofender los sentimientos religiosos y la existencia, en cambio, de una voluntad de criticar, de forma provocativa, la pederastia en la Iglesia. En esta ocasión, si bien el Juzgado se había referido inicialmente al carácter artístico de la obra (definiéndola como la plasmación fotográfica de una *performance*).

3.4. *Libertad de creación artística y discurso de odio (o* hate speech)

La limitación (prohibición) e, incluso, la sanción penal del ejercicio de la libertad de creación artística (en la misma línea que la libertad de expresión e información) es legítima en aquellos casos en los que lo creado o manifestado pretende incitar al odio y promover la violencia contra determinados colectivos vulnerables. La alusión a expresiones de odio o discurso de odio engloba supuestos tales como la negación del Holocausto del pueblo judío, la apología del terrorismo, la xenofobia o la homofobia. La cuestión radica en realizar una interpretación estricta de los elementos del tipo penal de que se trate; en particular, del artículo 510 CP (delito de odio) —cuya redacción, sin embargo es compleja y, en ocasiones, extremadamente genérica— y, también, de forma relacionada, del artículo 578 CP que tipifica el delito de apología del terrorismo o de humillación de las víctimas.

Con la prohibición y sanción penal del discurso del odio se protege la dignidad de colectivos vulnerables por lo que una de sus características esenciales es que el bien jurídico protegido es la *dimensión supraindividual* de la dignidad (de minorías desprotegidas que han sufrido o sufren marginación y discriminación) y no la protección de personas individuales o concretas.

Para evitar interpretaciones extensivas que lleven a prohibir discursos que deberían ser objeto de protección en una sociedad democrática, la apreciación de la comisión del delito exige la constatación de un riesgo claro e inminente para el bien jurídico que se protege. Esto es, que la *incitación a la violencia* a la que alude el precepto debe suponer un riesgo real (no potencial) de que esa violencia se produzca, atendiendo al contexto en el que se formulan las afirmaciones o se realizan las obra. Los elementos que habrán de tomarse en consideración para detectar la existencia de ese riesgo son el contexto de la obra artística, la capacidad de influencia de la persona, la repercusión de la obra (dimensión del público), la naturaleza y contundencia del lenguaje, el recurso al humor o a la sátira (que excluirían el delito de odio), etc.

La jurisprudencia del Tribunal Constitucional reconoció tempranamente la existencia de un honor vinculado a la dignidad colectiva en la STC 214/199, de 17 de noviembre, *Violeta Friedman.* En ella, el Tribunal señala que "*No puede admitirse solamente la existencia de lesión del derecho al honor constitucionalmente reconocido cuando se trate de ataques dirigidos a persona o personas concretas e identificadas, pues también es posible apreciar lesión del citado derecho fundamental en aquellos supuestos en los que, aun tratándose de ataques referidos a un determinado colectivo de personas más o menos amplio, los mismos trascienden a sus miembros o componentes siempre y cuando éstos sean identificables, como individuos, dentro de la colectividad*" y añade que ni la libertad ideológica ni la libertad de expresión "*comprenden el derecho a efectuar manifestaciones, expresiones o campañas de carácter racista o xenófobo, puesto que, tal como dispone el art. 20.4, no existen derechos ilimitados y ello es contrario no sólo al derecho al honor de la persona o personas directamente afectadas, sino a otros bienes constitucionales como el de la dignidad humana (art. 10 C.E.) [...]. La dignidad como rango o categoría de la persona como tal, del que deriva y en el que se proyecta el derecho al honor (art. 18.1 C.E.), no admite discriminación alguna por razón de nacimiento, raza o sexo, opiniones o creencias. El odio y el desprecio a todo un pueblo o a una etnia (a cualquier pueblo o a cualquier etnia) son incompatibles con el respeto a la dignidad humana, que sólo se cumple si se atribuye por igual a todo hombre, a toda etnia, a todos los pueblos. Por lo mismo, el derecho al honor de los miembros de un pueblo o etnia, en cuanto protege y expresa el sentimiento de la propia dignidad, resulta, sin duda, lesionado cuando se ofende y desprecia genéricamente a todo un pueblo o raza, cualesquiera que sean.*

Y concluye que *"no se garantiza el derecho a expresar y difundir un determinado entendimiento de la historia o concepción del mundo con el deliberado ánimo de menospreciar y discriminar, al tiempo de formularlo, a personas o grupos por razón de cualquier condición o circunstancia personal, étnica o social, pues sería tanto como admitir que, por el mero hecho de efectuarse al hilo de un discurso más o menos histórico, la Constitución permite la violación de uno de los valores superiores del ordenamiento jurídico, como es la igualdad (art. 1.1 C.E.) y uno de los fundamentos del orden político y de la paz social: la dignidad de la persona (art. 10.1 C.E.)*

Este fue el enfoque utilizado por el Tribunal Constitucional en la STC 176/1995 *(Makoki)* que confirma el secuestro judicial del cómic que se mofaba del cautiverio de los judíos. Aunque en este caso el Tribunal resuelve desde la perspectiva del derecho a la libertad de expresión, y no del derecho a la creación artística, considera que el contenido del cómic genera una hostilidad que incita a la violencia con la finalidad de humillación, a pesar de su contenido ficticio y de la ausencia de pretensión informativa. Desde esta perspectiva, señala que *"la apología de los verdugos, glorificando su imagen y justificando sus hechos, a costa de la humillación de sus víctimas no cabe en la libertad de expresión como valor fundamental del sistema democrático que proclama nuestra Constitución. Un uso de ella que niegue la dignidad humana, núcleo irreductible del derecho al honor en nuestros días, se sitúa por sí mismo fuera de la protección constitucional (SSTC 170/1994 y 76/1995). Un «cómic» como este, que convierte una tragedia histórica en una farsa burlesca, ha de ser calificado como libelo, por buscar deliberadamente y sin escrúpulo alguno el vilipendio del pueblo jùdío, con menosprecio de sus cualidades para conseguir así el desmerecimiento en la consideración ajena, elemento determinante de la infamia o la deshonra. Es claro, por lo dicho, que la Audiencia Provincial de Barcelona aplicó el tipo delictivo desde la perspectiva constitucional adecuada".*

Entre estas conductas que pueden incorporar un discurso de odio, el código penal tipifica con carácter específico el delito de enaltecimiento de terrorismo y el delito de humillación de las víctimas (artículo 578 CP). La cuestión en estos casos es saber diferenciar entre el terrorismo y sus actos conectados y las expresiones artísticas que, aun relacionadas, no implican ni suponen la utilización de métodos terroristas. Resulta también de aplicación, en consecuencia, la regla de interpretación restrictiva de los tipos penales y la comprobación, también aquí, de la existencia de un riesgo real e inminente de que se produzca el daño. La colisión del derecho a la libertad de creación artística con la protección del honor, la dignidad y la igualdad de las víctimas de ataques terroristas o de personas que integran colectivos vulnerables se ha producido en varias ocasiones respecto de letras e interpretación de canciones o de representaciones teatrales.

Así, aparte del caso *Strawberry* ya mencionado (pero enjuiciado por el Tribunal Constitucional desde el canon de la libertad de expresión al tratarse de la publicación de unos *tweets*) es conocido el caso del cantante Valtónyc que fue condenado por la comisión de varios delitos (injurias al rey, enaltecimiento del terrorismo y amenazas) en el que, a pesar de reconocerse que las manifestaciones analizadas formaban parte de las letras de un *rap*, no se toman en consideración las alegaciones del cantante sobre el carácter extremo y provocador de este concreto lenguaje musical. Al contrario, entiende la Audiencia Nacional que a la comisión del delito "*no obstan las alegaciones del mismo ni quedan amparadas las conductas por el concreto género musical al que se adscriben las canciones y en contexto socio temporal en que surgió, ni por el invocado carácter satírico, de mera hipérbole o crítica inmoderada contra instituciones políticas invocado por la defensa*". Los posteriores recursos del cantante ante el Tribunal Constitucional y el TEDH han sido inadmitidos.

4. CONCLUSIÓN

Tanto la libertad de creación artística, como la libertad de expresión e información, constituyen piedras angulares de la democracia, que, además, en el caso de la primera, contribuye de forma decisiva a la garantía de la diversidad cultural y de la diversidad ideológica. Los límites a estos derechos deben establecerse en norma legal, ser claros, precisos y proporcionados. En caso de conflicto, la ponderación debe partir de una necesaria contextualización (cómo, dónde y de qué manera se ha ejercido el derecho) que, sin embargo, respecto del ejercicio del derecho a libertad de creación artística no puede traducirse en la exigencia de una *conexión* distinguible o una *necesidad* entre la creación y el mensaje que en su caso se quiera transmitir (pues en estos casos, sin negar la existencia de discursos sociales y políticos en el hecho de la propia creación artística, ni necesariamente existe mensaje, ni necesariamente este es identificable de forma unívoca desde el momento en que, una vez creada la obra, esta se independiza en cierta forma de su autor y su significado se define por la percepción del público).

5. BIBLIOGRAFÍA BÁSICA

(AAVV) Prieto de Pedro, J. J. y Dedeu Pastor, R. (coord.), *Libertad, arte y cultura. Reflexiones jurídicas sobre la libertad de creación artística*; La Cultivada, Madrid, 2023.

–   Desdentado Daroca, E. "La libertad de creación literaria", págs. 657 a 692.

–   Timón Herrero, M. "A vueltas con la *performance:* la insuficiencia del elemento *ficcional* en la jurisprudencia", págs. 797 a 830.

Alcantarilla Hidalgo, F., "Insurgencia y contenidos ofensivos: sobre los límites del arte", *Anuario Iberoamericano de Derecho del Arte 2018*, Thompson Reuters-Civitas, 2019, págs. 35 a 160.

Díez Bueso, L., *Los límites de la creación artística en Estados Unidos y en Europa: entre la expresión y el discurso del odio*, Valencia, Tirant lo Blanch, 2017.

Díez-Picazo, L. M., *Sistema de derechos fundamentales*, Thompson-Civitas, 2005.

Ruiz Palazuelos, N., "La libertad de creación artística, ¿un derecho autónomo? ("L'oiseau rebelle" en la Constitución y en la jurisprudencia constitucional)", *Revista de Administración Pública*, 2021, núm. 215, págs. 16, 137 a 141.

Timón Herrero, M., "La libertad de creación artística y su singularidad", *Teoría y Derecho. Revista de Pensamiento Jurídico*, 2022, núm. 32.

Urías Martínez, J., "La creación artística como discurso protegido: experiencias comparadas y posibilidades españolas", *Teoría y Realidad Constitucional*, 2020.

Valero Heredia, A., *La libertad de la pornografía*, Sevilla, Athenaica Ediciones, 2022.

6. MATERIALES, ACTIVIDADES Y/O CASOS

ACTIVIDAD n. 1.

El auto de la Audiencia Provincial de Valladolid, de 9 de junio de 2011 estima el recurso de apelación y acuerda el sobreseimiento libre y el archivo de la actuaciones incoadas por la posible comisión de un delito contra los sentimientos religiosos (artículo 525.1 CP) y un delito de odio (artículo 510 CP) como consecuencia de un espectáculo realizado por el querellado en la Universidad de Valladolid en la que, entre otras cosas, se imita al Papa de la Iglesia Católica.

El auto de la Audiencia Provincial se encuentra accesible en CENDOJ (Consejo General del Poder Judicial: Buscador de contenidos) introduciendo la siguiente referencia ECLI: ECLI:ES:APVA:2011:410A

Tras la lectura del auto, se propone la realización de un comentario en el que se traten las siguientes cuestiones:

a.   ¿Cuál es la conducta que se denuncia como constitutiva de un delito contra los sentimientos religiosos (artículo 525 CP) y por qué?

b. ¿Cuál es la conducta que se denuncia como constitutiva de un delito de odio (artículo 510 CP) contra los judíos y por qué?

c. ¿Qué derecho fundamental está en juego según el auto de la Audiencia Provincial?

d. ¿Qué elementos toma en consideración la Audiencia Provincial para contextualizar el ejercicio del derecho fundamental y excluir la comisión de los delitos?

e. ¿Se ha realiza algún análisis tomando como punto de partida la libertad de creación artística?

ACTIVIDAD n. 2.

En los últimos años han surgido propuestas de reescritura de determinadas novelas o cuentos de épocas anteriores a fin de eliminar el lenguaje potencialmente ofensivo o adecuar las obras a un lenguaje más inclusivo (eliminando, por ejemplo, alusiones racistas —por poner algunos ejemplos, tales propuestas se han realizado en relación con libros de Agatha Christie, Roald Dahl o Ian Fleming—).

Se propone la elaboración de un comentario/ensayo en el que se reflexione sobre este fenómeno, abordando los siguientes interrogantes:

a. ¿En qué derecho fundamental se enmarca la escritura de novelas? Identificarlo y diferenciarlo de los otros derechos comunicativos/expresivos del artículo 20.1.b) CE.

b. ¿Constituye esta adaptación, corrección o actualización de obras literarias ya escritas algún tipo de censura? Distinguir entre la censura previa constitucionalmente prohibida y otras *modalidades* de posible censura o restricciones de efecto equivalente.

c. ¿Qué valores, derechos o bienes jurídicos se pretenden proteger con esas propuestas de reescritura? ¿Puede generar algún efecto de autocensura a los futuros creadores?

Capítulo IV
Una aproximación al régimen jurídico de la propiedad intelectual. Los derechos de autor

MARTA TIMÓN HERRERO
*Subdirectora General de Reclamaciones del Consejo
de Transparencia y Buen Gobierno*

1. INTRODUCCIÓN

En este capítulo se pretende una aproximación al régimen general de la propiedad intelectual (derechos de autor y derechos conexos) y a la protección que otorga tanto a la obra creada como a la persona creadora. Partiendo de la premisa de que la *creación* constituye una contribución beneficiosa para la sociedad, la articulación de un sistema de protección y de remuneración de las obras y de los autores constituye, precisamente, un incentivo a esa creación, así como a la divulgación y la circulación de las obras.

La propiedad intelectual [estrechamente vinculada al derecho fundamental a la libertad de creación literaria y artística reconocido en el artículo 20.1.b) CE] supone el reconocimiento de una serie de derechos personales (*morales*) y patrimoniales a la persona o colectivo que crea una obra. Este sistema de protección es común en países de nuestro entorno, tanto en la tradición anglosajona como en la continental, si bien se estructura de forma diversa.

La norma reguladora de los derechos de autor es el Real Decreto Legislativo 1/1996, de 12 de abril, por el que se aprueba el Texto Refundido de la Ley de Propiedad Intelectual (en adelante, LPI), que ha sido objeto de diversas modificaciones, entre otros motivos, para incorporar los mandados contenidos en las Directivas europeas de protección de derechos de autor, en un entorno cada vez más armonizado.

Debe tenerse en cuenta que el sistema jurídico español de protección de los derechos de autor se inserta en un marco internacional que cuenta con diversos Instrumentos. Así, por ejemplo, el Convenio de Berna para la protección de las obras literarias y artísticas de 1886 (y sucesivas revisiones y enmiendas hasta el año 1979) o el Convenio de París en relación con la protección de la libertad de creación científica y técnica (propiedad industrial). (que sigue el modelo anglosajón), así como el Tratado de la Organización Mundial de la Protección de la Propiedad Intelectual sobre derechos de autor, de 1996 entre otros muchos.

En particular, es de especial relevancia la normativa y la jurisprudencia europeas que imponen una tendencia a la unificación de la regulación de los derechos de autor, en el marco de una sociedad digital. La última modificación de la LPI se ha producido mediante el Real Decreto-Ley 24/2021, de 2 de noviembre, que, entre otras múltiples regulaciones, incorpora (transpone) al ordenamiento jurídico español la Directiva (UE) 2019/789 del Parlamento Europeo y del Consejo de 17 de abril de 2019 sobre los derechos de autor y derechos afines en el mercado único digital y por la que se modifican las Directivas 96/9/CE y 2001/29/CE", y la Directiva 2019/790/UE, sobre los derechos de autor y derechos afines en el mercado único digital y por la que se modifican las Directivas 96/9/CE y 2001/29/CE" —algunas de cuyas principales novedades se referirán más adelante—.

El elemento común a todos estos sistemas de protección es el establecimiento de un mínimo común denominador que no solo incentive la creación, sino que facilite un flujo internacional de las creaciones. Se establece, así, un sistema de *propiedad* que permitirá a la persona autora defender la titularidad de su obra frente a terceros y rentabilizar su esfuerzo (como cualquier otro propietario podrá disfrutar de su obra, cederla, venderla, etc.). No obstante, las particularidades de esta propiedad intelectual radican, por un lado, en que la *patrimonialización* de la obra lo será solo durante un tiempo, revirtiendo después a la colectividad para su uso y disfrute; y, por otro, en que los derechos de los autores se ven sometidos a ciertos límites que impone el interés general y la protección de otros derechos (por ejemplo, en virtud del ejercicio del derecho de acceso a la información).

Por otro lado, no puede obviarse que el sistema diseñado tendrá que hacer frente a las nuevas lógicas que imponen las posibilidades exponenciales de creación a través del uso de la inteligencia artificial (IA). Asistimos a una proliferación de medios de creación de imágenes, de música, de contenidos (en definitiva) que se generan a partir de unas instrucciones previas y precisas por parte de una persona. Lo creado de esta manera ¿supone la generación de derechos de autor sobre el producto a favor de la persona que impartió las *órdenes* o criterios?

Los sistemas de protección jurídicos, por tanto, tendrán que adaptarse a un nuevo contexto que, además, evoluciona de forma acelerada e implica la necesaria *recomposición* de determinados apriorismos o premisas en las que se han fundamentado estos sistemas de protección.

2. LOS DERECHOS DE AUTOR

La LPI dedica su primer precepto a aclarar que *el hecho generador* de la propiedad intelectual de una obra literaria, artística o científica es el solo hecho de su creación y que corresponde al autor de la misma. El contenido de la propiedad intelectual se integra "*por derechos de carácter personal y patrimonial, que atribuyen al autor la plena disposición y el derecho exclusivo a la explotación de la obra, sin más limitaciones que las establecidas en la Ley*" (artículo 2 LPI); diferenciándose, sin embargo, en la medida en que se trata de derechos independientes, de los derechos sobre el soporte de la obra (donde se plasma la obra intelectual) y de otros derechos de propiedad industrial o intelectual que puedan converger (artículo 3 LPI).

2.1. *El objeto de la propiedad intelectual: la obra protegida*

No toda creación es susceptible de generar derechos de autor; sino tan solo las *creaciones originales*. De ahí que la identificación de lo que constituye una *obra original* resulte determinante para poder desplegar el abanico de derechos y medidas de protección que dispensa el sistema de los *derechos de autor*, esto es, sólo cuando concurre tal *originalidad* nacen los derechos mencionados. Sin embargo, la definición de cuándo una obra es *original* no siempre resulta fácil, por más que la Ley de Propiedad Intelectual parta de una concepción amplia de *creación* protegiendo la plasmación o exteriorización del hecho creativo con independencia de su soporte (que, sin embargo, no incluye *ideas, estilos* u obras no exteriorizadas).

El artículo 10 LPI define como obra que es objeto de propiedad intelectual "*todas las creaciones originales literarias, artísticas o científicas expresadas por cualquier medio o soporte, tangible o intangible, actualmente conocido o que se invente en el futuro".* La definición comprende, por tanto, las más diversas manifestaciones de la creatividad humana en su conjunto, incluyendo, como objeto de protección, el propio *título* de la obra de que se trate que tendría consideración de obra literaria.

> Ciertamente, en el ámbito del arte conceptual el título constituye en muchas ocasiones una parte relevante e inescindible de la obra. Un ejemplo de ello lo constituyen las obras de Damien Hirscth *La imposibilidad física de la muerte en la mente de alguien vivo* o *Vaya por Dios* —tiburón conservado en formaldehído y calavera, respectivamente— o las obras del surrealismo, como *Esto no es una pipa* de René Magritte.

El mencionado artículo 10 LPI incluye un listado ejemplificativo (y, por tanto, de carácter abierto y no cerrado) de lo que se consideran obras protegidas por tratarse de *creaciones originales.* Desde la perspectiva que aquí importa, el precepto contiene también una distinción entre *obras literarias* y obras artísticas, en la misma línea que el artículo 20.1.b) CE —que, como se ha visto en el capítulo anterior, distingue entre la creación literaria y la creación artística (diferenciándola, a su vez de la creación científica y técnica)—. Por otra parte, reconoce de forma específica la condición de obra original a determinadas manifestaciones como las colecciones de obras ajenas, las bases de datos, los programas de ordenador o la producción radiofónica, audiovisual y cinematográfica.

En concreto, el artículo 10 LPI enumera las siguientes obras originales:

> *"a) Los libros, folletos, impresos, epistolarios, escritos, discursos y alocuciones, conferencias, informes forenses, explicaciones de cátedra y cualesquiera otras obras de la misma naturaleza.*
>
> *b) Las composiciones musicales, con o sin letra.*
>
> *c) Las obras dramáticas y dramático-musicales, las coreografías, las pantomimas y, en general, las obras teatrales.*
>
> *d) Las obras cinematográficas y cualesquiera otras obras audiovisuales.*
>
> *e) Las esculturas y las obras de pintura, dibujo, grabado, litografía y las historietas gráficas, tebeos o comics, así como sus ensayos o bocetos y las demás obras plásticas, sean o no aplicadas*
>
> *f) Los proyectos, planos, maquetas y diseños de obras arquitectónicas y de ingeniería.*
>
> *g) Los gráficos, mapas y diseños relativos a la topografía, la geografía y, en general, a la ciencia.*

h) Las obras fotográficas y las expresadas por procedimiento análogo a la fotografía.
i) Los programas de ordenador.
2. El título de una obra, cuando sea original, quedará protegido como parte de ella".

Por lo que respecta a las *colecciones*, el hecho generador de la propiedad intelectual es el criterio de selección y ordenación, o la estructura, sin perjuicio de los derechos sobre los concretos contenidos que se agrupan (por ejemplo, una antología poética). Los programas de ordenador tienen consideración de creación literaria, partiendo de su específico lenguaje, más que de creación científica. Es cierto que los programas de ordenador pueden llegar a formar parte de una patente, pero lo que protegen los derechos de autor es la expresión de los documentos preparatorios, del código fuente o de las instrucciones. Este es uno de los casos en los que una persona jurídica puede ser considerada autor.

Se consideran también como obras *originales* desde la perspectiva de los derechos de autor las llamadas *obras derivadas* que provienen de la transformación de una obra primigenia (por ejemplo, las traducciones, los arreglos musicales o las adaptaciones de obras previas) siempre que supongan una *nueva manifestación artística* (artículo 11 LPI), pues ahí radica la originalidad. En cambio, no generan derechos de autor los signos o los estilos en sí mismos, aunque puedan resultar relevantes para calificar una creación como obra desde la perspectiva de la aplicación de los derechos de autor.

El artículo 13 LPI establece las obras que no son objeto de propiedad intelectual: en concreto, las disposiciones legales o reglamentarias y sus correspondientes proyectos, las resoluciones de los órganos jurisdiccionales y los actos, acuerdos, deliberaciones y dictámenes de los organismos públicos, así como las traducciones oficiales de todos los textos anteriores.

2.2. ¿Qué significa original?

Tal como se ha apuntado, el elemento determinante para considerar que una obra genera derechos de autor es el de la *originalidad*. La valoración de este elemento sustancial puede realizarse bien desde un punto de vista subjetivo (que prima la personalidad o la *impronta* del autor), bien desde un punto de vista objetivo (que pone el acento en el carácter innovador; esto es como inexistencia de otra obra previa análoga). Así, por ejemplo, la retransmisión de un acontecimiento deportivo, con independencia de los derechos televisivos o de retransmisión de las cadenas, no se trata de una *obra original* desde la perspectiva de la propiedad intelectual, sino de la información de un acontecimiento (por contraposición a una creación audiovisual o cinematográfica).

En nuestro ordenamiento jurídico, de los dos enfoques apuntados para determinar si una obra es original, se impone el de la visión subjetiva que atiende al esfuerzo creativo del autor y que introduce el elemento de una cierta *altura creativa* —elemento que, sin embargo, no es relevante en el ámbito del derecho fundamental a la libertad de creación artística, tal como se ha apuntado en el capítulo anterior—. El criterio objetivo (novedad) es más propio del sistema anglosajón (sistema *copyright*). Apostar por un criterio subjetivo no implica, sin embargo, desprenderse del factor relativo a la innovación en el sentido de la *recognoscibilidad de algo nuevo*. Lo importante, en cualquier caso, será delimitar cuándo se está ante una *originalidad expresiva*.

> Un ejemplo interesante se encuentra en la Sentencia de la Audiencia Provincial de Madrid, de 23 de noviembre de 2018 (ECLI:ES:APM:2018:18838) en relación con el *Corazón radiante* de Keith Haring. El demandado había sido utilizado la imagen del corazón radiante como ilustración, alegando que, dada su sencillez, carecía de altura creativa susceptible de constituir objeto de propiedad intelectual. La Audiencia rechaza tajantemente el argumento y expone que: *"Por otro lado, la circunstancia de la simplicidad de trazos, sencillez de la presentación o abstracción de símbolos o figuras, características de ciertos artistas o de movimientos artísticos, no permite predicar por ese solo hecho la ausencia de altura creativa como para evitar erigir dicha obra plástica en una obra protegida por la propiedad intelectual. Antes al contrario, el elemento creativo esencial y original puede encontrarse justamente en dicho rasgo de simplicidad y sencillez de la forma concreta en la que se presenta, como ocurre con movimientos artísticos tales como el naïf o pop art, ya que ello se ofrece como el resultado del esfuerzo intelectual creativo e individual de su autor.*
>
> Respecto del reconocimiento de la *impronta del autor* resulta paradigmático el conflicto que enfrentó al artista Miquel Barceló con un ceramista respecto de la autoría de 47 piezas cerámicas que el denunciante pretendía también suyas. En la Sentencia de la Audiencia Provincial de Baleares, la Sala diferencia entre *competencia* (como oficio u habilidad) y *creación artística* ligada a la impronta personal del artista. Subraya, así, que *"Como punto de partida no se pone en duda de que el trabajo del actor* [el ceramista] *exige una especial pericia técnica, pero en atención a la aludida prueba pericial, debe calificarse como más relevante la fase del moldeado definitivo y el pintado de la masa de cerámica, en la cual radica su originalidad conforme a la doctrina antedicha, atendido el hecho de que dicho trabajo artesano exige una pericia técnica que es predicable en principio de cualquier ceramista con profundo conocimiento de su "lex artis"; pero el moldeado definitivo y aplicación de la pintura*

es exclusivo del pintor demandado, que lleva su impronta y personalidad artística, de modo que únicamente puede ser realizado por dicha persona, en lo que el perito denomina "rasgos propios del universo de Barceló", y en tal fase se halla la creación de la obra artística según el artículo 5.1 de la LPI".

Sobre la concepción objetiva de *originalidad*, en el ámbito de las obras arquitectónicas, la Sentencia del Tribunal Supremo (Sala Primera) de 26 de abril de 2017 (ECLI:ES:TS:2017:1644) puntualiza que *"Dado el carácter funcional de este tipo de obras, los ordenamientos jurídicos de nuestro entorno tienden a proteger por las normas de propiedad intelectual solo las obras arquitectónicas singulares, con exclusión, por tanto, de las construcciones ordinarias. En este ámbito, por las especiales características de la obra arquitectónica y de los planos y proyectos que sirven para desarrollar su concepción y permitir su ejecución, prevalece una conceptuación objetiva de la originalidad, que conlleva la exigencia de una actividad creativa que, con independencia de la opinión que cada uno pueda tener sobre los logros estéticos y prácticos del autor, dote a la obra arquitectónica de un carácter novedoso y permita diferenciarla de otras preexistentes. (...) No basta con que el demandante haya participado materialmente en la elaboración del proyecto arquitectónico. Esa participación le da derecho al cobro de los honorarios pactados y a los demás derechos que se deriven del contrato de arrendamiento de servicios que le une tanto a la promotora como a los demás arquitectos y de la normativa colegial. Pero no supone, sin más, que pueda ser considerado como coautor protegido por las normas de la propiedad intelectual. Para lograr esta protección habría sido necesario que su intervención en el proyecto hubiera presentado una cierta originalidad, es decir, que hubiera cumplido los requisitos de singularidad, individualidad y distinguibilidad".*

La sentencia de la Corte de Casación francesa, Sala de lo Civil, de 13 de noviembre de 2018 otorga la protección de los derechos de autor a la obra denominada *Paradis* (un letrero luminoso en la puerta de un café) atendiendo precisamente a su *originalidad expresiva* (el mensaje que incorpora la obra y el modo de realización) en la medida en que su propia ejecución (letras de pan de oro) y el lugar de su instalación (antiguo dormitorio de un hospital psiquiátrico) desviaba el sentido del término habitual (...) Este reconocimiento supuso la protección del artista conceptual Gautel frente a la reproducción no autorizada de su obra (que había sido fotografiada e incluida en un tríptico de carácter comercial).

La importancia de este elemento es fácilmente aprehensible en la propia distinción que incluye la LPI entre *fotografía* y *meras fotografías* (o fotografías domésticas). Así, si bien la primera se considera *creación original* y se incluye expresamente en el listado del artículo 10 LPI (al entender que incorpora una determinada visión artística), la *mera fotografía* no se considera como tal aunque la Ley le reconozca una protección específica (artículo 128 TRLPI), si bien de menor alcance que a la fotografía (limitando la duración de la protección a 25 años y excluyendo determinados derechos de explotación).

Parece partirse, así, del hecho de que en las meras fotografías no hay una impronta del autor que permita constatar su originalidad expresiva. En la Sentencia del Tribunal de Justicia de la Unión Europea, de 1 de diciembre de 2011 (asunto C-145/2010, *Painer)* se subraya que en la fotografía es relevante el ámbito de decisiones que toma el fotógrafo (por ejemplo, en el encargo de un retrato, se decide el encuadre, el ambiente, la posición). Se trata de decisiones conscientes, *libres y creativas,* que se diferencian claramente de aquellas fotografías de obras preexistentes en las que las decisiones del autor resultan meramente técnicas a fin de obtener el más reflejo más fidedigno de lo fotografiado. No puede obviarse, sin embargo, que en la realidad de la práctica artística estas distinciones pueden entremezclarse. Así, el artista Gerard Richter utiliza fotografías familiares y domésticas para realizar sus obras que, sin embargo, al consistir en una *intervención* sobre dichas fotografías, las trascienden.

Desde una aproximación negativa existe una serie de elementos que no resultan decisivos para concluir si la obra debe ser calificada o no como *original.* Ni la durabilidad de la obra (su carácter permanente o efímero), ni su estado de ejecución (si se encuentra finalizada o no), ni su licitud o ilicitud son relevantes desde esta perspectiva. Así, es susceptible de ser calificada como obra original un *graffiti* de luz (que, por esencia, es efímero); se consideran obras susceptibles de protección los bocetos o esbozos (que no son obras *acabadas*) y, en fin, la eventual ilicitud de una obra por elementos extrínsecos, (por ejemplo, canciones o poemas que puedan incurrir en un delito de injurias) no impide que ésta sea susceptible de generar derechos de autor.

Tampoco la dificultad técnica es suficiente para considerar concurrente el requisito imprescindible de la originalidad, ni el carácter *profesional* de la persona creadora (o su éxito o fama), si bien en este último caso la trayectoria profesional de un artista puede resultar útil para identificar cuándo se está ante el ejercicio del derecho a la creación artística y, por ende, anudar al resultado de dicha creación la protección que otorgan los derechos de autor.

Obviamente, la identificación de esa originalidad expresiva habrá de atender a las propias mutaciones experimentadas en el ámbito de lo artístico pues la *materialización* o *exteriorización corpórea* de la creación (sobre un determinado soporte) ya no es la única opción y la propia *expresividad* varía en las diversas disciplinas artísticas. Por otra parte, como se ha señalado, la *originalidad* también se aprecia en las obras *derivadas* que parten, en su proceso creativo, de otras obras originarias previas —existen en este sentido corrientes artísticas como el *apropiacionismo* que utilizan creaciones anteriores de otros autores que recontextualizan, modifican y transforman dándoles un nuevo significado y constituyendo, por tanto, una nueva obra derivada—.

En definitiva, la propia evolución y la transformación en las maneras de crear introducen nuevos elementos que requieren de una adaptación o renovación aplicada de las medidas existentes.

2.3. ¿A quién se protege? Los sujetos

Con arreglo al artículo 5 LPI se considera autor a la persona natural que crea alguna obra literaria artística o científica, si bien se reconoce que, en algunos casos expresamente previstos, las personas jurídicas podrán beneficiarse de la protección que la ley concede a los autores. La premisa de partida es, por tanto, la que vincula autoría y creatividad humana.

> En relación con las creaciones generadas con inteligencia artificial, se ha pronunciado recientemente la Oficina de Derechos de Autor de Estados Unidos negando que las imágenes creadas por IA generativas (como *midjourney*) puedan registrarse como obras propias, en la medida en que no son producto de autoría humana, puesto en que en su proceso creativo no ha intervenido la que pretende ser su creadora (autora de un libro que generó sus ilustraciones a través de IA). Así, se le reconoce la protección sobre la obra literaria, pero no sobre la portada y las ilustraciones. Se entiende, así, que la intervención previa o *guía* que realiza la persona para obtener una imagen con la IA (decidir, por ejemplo, el escenario, los personajes, en su caso, las posiciones, incluso) no resulta suficiente como para poderse calificar como un *proceso creativo* que realiza una persona humana.

Con carácter general, los derechos de propiedad intelectual se reconocen a la persona que ha sido su autora desde el momento de la creación. Pero, además de estos supuestos de autoría plena, existen otros supuestos de *cuasiautoría* que se contemplan en la normativa de propiedad intelectual como *derechos afines* y los supuestos, ya aludidos, de reconocimiento específico de la autoría a personas jurídicas (que cuentan, entonces, con un régimen especial).

Por lo que respecta a los llamados *derechos afines*, se reconoce la propiedad intelectual a los artistas *intérpretes* y *ejecutantes* respecto de su ejecución o interpretación. Se entiende por tal a la persona que represente, cante, lea, recite o interprete en cualquier forma una obra (como actores y actrices, bailarines/as, e incluso directores/as de orquesta o escénicos, que se encuentran asimilados).

> Por ejemplo, por lo que concierne a las obras audiovisuales, se reconocen de forma expresa tres autorías plenas: la dirección audiovisual, la composición de la música y la escritura del guión, argumento o adaptación que resultan compatibles con los derechos afines reconocidos a intérpretes y ejecutantes y con la presunción de la cesión de derechos de explotación al productor (artículos 86 y ss. LPI).

También se reconocen determinados derechos afines a los productores de fonogramas (persona natural o jurídica bajo cuya iniciativa y responsabilidad se realiza por primera vez la fijación exclusivamente sonora de la ejecución de una obra o de otros sonidos); los productores de grabaciones audiovisuales (persona natural o jurídica que tiene la iniciativa y asume la responsabilidad de la grabación audiovisual); las entidades de radiodifusión (personas jurídicas bajo cuya responsabilidad organizativa y económica se difunden emisiones o transmisiones); determinadas producciones editoriales (referidas a obras inéditas en dominio público y a determinadas obras no protegidas por las disposiciones del Libro I del TRLPI); y, desde la última modificación de la LPI, las editoriales de publicaciones de prensa y agencias de noticias respecto de los usos en línea de sus publicaciones de prensa.

> En efecto, con el Real Decreto Ley 24/2021, antes citado, se introduce un nuevo artículo 129 Bis que modifica la regulación existente en relación la reproducción y puesta a disposición en línea de los contenidos elaborados por editoriales de publicaciones de prensa, que podrán autorizar dichos usos y negociar directamente con los prestadores de servicios en línea (como, por ejemplo, los agregadores de noticias tipo *google news*). Se modifica, así, la regulación anterior, introducida mediante una modificación legal del año 2014 que estableció la obligatoriedad de abonar un canon (llamado tasa *google*) como remuneración equitativa a los creadores de contenidos, que se recaudaba y abonaba a través de las entidades de gestión colectiva de derechos de autor.

Por otra parte, en función de la concurrencia de diversas personas en la creación de una obra (bien sea cumulativa o sucesiva) se distinguen distingos tipos de obras:

(i) La *obra derivada o compuesta* constituye un ejemplo de sucesión de autores, en el que surge una obra nueva a través de modificación de una preexistente, sin que haya participado el primer autor, pero con su autorización (como las traducciones, las adaptaciones de guiones, la fotografía de una pintura, etc.). Como antes se ha referido, las obras creadas con la técnica del *apropiacionismo* podrían considerarse como obras derivadas en la medida en que transforman una obra original anterior y la convierten en una obra nueva, también *original*. Esta aproximación a las obras del apropiacionismo exigiría la necesaria autorización del autor de la obra originaria; por ello, algunos sectores doctrinales lo contemplan desde el *derecho de cita*, con una interpretación flexible o laxa del mismo, a fin de permitir un pleno ejercicio de la libertad de creación artística.

(ii) La *obra colectiva* se realiza por una multiplicidad de autores bajo una dirección. Así, la iniciativa y la coordinación la asume una única persona que edita y divulga la obra bajo su nombre, siendo esa iniciativa el elemento clave para la realización de la obra. Para considerarse incluida en esta categoría, es indispensable que la contribución de cada uno de los autores se funda en una obra única y autónoma, habiendo sido concebida precisamente para ello, y que no se pueda atribuir separadamente a cualquiera de los participantes la autoría sobre el conjunto.

> Se trata, por ejemplo, de supuestos en los que la obra se crea en el seno de una relación asalariada. En un periódico, la autoría se funde en el colectivo (si bien es cierto que se trata de una cuestión que está siendo objeto de renovación y crítica). Es el caso, por poner otro ejemplo, de una enciclopedia u obras literarias similares en las que las aportaciones se funden en una obra autónoma.

(iii) En la o*bra en colaboración* también se constata la presencia de una multiplicidad de autores que han colaborado para obtener un resultado unitario, exigiendo la decisión de divulgación de la obra el consentimiento de cada uno de ellos; quienes, además, recibirán la remuneración proporcional en los términos pactados. La explotación por separado del elemento aportado a esa obra en colaboración será posible siempre que no se cause un perjuicio a la obra común.

> En el caso de las obras audiovisuales si bien la empresa productora asume la iniciativa empresarial y económica del proyecto (de ahí que la LPI prevea expresamente la cesión de los derechos de explotación al productor), la LPI parece configurarla como una obra en colaboración en la medida en que se identifican múltiples autorías (guión, música y dirección audiovisual), se exige el consentimiento de todos los auto-

res para explotar la obra y se permite la disposición de su aportación por parte de los autores siempre que no se perjudique la explotación normal de la obra.

3. EL CONTENIDO DEL DERECHO: DERECHOS MORALES Y DERECHOS PATRIMONIALES

Al regular el contenido de los derechos de autor, la LPI distingue entre derechos morales (artículos 14 y ss. LPI) y derechos patrimoniales (artículos 17 y ss. LPI).

3.1. Los derechos morales

Los llamados derechos morales (por contraposición a los derechos patrimoniales o de contenido económico) se conciben como derechos personalísimos (pues protegen la personalidad y la impronta del autor) y se configuran como irrenunciables e intransferibles.

A esta esfera *moral* pertenecen los derechos al *reconocimiento de la autoría* (o paternidad de la obra), a la *decisión de divulgación o publicación* de la obra creada y a la preservación de su *integridad*.

(i) *La autoría de la obra.* La LPI presume (presunción *ex lege)* como autora de la obra a la persona o personas que figuren como tal en el momento de su divulgación o publicación, según lo indique su firma, signos etc. y siempre que no exista oposición de tercero (en cuyo caso, la autoría deberá determinarse bien por la vía de la negociación, bien por la vía judicial). Este reconocimiento no resulta incompatible con la utilización de pseudónimos a fin de ocultar la verdadera identidad de la persona creadora.

> No debe confundirse la utilización de un pseudónimo con otros supuestos en los que la autoría de la obra se esconde tras otra persona que firma como si fuese suya; decisión que suele obedecer a la voluntad, por ejemplo, de lograr una mayor comercialización (lo que ha acontecido en numerosos casos de artistas mujeres que se han *escondido* tras el nombre de su cónyuge, también artista) o a la voluntad de evitar represalias.

En los casos en que no figura la autoría de la obra pero existe una divulgación o puesta a disposición del público, se entiende o se presume por ley que los derechos corresponden a la persona física o jurídica que ha divulgado la obra con la autorización del autor, mientras no revele su identidad. Esto ocurre en ocasiones con los editores de libros.

El mayor ataque al reconocimiento de la autoría es el llamado plagio. La persona que comete plagio se atribuye, así, la autoría de una obra ajena con plena conciencia y pretendiendo obtener un beneficio económico en perjuicio de la persona verdaderamente creadora.

> El plagio está tipificado como delito en el artículo 270.1 del Código Penal, en el Título dedicado a los delitos contra la propiedad intelectual e industrial, en los siguientes términos: "*1. Será castigado con la pena de prisión de seis meses a cuatro años y multa de doce a veinticuatro meses el que, con ánimo de obtener un beneficio económico directo o indirecto y en perjuicio de tercero, reproduzca, plagie, distribuya, comunique públicamente o de cualquier otro modo explote económicamente, en todo o en parte, una obra o prestación literaria, artística o científica, o su transformación, interpretación o ejecución artística fijada en cualquier tipo de soporte o comunicada a través de cualquier medio, sin la autorización de los titulares de los correspondientes derechos de propiedad intelectual o de sus cesionarios*".

(ii) *La decisión de divulgación.* Entre los derechos morales del autor se encuentra el de adoptar la decisión sobre su divulgación en cualquiera de las modalidades previstas, entendiendo como tal "*toda expresión de la misma que, con el consentimiento del autor, la haga accesible por primera vez al público en cualquier forma*" (artículo 4 LPI). El autor, decide también sobre los concretos términos en los que se realizará tal divulgación —con pseudónimo, con determinadas características técnicas o de ubicación o condicionamientos artísticos etc.—

(iii) *La integridad de la obra.* En directa relación con la decisión de divulgación y el modo de hacerlo, se encuentra el derecho a la integridad de la obra; esto es, el derecho a impedir cualquier deformación, alteración u atentado contra ella. No se trata exclusivamente de la defensa de la integridad física, sino también de la llamada *integridad espiritual* que se relaciona directamente con el prestigio del artista (su reputación) y con la finalidad para la que fue creada la obra, su motivación o su contenido.

> Por ejemplo, el cambio de ubicación de una obra puede ser determinante de la destrucción de su *integridad*. Piénsese en el ejemplo anteriormente expuesto de la instalación *Paradis:* si esas letras en pan de oro se desubican del lugar concreto (puerta de los urinarios de un pabellón psiquiátrico) pierden su sentido artístico

y la finalidad o propósito de su creación. En este sentido se ha pronunciado ya el Tribunal Supremo en su sentencia de 18 de enero de 2013 (ECLI:ES:TS:2013:371) en un caso en el que se había encargado una escultura para un emplazamiento concreto y determinado, recolocándose en otro lugar con posterioridad. El Tribunal Supremo da la razón al escultor señalando que "*tratándose de obras plásticas concebidas y ejecutadas por su autor par la colocación del soporte material en un lugar específico —site specific Works— el cambio de emplazamiento puede atentar a su integridad en la medida en la que altere o interfiera en el proceso de comunicación. que toda obra de arte comporta, al modificar los códigos comunicativos, distorsionando los mensajes que transmiten, y las sensaciones, emociones, pensamientos y reflexiones que despierta*".

También se inscriben en la esfera de los derechos morales *el derecho de retirada de la obra* de la esfera pública o de arrepentimiento de obra ya divulgada (por convicciones morales o ideológicas) que puede suponer la necesidad de indemnizar los daños que, en su caso, se hayan podido ocasionar a terceros que eran titulares de la licencias de explotación; el *derecho de acceso al ejemplar único de la obra* creada cuando está en poder de una tercera persona (como acceso o elemento necesario para poder ejercer otros derechos) y el *derecho de transformación de la obra.*

Con la atribución de los llamados *derechos morales* se pretende, en definitiva, que el autor siga ejerciendo el control *inmaterial, artístico,* y *creativo* sobre su obra.

3.2. *Los derechos patrimoniales*

Con la expresión *derechos patrimoniales* se alude a aquellos derechos de contenido económico que pertenecen en exclusiva a la persona autora de la obra previéndose por un lado, los *derechos de explotación de la obra* y, por otro lado, los *derechos de simple remuneración.*

Se trata de derechos *renunciables y transferibles* a favor de tercero (siendo posible su cesión parcial o total), bien a través de un contrato de cesión, bien por transmisión *mortis causa* a sus herederos. La explotación económica de la obra podrá realizarse, por tanto, bien directamente por la persona autora, bien a través de terceros (como editoriales, productoras audiovisuales, compañías discográficas, etc.).

3.2.1. Los derechos de explotación de la obra

El artículo 17 LPI reconoce al autor el derecho de explotación en exclusiva de la obra en cualquier forma y, particularmente en las modalidades de explotación que prevé el propio precepto de forma no exhaustiva: *"Corresponde al autor el ejercicio exclusivo de los derechos de explotación de su obra en cualquier forma y en especial, los derechos de reproducción, distribución, comunicación pública y transformación, que no podrán ser realizadas sin su autorización, salvo en los casos previstos en la presente Ley"*.

Estos derechos de explotación son independientes entre sí por lo que el hecho de ceder, por ejemplo, el derecho de reproducción de la obra no comporta automáticamente la cesión del derecho de distribución de la misma o la cesión del derecho de transformación. De ahí la importancia, como se verá después, de la formalización de un contrato de cesión que fije las concretas modalidades de explotación que, en su caso, se transmiten.

(i) El *derecho de reproducción* atribuye el derecho a la fijación de la obra por cualquier medio y constituye un derecho previo e instrumental al derecho de distribución. Este derecho permite fijar la obra, por ejemplo, en un DVD, un CD u obtener una copia digital. El derecho de reproducción se encuentra limitado *ex lege* cuando se trata de copias privadas o de reproducciones accesorias o efímeras, disminuyendo el poder de disposición del autor sobre su obra como luego se verá.

(ii) El *derecho de distribución o comercialización* permite la puesta a disposición del público de la obra en un determinado soporte tangible y aprehensible. Se incluye aquí la venta, el alquiler de la obra (ya sea original o copia) mediante contraprestación y por tiempo limitado, o el préstamo (ya sea del original o de la copia) por un tiempo limitado pero sin contraprestación, en la medida en que se persiguen exigencias de interés público y por ello se realiza en establecimientos culturales accesibles al público.

(iii) El *derecho de comunicación pública* supone el acceso del público a una obra, sin previa distribución de ejemplares (intangible), como acontece, por ejemplo, en una representación de una obra de teatro, el visionado de una película, la visita a una exposición, etc. Se da una simultaneidad temporal y espacial del organizador y del público, de la divulgación de la obra y de su acceso.

No se entiende, por tanto, que se trata de un supuesto de comunicación pública el acceso a una obra en un ámbito doméstico o privado, no incluido en una red de difusión. Para distinguir entre el ámbito doméstico o la comunicación pública resulta relevante la relación que existe entre el organizador y el público y la dimensión económica del acto. Así, no es comunicación pública la organización de una sesión de cine en casa de amigos, pero sí lo es la representación de una obra teatral en un piso particular previo pago de entrada.

La ley incluye un listado ejemplificativo de lo que debe entenderse por comunicación pública (art. 20 TRLPI) dada la dificultad de establecer este concepto en un entorno digitalizado: enlace a webs con contenidos, exposiciones y representaciones escénicas, difusión por medios tecnológicos, acceso digital a bases de datos, descargas en el ordenador; la puesta a disposición de la obra tal forma que cualquier persona pueda acceder a ella desde el lugar y en el momento en que elija, etc.

(iv) El *derecho de transformación* permite modificar una obra previa, ya existente, dando lugar a una nueva obra que es susceptible de protección (*obra derivada*) y que generará sus propios derechos (artículo 21 TRLPI). Es necesario el consentimiento de la persona que creó la obra preexistente para poder explotar la derivada.

La transformación de obras preexistentes y la necesidad del consentimiento plantean un debate interesante en relación con las obras creadas por la corriente artística del *apropiacionismo*. En estos casos, los artistas parten de obras ya existentes para crear una nueva a partir del collage, el *drippinng*, u otras técnicas y el resultado creado puede considerarse como una obra derivada tras la previa transformación o, como sugieren algunas voces en la doctrina, como una obra origina que ejercer el derecho de cita.

(v) El *derecho de colección* que permite la recopilación de trabajos previos mediante una selección y una estructura que generará una nueva obra.

3.2.2. Los derechos de simple remuneración y otros derechos

La ley prevé que, en determinados casos, se pueda hacer uso de la obra protegida sin necesidad de solicitar la autorización para su uso, lo que suele acompañarse del reconocimiento del derecho de la persona autora a obtener una remuneración que garantice el equilibrio ente los diversos intereses contrapuestos: acceso general *versus* derechos de propiedad intelectual.

La simple remuneración por uso de la obra se vincula directamente a determinados límites impuestos legalmente que restringen el poder de disposición del autor sobre su obra en beneficio de otros intereses y derechos dignos de protección. Así, por ejemplo, el autor percibirá una remuneración por el préstamo o alquiler de su obra, tanto oneroso como gratuito (por ejemplo, en bibliotecas), o por los contenidos que haya creado y hayan sido reproducidos por terceros (por ejemplo, el canon satisfecho por los agregadores de contenidos, como *google news*).

Por otro lado, en los artículos 24 y 25 la LPI prevén lo que el legislador ha denominado *otros derechos* de propiedad intelectual: el derecho de participación del autor de una obra plástica en las sucesivas reventas de su obra (el llamado *droit de suite*) y el derecho a recibir un pago compensatorio por copia privada (en el caso de obras audiovisuales o cinematográficas).

En el primero de los casos, el autor de una obra plástica tiene derecho a percibir del vendedor una participación en el precio de toda reventa que, de su obra, se realice tras la primera cesión acordada por el autor. Se aplica a todas las reventas (incluso en las que intervengan intermediarios como marchantes o galerías) y siempre que el precio de la reventa supere el umbral establecido en la ley. El cálculo del importe se realiza con un porcentaje sobre el precio de venta. Es un derecho irrenunciable, se transmite únicamente a los herederos y su duración se prolonga 70 años más allá del fallecimiento del autor.

Por lo que concierne al pago compensatorio por copia privada se pretende remunerar por los beneficios dejados de percibir por razón de las reproducciones de las obras o prestaciones protegidas para uso exclusivamente privado del copista. Esta remuneración se articula a través del llamado canon digital que recae sobre los soportes de fijación de la obra (CD, DVD, etc.) siendo abonado por fabricantes y distribuidores que lo repercuten en el usuario final.

El actual artículo 25 TRLPI prevé diversas excepciones al pago del canon: en concreto, las personas jurídicas y aquellos equipos de personas físicas que se dediquen a fines profesionales, por ejemplo. Prevé, también, la posibilidad de solicitar el reembolso por parte de personas físicas no excluidas. El precio del canon se fija normativamente y se actualiza de forma continuada. La remuneración por copia privada se gestiona obligatoriamente a través de una Sociedad de gestión colectiva de derechos de autor, que recauda y reparte dichas cantidades entre los diversos/as autores/as.

3.3. ¿Cómo se ceden los derechos? Las formas de cesión de los derechos de explotación de la obra

La persona autora de la obra puede ceder los derechos de explotación económica de su obra a una o varias personas, bien a través de un contrato de cesión (*inter vivos*) bien a través de las correspondientes disposiciones testamentarias (*mortis causa*).

La cesión *inter vivos* debe realizarse a través de un *contrato o acuerdo de cesión* en el que deben especificarse de forma expresa las modalidades para las que se cede el derecho (por ejemplo, para disposición al público de una obra audiovisual a través del SVOD o TVOD), sin que quepa entender que existe una cesión implícita o tácita de aquellas que no se nombren expresamente y sin que pueda cederse la explotación en modalidades que no existen en el momento de la cesión de los derechos o respecto de obras futuras o todavía no creadas.

> En este sentido, el artículo 43 LPI prohíbe la transmisión de derechos de explotación en modalidades de explotación inexistentes o desconocidas al tiempo de la cesión; esto es, si se firma un contrato de cesión de los derechos para la explotación (edición y divulgación) de una obra literaria en formato papel, este contrato de cesión no puede amparar la explotación de esa misma obra en un formato electrónico si no es mediante la realización de un nuevo contrato o acuerdo en el que se autorice esta nueva modalidad y se fije la remuneración correspondiente. La inclusión en un contrato de cesión de cláusulas que se refieren a modalidades de explotación futuras será considerada como una cláusula abusiva.

Asimismo, debe especificarse el territorio para el que se ceden los derechos (determinados países, alcance mundial, etc.) y la duración de la cesión. En caso de que el contrato no contenga mención al alcance territorial y temporal de la cesión, la ley establece unas previsiones supletorias: para el país de la cesión y durante 5 años máximo. Toda cesión onerosa (y no gratuita) debe ir acompañada de la correspondiente remuneración proporcional del autor; esto es, una participación en los ingresos de la explotación, en la cuantía que se pacte con el cesionario. La ley permite la retribución a tanto alzado en determinados casos.

> Así, el artículo 46.2 LPI prevé esta posibilidad, por ejemplo, cuando, atendida la modalidad de la explotación, exista *dificultad grave en la determinación de los ingresos o su comprobación sea imposible o de un coste desproporcionado con la eventual retribución*, cuando la utilización de la obra sea accesoria o no constituya un elemento esencial de la creación intelectual en la que se integre, o en casos de primera o única edición de determinadas obras no divulgadas previamente (diccionarios, antologías, prólogos, anotaciones, traducciones, etc.).

La cesión de los derechos de explotación se puede realizar *en exclusiva* o en concurrencia con otros cesionarios y/o con el cedente y debe especificarse en el acuerdo o contrato de cesión. La cesión del derecho de distribución en exclusiva de una obra deber incluir una cláusula relativa a la necesidad de que el cesionario (la persona que explotará la obra en exclusiva) ponga todos los medios a su alcance para que esa distribución sea efectiva (en caso contrario, puede constituir una causa de rescisión de contrato).

> En atención a su especificidad, la ley contempla previsiones concretas para determinados contratos de cesión: así, para el contrato de edición de obras literarias (artículos 58 a 73 TRLPI), para el contrato de representación teatral y ejecución musical (artículos 74 a 85 TRLPI) o para el contrato de obras cinematográficas y otras obras audiovisuales. Por otro lado, respecto de las obras creadas por el trabajador asalariado, fruto de su relación laboral, el artículo 51 TRLPI establece la necesidad de que se estipule la cesión de derechos de explotación al empresario (por contrato escrito), presumiéndose la cesión en exclusiva y con el alcance necesario para la actividad habitual del empresario.

3.4. *La gestión colectiva de los derechos de autor*

La Ley prevé (e impone en algunos casos) la gestión de los derechos de autor por parte de las llamadas *entidades de gestión de derechos de autor*, cuya constitución requiere de previa autorización administrativa. Se trata de entidades que no tienen ánimo de lucro y que gestionan de derechos de propiedad intelectual ajenos —por ejemplo, la Sociedad General de Autores Españoles (SGAE), Artistas Intérpretes, Sociedad de Gestión (AISGE); Derechos de Autor de Medios Audiovisuales (DAMA); Visual Entidad de Gestión de Artistas Plásticos (VEGAP), etc.—. No solo su creación está sometida a autorización, sino que su actividad está sometida a un intenso control administrativo por lo que respecta a la fijación de tarifas, su recaudación y reparto, así como de la gestión y reparto de las remuneraciones compensatorias que le corresponden *ex lege*.

En efecto, es la propia ley la que determina la obligatoriedad de llevar a cabo la gestión colectiva de determinados derechos; como, por ejemplo, del derecho de participación en la reventa de obra plástica, de la compensación por copia privada o la autorización de retransmisión por cable. Se trata de derechos cuya gestión individualizada aparece como inviable y que no requiere, por tanto, de la firma de un contrato en la medida en que la ley impone la gestión colectiva. En el resto de casos, la cesión se ha de realizar mediante el oportuno contrato de gestión de derechos de autor que, con carácter habitual, está ya pre-conformado y solo exige la adhesión (vid. ejemplos en las webs respectivas de las sociedades existentes). De la misma manera que los contratos de cesión individuales, el contrato de cesión de derechos de autor a una entidad de gestión tiene una duración limitada a cinco años y no puede exigirse a la persona autora que se cedan todas las modalidades o toda la producción.

La gestión de los derechos implica la autorización de los actos de explotación de que se trate y la recepción de la contraprestación correspondiente, en función de las tarifas que haya aprobado la entidad, que serán luego objeto de reparto entre los titulares de los derechos de acuerdo con las normas de la entidad, debiéndose respetar en todo caso el criterio de proporcionalidad (remuneración adecuada al uso de la obra).

4. LOS LÍMITES A LA PROPIEDAD INTELECTUAL

Como todos los derechos, el derecho a la propiedad intelectual (y la exclusividad sobre la disposición y explotación de la obra que comporta) está sometido, a su vez, a una serie de límites o restricciones que se fundamentan, precisamente, en la necesidad de proteger otros bienes e intereses constitucionales y legales: límites que, como se adelantó, suponen una disminución de su esfera de control sobre la obra (al permitir el uso de la obra sin autorización previa) o afectan a su remuneración (al preverse usos de carácter gratuito). El objetivo es el de garantizar el equilibrio la protección de la libertad creadora y la protección de otros intereses generales o derechos como el derecho de acceso a la cultura, el derecho fundamental a la información, el derecho fundamental a la creación científica y artística, etc.

4.1. La duración de los derechos de autor como límite

La primera limitación que concibe el legislador, en línea con otros ordenamientos de nuestro entorno, es la limitación temporal de la exclusividad de la explotación de una obra. En efecto, los derechos patrimoniales se proyectan sobre toda la vida del autor y se extienden 70 años tras su fallecimiento (50 años en el caso de *artistas intérpretes o ejecutantes* desde la fijación de su interpretación o ejecución; o 25 años en el caso de las *meras fotografías*); momento a partir del cual su creación pasa a ser de *dominio público* y de libre uso.

Que una obra pase a formar parte del dominio público supone que puede utilizarse de forma libre (sin necesidad de autorización) y gratuita. La obra pasa a integrar el acervo comunitario cultural, pero sigue siendo necesario garantizar el reconocimiento de la autoría y la integridad de la obra para que esta no se vea alterada, modificada o deformada.

> La ley dedica su artículo 26 a regular las diferentes situaciones que pueden darse en relación con la aplicación de la regla de los 70 años; por ejemplo, el día en que se inicia el cómputo de dicho plazo cuando se trata de una obra en la que concurren diversos autores. Así, en el caso de obras audiovisuales o cinematográficas (obra en colaboración) el plazo se computa desde el fallecimiento del último coautor.

4.2. Límites a la explotación de la obra

Aparte de la limitación temporal de los derechos de autor, la LPI prevé en sus artículos 31 a 39 (de forma taxativa o con carácter cerrado) otros límites a los derechos de autor (a los que ya se ha ido aludiendo a lo largo de este capítulo) que implican la posibilidad de utilizar la obra sin solicitar la autorización del autor

En cualquier caso, la interpretación y aplicación de los límites debe realizarse con arreglo a lo previsto en el artículo 40 bis LPI que establece la llamada regla de los *tres pasos:* (1) deben ser interpretados de forma restrictiva (2) de forma tal que no causen perjuicios injustificados al autor y (3) que no vayan en detrimento de la explotación normal de la obra.

El artículo 31.2 y 3 LPI, por ejemplo, establece como límite legal a los derechos de autor la realización de copias privadas de una obra para un uso personal por parte de una persona física —uso de carácter no profesional y no comercial, sin fines colectivos— que no requerirá, entonces, de la autorización del autor. El acceso deber producirse a través de fuente lícita a una copia analógica o digital de obra divulgada (excluyéndose, por tanto, las copias piratas). Ello no quiere decir que el autor no reciba una compensación por el uso de su obra, pues, como ya se ha señalado antes, la generalización de sistemas de copia lleva al establecimiento de una compensación al titular de derechos de propiedad intelectual (remuneración por copia privada regulada en el artículo 25 TRLPI al que ya se ha hecho referencia).

Tampoco exigen la autorización previa del autor los actos de reproducción de obra con fines de seguridad pública o desarrollo correcto de procedimientos judiciales, administrativos o parlamentarios (artículo 31 Bis TRLPI); o los actos de reproducción, comunicación pública y distribución de obras ya divulgadas a favor de personas con discapacidad (artículo 31 Ter TRLPI), siempre que dichos actos se realicen sin fin lucrativo, en relación directa con la discapacidad y a través del procedimiento adaptado que se requiera (por ejemplo, reproducción de copias en sistema braille o subtitulado para sordos).

Entre las limitaciones a los derechos de explotación del autor se encuentra también el llamado *derecho de cita* (regulado en el artículo 32 TRLPI) que permite la reproducción de un fragmento de obras literarias, sonoras o audiovisuales, o la de una obra plástica aislada, siempre que ese uso se realice en un contexto de investigación o de docencia (por ejemplo, en reseñas de obra, en ilustraciones de libros, como material del profesorado en la impartición de clases, etc.). En este caso debe tratarse también de obras ya divulgadas y es necesario incluir de forma expresa la referencia al autor y a la obra (por ejemplo, en las reproducciones de textos ajenos se utilizan las comillas para que el lector pueda identificar dónde empieza la cita del autor cuyo nombre y obra deben aparecer referenciados).

En concreto, conforme a este precepto "*[...] es lícita la inclusión en una obra propia de fragmentos de otras ajenas de naturaleza escrita, sonora o audiovisual, así como la de obras aisladas de carácter plástico o fotográfico figurativo, siempre que se trate de obras ya divulgadas y su inclusión se realice a título de cita o para su análisis, comentario o juicio crítico. Tal utilización solo podrá realizarse con fines docentes o de investigación, en la medida justificada por el fin de esa incorporación e indicando la fuente y el nombre del autor de la obra utilizada*".

La cita, en definitiva, debe configurarse como un fragmento y estar justificada por esa finalidad de investigación o análisis, pues en caso de tratarse de una reproducción parcial (esto es, más allá de un fragmento o de una obra aislada, siendo el límite el 10% de la obra) sí se deberá pedir autorización y remunerar al autor.

Un caso particular de *derecho de cita* es el de los agregadores de noticias (como *google news* y el llamado *press clipping* como dossier que selecciona las noticias relevantes de diversos medios de comunicación siempre que no tengan un interés comercial (por ejemplo, cuando se elaboran para uso interno de una organización). Los agregadores de noticias funcionan con fragmentos de contenidos elaborados y publicados en otras páginas web; actividad que no se exige autorización previa por parte de los creadores de contenidos pero se ve sometida al previo pago de una remuneración cuya revisión y regulación se ha modificado recientemente en el Real-Decreto Ley 24/2021, tal como ya se señaló antes, que permite la negociación directa entre las partes implicadas.

Otro caso particular que invita a una interpretación flexible del precepto es el uso preexistente de obras ajenas por parte de artistas pertenecientes al movimiento *apropiacionista* que superan en muchas ocasiones el límite del *fragmento*, creando una obra nueva a partir de la transformación una obra previa. ¿se requiere entonces la autorización de la persona que creó la obra originaria? ¿podría enmarcarse este uso en el ámbito del derecho de cita entendiendo que su uso se enmarca en un contexto de *investigación*, en ese caso, artística que no requeriría entonces de autorización previa de autor? Estas son algunas de las cuestiones que podrían plantearse.

En la misma línea, no requiere autorización previa la reproducción, distribución y comunicación pública de los trabajos y artículos de actualidad difundidos por medios de comunicación social, siempre que esas acciones se realicen por medios de la misma clase, citando fuente y autor (si no hay reserva de derechos) y generando derecho a remuneración equitativa. De igual forma pueden reproducirse conferencias, alocuciones o informes ante Tribunales o ponencias al público con fines de información de la actualidad.

Con fundamento similar al *derecho de cita*, pero proyectado sobre la noción social del espacio público, el artículo 35 TRLPI instituye como límite el llamado *derecho de panorama* o reproducción (sin autorización ni abono de retribución) de obras situadas permanentemente en la vía pública, que sean directamente perceptibles sin medios auxiliares (esculturas, edificios o plasmaciones arquitectónicas en general). Así, su reproducción, comunicación pública y distribución puede realizarse libremente en las formas establecidas por la ley: en particular, en formato bidimensional (como pinturas, dibujos o fotografías).

> La jurisprudencia ya ha interpretado qué debe entenderse por obras directamente perceptibles: "(...) *es que la edificación de que tratamos no se encuentra situada en ninguna vía pública sino en el interior de una finca, siendo esta —la finca y no la edificación— la que en su caso podría lindar con una vía pública. Por lo demás, es obvio que la fachada de la edificación opuesta a la de entrada se encuentra —y esta es una de sus peculiaridades— al borde de un acantilado, siendo esa fachada y no la contraria la que quedó reflejada en la fotografía litigiosa. Pues bien, cuando la apelante nos dice que esa parte de la vivienda coincidente con el acantilado se podría haber fotografiado desde el mar o desde el aire, no parece reparar en que el sentido del límite que contempla el Art. 35-2 no se encuentra en que el objeto pueda ser captado por procedimientos más o menos alambicados o desde lugares poco previsibles sino en que ese objeto se encuentre "situado" precisamente en o linde con una vía pública, y en tal sentido nunca podría afirmarse que el acantilado sobre el que se asienta la parte de la vivienda que comentamos constituya una "vía pública", esto es, un espacio del dominio público caracterizado por su aptitud para el tránsito de peatones y/o la circulación de vehículos".*

Con la misma perspectiva, se prevé la posibilidad de reproducir y comunicar este tipo de obras con ocasión de la información sobre actualidad y en la medida en que se justifiquen por dicha información, al tratarse de una utilización incidental de la obra (inauguración de un museo, de una escultura en una plaza pública, de una exposición, por ejemplo).

La Ley de Propiedad intelectual contempla también como límite a los derechos de explotación del autor la reproducción de las obras con fines de investigación, conservación o acceso a la cultura.

Se garantiza así que se pueda disponer de esas obras en bibliotecas, museos, fonotecas o filmotecas (también en formato digital); en definitiva, en instituciones de carácter científico o cultural, sin finalidad lucrativa. En todo caso, la reproducción, préstamo y acceso a la obra generan una remuneración equitativa para el titular de los derechos de autor que abona el establecimiento cultural. Estas instituciones culturales, y las entidades de radiodifusión, también son libres de difundir las llamadas obras huérfanas u obras respecto de las cuales no es posible identificar al titular de los derechos o no es posible localizarlo tras una búsqueda diligente (artículos 37 y 37 Bis TRLPI).

La ejecución de obras musicales en actos oficiales y ceremonias religiosas, siempre que estas sean gratuitas y de acceso libre al público, no requiere de autorización pero genera remuneración para los titulares de los derechos (aunque no a los intérpretes por la concreta ejecución de la obra).

Con carácter específico, el artículo 39 TRLPI se refiere a la parodia que no se considera una obra transformada y no precisa autorización, sino que se trata de una manifestación concreta de la libertad de creación artística. Como se ha visto en el capítulo anterior, la parodia o la sátira implican una cierta distorsión de la realidad, a partir de una aproximación humorística y crítica, que está permitida siempre que en la parodia de la obra no se genere un riesgo de confusión (con el autor de la obra que se parodia) ni daño alguno a la obra original.

El Real Decreto Ley 24/2021 antes mencionado introduce nuevos límites a los derechos de explotación de los titulares de los derechos de propiedad intelectual derivados de los nuevos usos que se generan en las redes sociales, como la minería de datos o el pastiche.

> Se señala en la norma que "mediante este real decreto-ley se profundiza en ciertos límites a los derechos exclusivos de propiedad intelectual relacionados con nuevos usos que las tecnologías digitales permiten hacer en los ámbitos de la investigación, la innovación, la educación y la conservación del patrimonio cultural, todo ello con el objetivo puesto en el beneficio que supone el acceso de las personas a los contenidos. Del mismo modo, se concretan las medidas necesarias para garantizar el correcto funcionamiento del mercado de explotación de obras y prestaciones objeto de derechos de propiedad intelectual".

Así, el artículo 70 (pastiche) del citado Real Decreto-Ley exime de la obtención de previa autorización la transformación de una obra divulgada "que consista en tomar determinados elementos característicos de la obra de un artista y combinarlos, de forma que den la impresión de ser una creación independiente, siempre que no implique riesgo de confusión con las obras o prestaciones originales ni se infiera un daño a la obra original o a su autor. Este límite será también aplicable a usos diferentes de los digitales".

5. GARANTÍAS DE PROTECCIÓN DE LOS DERECHOS DE PROPIEDAD INTELECTUAL

La Ley articula una serie de mecanismos de protección de los derechos de autor frente a la explotación indebida de la obra, estableciendo, por un lado, unas serie de acciones civiles (básicamente de cesación en la explotación indebida y de indemnización de los daños causados) y, por otro lado, la protección penal frente a un uso ilícito en el que concurre el ánimo de lucro y el perjuicio a tercero. Junto a estas medidas la ley prevé otras vías que pueden considerarse como instrumentos de protección preventivos y no judiciales y que resultan de utilidad para defender y demostrar la autoría de una obra.

5.1. Mecanismos de protección no judiciales

La inscripción de una obra en el Registro de la Propiedad Intelectual puede configurarse como una medida de protección (preventiva) o *aviso a navegantes*. Ciertamente, la inscripción de una obra en el registro es voluntaria y no es constitutiva o generativa; esto es, como ya se ha señalado, los derechos de autor surgen por el mero hecho de la creación y no por su inscripción en el registro. No obstante, la utilidad de la inscripción radica en constituir, en su caso, un medio privilegiado de prueba frente a terceros y en el que puede inscribirse, asimismo, los actos de transmisión, modificación y extinción de los derechos de propiedad intelectual. En este sentido, el artículo 145.3 LPI establece que *"se presumirá, salvo prueba en contrario, que los derechos inscritos existen y pertenecen a su titular en la forma determinada en el asiento respectivo"*.

En la misma línea, la inclusión de signos de reserva de derechos, si bien no atribuye presunción de titularidad y no tiene eficacia probatoria, puede ser valorada como la declaración unilateral de titularidad de la obra sin que terceros puedan oponer que desconocían el hecho de que la obra estuviera protegida.

La reserva de derechos que se simboliza con el signo © está prevista en el artículo 146 LPI que permite su anteposición al nombre del titular del derecho (o del cesionario), pero no la impone. Dispone el citado precepto que *"El titular o cesionario en exclusiva de un derecho de explotación sobre una obra o producción protegidas por esta Ley podrá anteponer a su nombre el símbolo © con precisión del lugar y año de la divulgación de aquéllas. (...)Los símbolos y referencias mencionados deberán hacerse constar en modo y colocación tales que muestren claramente que los derechos de explotación están reservados".*

Debe diferenciarse el *copyright* del *copyleft* que permite el uso libre y gratuito de la obra siempre que la persona que lo utilice se comprometa, a su vez, a distribuirla de la misma manera las copias o las obras derivadas. Por ejemplo, las *creative commons* constituyen una licencia de uso gratuito de obras, que se ponen a la disposición del público estableciendo diversas condiciones que incluyen siempre el reconocimiento de la autoría y luego determinan si se permite, o no, por ejemplo, la realización de obras derivadas.

Por otro lado, la LPI ha previsto dos medios de lo que podría denominarse *tutela o protección administrativa.* Así, se crea la Comisión de Propiedad Intelectual como un órgano constituido en dos secciones cuyas funciones consisten en erigirse en árbitro y mediador entre autores y sociedades de gestión de derechos de autor en relación con las tarifas de uso de repertorio y el posterior reparto (Sección Primera) o en autoridad de control y salvaguarda de los derechos de propiedad intelectual frente a su posible vulneración por los responsables de los servicios de la sociedad de la información (Sección Segunda).

Pueden solicitar la intervención de la Sección Segunda autores y entidades de gestión colectiva de derechos de autor. La norma fue modificada a fin de prever la intervención judicial en los casos en los que se acuerden medidas de colaboración con los intermediarios o medidas cautelares de desconexión.

La protección o salvaguarda de los derechos de propiedad intelectual en el ámbito digital debe tener en cuenta la regulación sectorial establecida en la Ley 34/2002, de 11 de julio, de servicios de la sociedad de la información y el comercio electrónico, que permite a los órganos competentes puedan adoptar medidas necesarias como la interrupción o la retirada de datos que afecten y causen perjuicio, entre otros principios y derechos, a la salvaguarda de los derechos de la propiedad intelectual. La ejecución de estas medidas deberá realizarse por un procedimiento específico —que para el caso de la Sección Segunda de la Comisión de Propiedad Intelectual describe el artículo 195 LPI— y requiere de autorización judicial previa según dispone el mencionado artículo 8 LSSI y se regula en el artículo 122 bis de la Ley de la Jurisdicción Contencioso-administrativa, a fin de proteger debidamente los derechos y libertades garantizados en el artículo 20 de la Constitución.

5.2. Las vías judiciales de protección de derechos de autor: las acciones civiles

A fin de proteger sus derechos, el autor podrá instar las acciones y medidas cautelares que considere oportunas ante la jurisdicción civil. Los artículos 138 a 142 TRLP describen la diversa tipología de acciones que pueden ser ejercidas ante la jurisdicción. Se trata, en particular, de las acciones de cesación en la conducta infractora (que puede referirse tanto a los derechos morales como a los derechos patrimoniales y de acciones restitución). La ley contiene una enumeración ejemplificativa de posibles infracciones que debe completarse, por ejemplo, con la normativa reguladora de la responsabilidad de los prestadores de servicios de la sociedad de la información.

Si la conducta ilícita ha causado perjuicios y daños morales podrá ejercitarse la acción indemnizatoria a fin de ser restituido no sólo en el valor de la pérdida que haya sufrido, sino también en el de la ganancia que se haya dejado de obtener a causa de la violación del derecho. En la determinación de la indemnización se tendrán en cuenta criterios como las consecuencias económicas negativas (la pérdida de beneficios que haya sufrido la parte perjudicada y los beneficios que el infractor haya obtenido por la utilización ilícita), las circunstancias de la infracción, la gravedad de la lesión y el grado de difusión ilícita de la obra, entre otros.

Se encuentran legitimados para iniciar las acciones judiciales tanto el titular de los derechos como su cesionario, pudiendo actuarse tanto contra los infractores como contra los partícipes o coadyuvantes en la infracción. En el caso de que exista un temor *racional y fundado* a que se produzca un perjuicio inmediato a los derechos de autor se podrá solicitar la adopción de medidas cautelares (de suspensión de la explotación indebida) para evitar que se produzca un perjuicio irreparable.

> El artículo 141 LPI prevé, como medidas cautelares la intervención y el depósito de los ingresos obtenidos por la actividad ilícita de que se trate o, en su caso, la consignación o depósito de las cantidades debidas en concepto de remuneración, la suspensión de la actividad de reproducción, distribución y comunicación pública; la prohibición de estas actividades si todavía no se han puesto en práctica; el secuestro de los ejemplares producidos o utilizados y el del material empleado principalmente para la reproducción o comunicación pública; o de los instrumentos, dispositivos, productos y componentes.

5.3. La protección en el orden jurisdiccional penal

La intervención del orden jurisdiccional penal está prevista para infracciones de los derechos de propiedad intelectual que se consideran especialmente lesivas y, como tales, han sido tipificadas como delitos en el código penal. Se trata de conductas que exigen la existencia de dolo o intencionalidad (y no mera negligencia).

Los delitos contra la propiedad intelectual están previstos en el artículo 270 del Código Penal (CP) que permite distinguir entre un tipo básico, un tipo agravado y un tipo atenuado; distinción a la que se asocia la diferente intensidad de la sanción penal (duración de la multa o posibilidad de ingreso en prisión).

El tipo básico es el contemplado en el artículo 270.1 CP que define los delitos relativos a la propiedad intelectual partiendo, primero, de la obra sobre la que se proyecta la conducta delictiva (obra literaria, artística o científica, o su transformación, interpretación o ejecución artística fijada en cualquier tipo de soporte o comunicada a través de cualquier medio); segundo, la conducta que se realiza (reproducción, plagio, distribución, comunicación pública, o cualquier otro modo de explotación económica); tercero, el elemento que torna esa conducta en ilícita (la inexistencia de consentimiento por parte del titular de los derechos, sea el autor o el cesionario) y cuarto, la intención de obtener un beneficio económico (directo o indirecto) en perjuicio de tercero.

A este tipo básico se le asocia un rango de penalidad que oscila entre la pena de prisión de seis meses a cuatro años y multa de doce a veinticuatro meses, que se incrementa en el caso de concurrir las circunstancias que prevé el artículo 271 CP para configurar el tipo agravado: por ejemplo, la especial trascendencia del beneficio económico obtenido con la explotación ilícita; el uso de menores de edad para la realización de la conducta, el valor de los objetos producidos ilícitamente; la pertenencia a una asociación u organización creado con el fin de realizar actividades infractoras de los derechos de propiedad intelectual.

Se prevé, asimismo, un tipo atenuado atendiendo a las concretas características del culpable y a la reducida cuantía del beneficio económico obtenido o que se hubiera podido obtener. En estos casos se impondrá la pena de multa de uno a seis meses o trabajos en beneficio de la comunidad de treinta y uno a sesenta días.

6. BIBLIOGRAFÍA

Bercovitz Rodríguez-Cano, R. (Coord.), AA.VV., *Manual de propiedad intelectual*, Tirant lo Blanch, Valencia, 2017.

Mallo Montolo, D., La difusión en internet de contenidos sujetos al derecho de autor, Fundación AISGE, Madrid 2018.

Vicent López, C., *Internet y derechos de autor: nuevos modelos de explotación online*, Ed. Cizur Menor, Aranzadi, Navarra, 2017.

Serrano Gómez, E., *Cuestiones de derecho de autor en la Unión Europea*, Fundación AISGE, Ed. Reus, Madrid, 2017

7. MATERIALES, ACTIVIDADES Y/O CASOS

MATERIALES

- Película *Big eyes*, dir. Tim Burton, 2014. (Sobre la vida de la pintora Margaret Keane y el reconocimiento de la autoría).
- Película *Trumbo*, dir. Jay Roach, 2015 (vida del guionista Dalton Trumbo y reconocimiento autoría).
- Campi, T. (dibujante) y Voloj, J. (guión), *Joe Shuster. Una historia a la sombra de Superman*, Ed. Dibbuks, 2018.

ACTIVIDADES

CONTRATO DE CESIÓN

Elaborar una propuesta de contrato de cesión de derechos para la publicación de una novela (atención a las especificidades legales en estos casos) o para la exposición de la obra pictórica de un autor.

CASOS PRÁCTICOS

CASO n. 1. RICHARD PRINCE Y EL APROPIACIONISMO.

La premisa de partida es la exposición de retratos que realizó el artista Richard Prince consistente en la impresión a gran formato de fotografías (selfies) extraídas del perfil de Instagram de terceras personas sin su conocimiento. Se propone la redacción de un ensayo en el que reflexione sobre las siguientes cuestiones:

1. ¿Qué es el apropiacionismo y qué repercusiones puede tener desde la perspectiva de la protección de los derechos de autor?

2. ¿La concreta obra de Richard Prince a que hacemos referencia, es obra original desde la perspectiva del artículo 10 LPI? ¿Podría considerarse obra derivada? ¿Se trata de obra protegida por la propiedad intelectual?

3. ¿Qué derechos fundamentales, en su caso, se encuentran implicados —tanto desde la perspectiva del creador como desde la perspectiva de las personas que aparecen en las fotografías utilizadas en la obra—?

CASO n. 2. GRAFITI Y DERECHO DE PROPIEDAD INTELECTUAL.

Sobre la base de una investigación previa sobre el grafiti (puede elegirse a uno o varios artistas en concreto) debe redactarse un ensayo que dé respuesta a las siguientes cuestiones:

1. ¿Puede ser considerado el grafiti como una plasmación del ejercicio del derecho a la libertad de creación artística?

2. ¿Un grafiti puede ser considerado obra original desde la perspectiva del artículo 10 LPI y de la protección que otorga la normativa de derechos de autor?

3. ¿Podría considerarse obra derivada (y en qué casos)? ¿Es una obra en colaboración (y en qué casos)?

4. ¿Se atentaría contra la integridad de la obra en caso de cambiar la ubicación de un grafiti? ¿Y si se tratara de eliminar un grafiti realizado en un muro de nuestra propiedad?

Capítulo V

Las formas de la intervención administrativa en la cultura. En especial, la subvención pública cultural.

EVA DESDENTADO DAROCA
Catedrática de Derecho Administrativo
Universidad de Alcalá

1. LAS FORMAS DE LA INTERVENCIÓN ADMINISTRATIVA EN LA CULTURA: POLICÍA, SERVICIO PÚBLICO Y FOMENTO

Como hemos tenido ocasión de ver en el capítulo II, nuestra Constitución consagra como principios rectores de la política económica y social el derecho de todos al acceso a la cultura (art. 44 CE), la participación de la juventud en el desarrollo cultural (art. 48 CE), la conservación y enriquecimiento de nuestro patrimonio histórico, cultural y artístico, con independencia de su titularidad y régimen jurídico (art. 46 CE), y el bienestar cultural de la tercera edad (art. 50 CE).

No se limita nuestra norma fundamental a enunciar estos principios, sino que, en los mismos preceptos que los consagran, establece que nuestros poderes públicos tienen la obligación de tutelar y promover esos objetivos. El poder público no puede permanecer, pues, pasivo respecto al cumplimiento de los mismos; tiene una obligación de intervención y garantía de su consecución. Ello resulta crucial en un sector en el que la actividad no se orienta necesariamente a la rentabilidad económica o incluso, aunque lo pretenda, puede encontrarse con serias dificultades para lograrlo, y en el que los beneficios trascienden a toda la sociedad en la medida en que potencia su avance intelectual y moral y, además, como ya hemos señalado en el capítulo I, produce unas sinergias positivas y dinamizadoras de otros sectores.

Esa intervención de tutela y promoción de la cultura puede llevarse a cabo a través de distintas formas de actividad administrativa, entre las que se encuentran la actividad de fomento o incentivo, la actividad de prestación y la actividad de servicio público.

En todo caso, no son estas las únicas formas de intervención administrativa en el ámbito de la cultura, pues aunque sin duda las actividades culturales tienen efectos muy beneficiosos para la sociedad, también, ocasionalmente, pueden generar molestias o externalidades negativas, siendo, en tal caso, necesaria una actividad de regulación, limitación, control y sanción. Esta actividad de policía resulta esencial en diversos ámbitos como los espectáculos públicos, el arte callejero o las ferias ambulantes.

Por el especial interés de su régimen jurídico, este libro se centrará en el análisis de la subvención y la contratación pública. No obstante, antes de abordar en detalle la subvención en este capítulo y la contratación en el capítulo siguiente, conviene hacer referencia, aunque sea sucinta, a las otras formas de intervención administrativa.

La actividad de servicio público en el ámbito cultural implica la asunción de la titularidad de una actividad de prestación por parte de la Administración pública con la finalidad de garantizar o facilitar a la ciudadanía el acceso a la cultura. Este tipo de servicio público cultural se presta, por ejemplo, a través de la creación y gestión de bibliotecas, archivos y museos, de la realización directa de determinadas producciones y programaciones de espectáculos públicos o actividades culturales (de ópera, teatro, música, cine, como el Ballet Nacional, el Teatro Real, la Filmoteca española, la Compañía Nacional de Teatro Clásico, el Auditorio Nacional de Música, la Orquesta y Coro Nacionales de España...) y de la prestación de servicios de educación artística.

La creación de servicios públicos de carácter cultural encuentra, sin duda, un respaldo constitucional en los arts. 44, 46, 48 y 50 que ya hemos mencionado, pero depende de lo que dispongan las leyes y de la decisión discrecional de las Administraciones públicas. Hay que tener en cuenta que, no obstante, en ocasiones, la ley configura el servicio público como un servicio de prestación obligatoria. Así, en el ámbito local, la existencia de biblioteca es obligatoria en todos los municipios con más de 5.000 habitantes y el art. 18.g) de la Ley de Bases del Régimen Local (Ley 7/1985) reconoce a todo vecino el derecho a exigir la prestación y, en su caso, el establecimiento del correspondiente servicio, pudiendo acudir a esos efectos a la vía judicial (contencioso-administrativa).

Por otra parte, la gestión del servicio público puede ser directa o indirecta, es decir, la prestación puede llevarse a cabo por la propia Administración titular del servicio o sus organismos o entidades instrumentales o mediante su externalización buscando a una entidad privada que se encargue de la prestación (sin que la titularidad y la responsabilidad de la prestación del servicio dejen ser, lógicamente, públicas), a través de la fórmula de la concesión o contratación, o bien de otros instrumentos como los conciertos o convenios.

Por lo demás, existe una amplia discrecionalidad para la configuración del contenido del servicio público, así como para decidir su organización y gestión. No obstante, existen principios clave que deben guiar esas decisiones, entre los que destacan los principios generales rectores de los servicios públicos, esto es, los principios de calidad, asequibilidad, igualdad, continuidad y mutabilidad, a los que hay que sumar el principio de neutralidad al que ya hicimos referencia en el capítulo I.

La actividad de policía, esto es, de regulación, control y sanción es, por su parte, de extraordinaria importancia en aquellas actividades que pueden comportar riesgos para terceros (problemas de seguridad, riesgos laborales, riesgos de salubridad, protección de menores, protección de consumidores) o producir efectos dañosos, en forma de externalidades (como el ruido o el impacto sobre el medio ambiente) sobre la colectividad. Tal es el caso, por ejemplo, de los espectáculos públicos o de las actividades artísticas en la vía pública.

Las formas típicas de actividad de policía son la regulación, el control previo o posterior de la actividad del particular y la imposición de sanciones. La regulación administrativa, en el marco de la legislación correspondiente, se lleva a cabo a través de reglamentos (por ejemplo, reglamentos autonómicos sobre espectáculos públicos; ordenanzas municipales también sobre espectáculos públicos; ordenanzas municipales sobre la actividad artística en la vía pública…) y planes (planes de urbanismo, planes de ruido…), según proceda.

El control del cumplimiento de la normativa tradicionalmente se ha venido realizando de forma previa a través de la técnica de las autorizaciones y licencias, siendo esta una técnica que sigue, lógicamente, utilizándose para el control del cumplimiento de una buena parte de las regulaciones. Sin embargo, a partir de la conocida como Directiva de Servicios (Directiva 2006/123/CE) y de la Ley 17/2009 de trasposición de la misma, que persiguen la reducción de las cargas burocráticas que dificultan y entorpecen el emprendimiento y la actividad económica, las licencias y autorizaciones pueden verse sustituidas por declaraciones responsables y comunicaciones previas que permiten al particular iniciar la actividad sin necesidad de un título habilitante previo y con el único requisito de que manifieste ante la Administración, mediante el correspondiente escrito, que cumple con los requisitos legales para el ejercicio de su derecho, poniendo a disposición de la Administración la documentación correspondiente y obligándose al cumplimiento de la normativa aplicable en el desenvolvimiento de la actividad. La Administración, en estos casos, lleva a cabo un control *"a posteriori"*, es decir, una vez que se produce esa manifestación del particular. Se trata de un control que consiste en la comprobación de la documentación presentada y del cumplimiento de los requisitos legales y, también, posteriormente, de que el desarrollo de la actividad es conforme a Derecho.

De hecho, en la actualidad, el principio general es el no sometimiento a autorización de las actividades de prestación de servicios, estimándose que esa sujeción sólo es admisible cuando responde a principios de necesidad (por la concurrencia de razones imperiosas de interés general), proporcionalidad y no discriminación. Por ello, en muchos ámbitos, la tradicional licencia o autorización se ha visto sustituida por la comunicación o la declaración responsable, en función de la valoración realizada por el poder público sobre la pertinencia o no de la exigencia de licencia o autorización.

Sin duda, como se ha señalado en el *Informe sobre las leyes de espectáculos desde la cultura*, uno de los problemas que plantea la regulación, control y sanción de las actividades culturales es la fragmentación, dispersión y heterogeneidad de las normativas que afectan al sector dificultando su desenvolvimiento. La existencia de producción normativa a distintos niveles —estatal, autonómico y local— referida a la misma actividad cultural y la diversidad de contenidos de las regulaciones exigiendo diferentes requisitos y títulos habilitantes e imponiendo limitaciones distintas, en función del lugar en que va a desarrollarse la actividad, genera trabas, costes e inseguridad jurídica, además de poner en cuestión la unidad de mercado y dificultar la circulación de bienes y proyectos culturales; una situación que sin duda apunta a la necesidad de reformas normativas que refuercen una adecuada coordinación y homogeinización.

2. LA RELEVANCIA Y ALCANCE DE LA SUBVENCIÓN EN EL ÁMBITO DE LA CULTURA

La actividad de incentivo o fomento de la cultura es de extraordinaria relevancia, teniendo en cuenta los objetivos constitucionales, la trascendencia social de la cultura y la difícil rentabilización de múltiples actividades artísticas y culturales. El apoyo y promoción por parte de los poderes públicos resulta esencial y guarda un estrecho vínculo con las obligaciones que nuestro texto fundamental impone a los poderes públicos en relación con el acceso y la participación en la cultura. La política de fomento es, en relación con la cultura, una exigencia constitucional (arts. 44 y 46 CE).

Ese apoyo o promoción puede llevarse a cabo a través de distintas medidas (honoríficas, jurídicas, económicas o mixtas), siendo la medida estrella, sin duda, la subvención, que es la que ahora nos ocupa y que consiste en una aportación dineraria con cargo a fondos públicos, sin contraprestación directa por parte del beneficiario, para el cumplimiento de determinados objetivos o la realización de determinados proyectos o actividades que se consideran de utilidad pública o de interés social (art. 2 Ley 38/2003, General de Subvenciones).

Veamos algunos ejemplos de medidas de fomento del Ministerio de Cultura y Deporte: a) las becas FormARTE que apoyan la formación de titulados medios y superiores en actividades artísticas y culturalesy que comprenden la especialización en conservación y restauración de bienes culturales, en museología, en artes plásticas y fotografía, en biblioteconomía y documentación, en archivística y en gestión cultural (bases reguladoras aprobadas por Orden Cul/3810,/2004, de 15 de noviembre); las ayudas para la modernización e innovación de las industrias culturales y creativas; las ayudas a la acción y promoción cultural; el programa para la mejora de la competitividad y dinamización del patrimonio histórico con uso turístico (Orden ICT 1363/2022, de 22 de diciembre; en el marco del Plan de Recuperación, Transformación y Resiliencia); las becas del plan formativo en habilidades empresariales de las industrias culturales y creativas destinado a agentes y profesionales del sector cultural (Orden CUD/1367/2022, de 30 de diciembre, también en el marco del Plan de Recuperación, Transformación y Resiliencia)

De acuerdo con el último informe de la Comisión Nacional de los Mercados y la Competencia, las ayudas regulares en el año 2019 alcanzaron la cifra de un 0'37% del PIB del país y de las ayudas horizontales un 7% se dirigieron al sector cultural.

Dentro de las distintas formas de ayuda pública, según el Informe CNMC 2019, la subvención es la más utilizada (67,47%), seguida de la exención fiscal (28,27%) y muy lejos de otras técnicas como los créditos blandos (4,11%).

Durante la pandemia, la cultura ha sido uno de los sectores más afectados con los espacios culturales cerrados y los artistas y demás profesionales afrontando una situación económica dramática. Las ayudas y subvenciones han sido un instrumento esencial de apoyo al sector tanto a nivel europeo, con los Fondos *Next Generation* UE y el Mecanismo de Recuperación y Resiliencia (Reglamento (UE) 2021/242, de 12 de febrero), como a nivel nacional, fundamentalmente con el Real Decreto-ley 17/2020, de 5 de mayo, por el que se aprueban medidas de apoyo al sector cultural para hacer frente al impacto económico y social del Covid-2019 (posteriormente modificado por la Ley 14/2021).

Tras la crisis económica y sanitaria, el Plan de Recuperación, Transformación y Resiliencia Español, elaborado en el marco del Mecanismo de Recuperación y Resiliencia europeo y que se nutre de Fondos *Next Generation* UE, incluye diez palancas o áreas de actuación principales entre las que se encuentra el impulso de la industria cultural mediante su fortalecimiento, profesionalización, transformación digital y sostenibilidad, incorporando, como componente 24, "la revalorización de la industria cultural" y como componente 25 "España Hub Audiovisual de Europa", en el que se enmarcan numerosos proyectos que son objeto de financiación, ayuda y subvención públicas.

El Plan ha ido acompañado del Real Decreto-ley 36/2020, de 30 de diciembre, por el que se aprueban medidas urgentes para la modernización de la Administración Pública y la ejecución del Plan de Recuperación, Transformación y Resiliencia, que contempla diversas medidas para la agilización de la tramitación de las subvenciones financiadas con cargo a fondos europeos.

Vinculadas al Plan de Recuperación, Transformación y Resiliencia se encuentran además algunas medidas importantes previstas en el reciente Real Decreto-ley 1/2023, de 10 de enero, entre las que se encuentran la posibilidad de que el Gobierno regule subvenciones que fomenten una contratación laboral estable mediante el paso a la contratación indefinida o de una contratación indefinida a tiempo parcial a una contratación indefinida a tiempo completo o mediante el paso de una contratación como fijo discontinuo a una contratación indefinida ordinaria. Se trata, pues, de una acción de fomento que presenta especial interés para los artistas y, en general, para los profesionales del sector cultural, cuya contratación se caracteriza a menudo por la temporalidad y la precariedad.

Por otra parte, el Plan Estratégico de Subvenciones 2021-2023 del Ministerio de Cultura y Deporte cuenta con un presupuesto total de 588.885.793 euros de los cuales 267.988.863 euros se destinan al ámbito de la cultura (el 45,51%) y, en particular, a cuatro líneas estratégicas concretas: garantizar una oferta cultural de calidad para todos (línea 1); reforzar el desarrollo y competitividad del sector cultural y creativo (línea 2); incentivar la dinamización, promoción y accesibilidad cultural (línea 3); e impulsar la internalización de la cultura española (línea 4). La línea que recibe un mayor apoyo es la primera, contando con una dotación del 29'91% del presupuesto total recogido en el plan.

En todo caso, cada una de estas estrategias persigue varios objetivos específicos y sectoriales que se completan con tres objetivos generales: garantizar la igualdad de oportunidades entre hombres y mujeres; lograr una mayor cohesión territorial y social; y una mayor sostenibilidad, reduciendo el impacto ambiental de la acción cultural.

Los objetivos sectoriales son los siguientes. En la línea 1: impulsar la conservación, recuperación y digitalización del patrimonio cultural (objetivo 1); y fomentar el enriquecimiento de la creación, la oferta cultural y el sector audiovisual (objetivo 2). En la línea 2: promover la profesionalización del sector cultural y creativo (objetivo 1); e incentivar la modernización e innovación del sector cultural (objetivo 2). En la línea 3: reforzar las empresas privadas de los diferentes sectores de la cultura para

promover una amplia y variada programación cultural (objetivo 1); apoyar a las instituciones sin ánimo de lucro de los diferentes sectores de la cultura para promover una
amplia y variada programación cultural (objetivo 2); y apoyar a las entidades públicas
para mejorar la accesibilidad a la cultura y la cohesión social y económica (objetivo
3). En la línea 4: fomentar la cooperación cultural internacional (objetivo 1); e impulsar
la proyección exterior de la cultura española en el ámbito de la creación (objetivo 2).

Las subvenciones de concesión directa figuran en una memoria
complementaria del plan y hay que tener en cuenta que un alto porcentaje de ellas (el 68%) se destinan al ámbito de la cultura.

A ello hay que añadir las subvenciones nominativas que se prevén
en los presupuestos y que no son objeto de planificación.

En el ámbito europeo, las subvenciones a la cultura también son
relevantes y se prevén fundamentalmente en el programa Europa
Creativa 2021-2027 y sus subprogramas Cultura y Media.

El subprograma Cultura cuenta con cuatro líneas de financiación: proyectos de
cooperación europea; proyectos de traducción literaria; redes; plataformas. El subprograma Media abarca numerosos ámbitos: desarrollo de contenido; desarrollo de
videojuegos; distribución selectiva; distribución automática; distribución on line; difusión televisiva; agente de ventas; festivales de cine; acceso a mercados; redes de
salas cinematográficas; formación; educación cinematográfica; fondos de coproduc-
ción internacional.

3. PRINCIPIOS GENERALES DE LAS SUBVENCIONES PÚBLICAS. MATIZACIONES O EXCEPCIONES EN EL CASO DE LAS SUBVENCIONES CULTURALES

Las subvenciones implican el traspaso de dinero público a determinados sujetos, por lo que esta actividad ha de realizarse cumpliendo algunas reglas esenciales para garantizar un uso adecuado
de fondos que son de todos. Así, son principios relevantes la publicidad y transparencia, la concurrencia competitiva, la objetividad, la
igualdad y no discriminación, la eficacia y eficiencia y el respeto a la
libre y leal competencia.

Las bases reguladoras de las subvenciones han de publicarse en el
boletín oficial correspondiente, cada Administración o entidad debe publicar en su página web las subvenciones que convoca y existe

una Base de Datos Nacional de Subvenciones que recoge toda la información sobre las subvenciones que otorgan las Administraciones públicas y los organismos y entidades que de ellas dependan (arts. 8, 9, 20 LGSub).

Por regla general, el otorgamiento de las subvenciones se realiza a través de un procedimiento abierto o de concurrencia competitiva seleccionándose al beneficiario conforme a los criterios de valoración fijados en las bases reguladoras, atribuyéndose la propuesta de resolución a un órgano colegiado y exigiéndose la motivación de la resolución final. Sin embargo, esta regla tiene excepciones, existiendo, como veremos más adelante en mayor detalle, subvenciones que se otorgan de forma directa.

Por otro lado, hay que tener en cuenta que el Derecho de la Unión Europea impone límites al otorgamiento de las subvenciones considerando incompatibles con el mercado común y, por tanto, prohibidas, aquellas que afecten a los intercambios comerciales entre los países miembros, al falsear o amenazar con falsear la competencia favoreciendo determinadas empresas o producciones (art. 107.1 TFUE). Sin embargo, las ayudas destinadas a promover la cultura y la conservación del patrimonio pueden considerarse compatibles cuando no alteren las condiciones de los intercambios y de la competencia en la Unión en contra del interés común. En el Reglamento 651/2014, de 17 de junio, se declaran determinadas ayudas culturales compatibles con el mercado interior. Las demás deben ser notificadas a la Comisión a efectos de su control y autorización, salvo las subvenciones de *minimis*, que no superan ciertos umbrales.

En el Reglamento 651/2014 se afirma la compatibilidad de las ayudas a la cultura, la conservación del patrimonio cultural y la producción y distribución de obras audiovisuales. Así, por ejemplo, las ayudas a: a) museos, archivos, bibliotecas, centros o espacios artísticos y culturales, teatros, teatros de ópera, salas de concierto, otras organizaciones que realicen actuaciones en directo, instituciones de patrimonio cinematográfico y otras infraestructuras, organizaciones e instituciones artísticas y culturales similares; b) patrimonio material e inmaterial; eventos o espectáculos artísticos o culturales, festivales, exposiciones y otras actividades culturales, c) actividades de educación artística y cultural, d) redacción, corrección, producción, distribución, digitalización y edición de música y literatura. Por otra parte, el reglamento también considera compatibles las ayudas a las pymes.

4. LAS SUBVENCIONES NACIONALES

El establecimiento y regulación de las subvenciones en materia cultural puede corresponder tanto al Estado como a las Comunidades Autónomas y entidades locales de acuerdo con las competencias generales y específicas que tienen atribuidas en materia cultural (vid. supra capítulo II). No obstante, hay que tener en cuenta que la Ley 38/2003, de 17 de noviembre, General de Subvenciones (en adelante, LGSubv), desarrollada por el Real Decreto 887/2006, de 21 de julio, cuenta con algunas normas de carácter básico que se aplican a todas las Administraciones públicas y, además, las reglas de gestión y las obligaciones de información previstas en la ley se aplican también a las ayudas otorgadas por entes públicos que se rigen por el derecho privado (art. 3.2) y por las fundaciones públicas (disp.adic.16ª).

Algunas Comunidades Autónomas, como Valencia, Aragón, Extremadura o Castilla y León, cuentan con leyes generales de subvenciones. No es, sin embargo, posible en el breve espacio que corresponde a esta lección analizar la legislación autonómica, por lo que el análisis jurídico de los siguientes epígrafes se centra en la regulación estatal.

En el ámbito estatal, el Ministerio de Cultura otorga ayudas para las industrias culturales y creativas, pero hay también organismos públicos con una función especializada, como el Instituto Nacional de las Artes Escénicas y de la Música (INAEM) y el Instituto de la Cinematografía y de las Artes Audiovisuales (ICAA), que convocan y gestionan ayudas para estos sectores específicos.

De igual forma, en las diversas Comunidades Autónomas y los Ayuntamientos su organización administrativa puede integrar además de Consejerías o Concejalías con competencia en materia de cultura, oficinas y organismos específicos (institutos, agencias) para gestionar ayudas culturales o ayudas para ámbitos específicos del mundo de la cultura (cine, teatro, danza, música...). Ejemplos de ello son la OSIC (Oficina catalana de Soporte a la Iniciativa Cultural) y el Instituto catalán de Empresas Culturales.

5. LA DISTRIBUCIÓN DE COMPETENCIAS PARA LA PREVISIÓN Y OTORGAMIENTO DE SUBVENCIONES CULTURALES. UNA CUESTIÓN COMPLEJA

La distribución de competencias para la previsión y otorgamiento de subvenciones culturales es compleja. Esa dificultad es un reflejo, en primer lugar, de la propia complejidad de la distribución de competencias en materia de cultura, tal y como se puso de manifiesto en el capítulo II. Pero a ello se suma, también, la complejidad de las relaciones financieras entre el Estado y las Administraciones autonómicas y, en definitiva, de las reglas que rigen la competencia del Estado para prever subvenciones en función de su *"spending power"*, esto es, de su poder general de gasto.

En un Estado descentralizado, ello se traduce en la necesidad de compatibilizar el ejercicio coordinado de las competencias financieras y las competencias materiales de los entes públicos, de modo que no se produzca un vaciamiento del ámbito competencial correspondiente a los distintos entes territoriales. Ello implica que, por un lado, es preciso evitar *"que el Estado pueda desconocer, desplazar o limitar las competencias materiales autonómicas"* y que, por otro, *"se socaven las competencias estatales en materia financiera, el manejo y la disponibilidad por el Estado de sus propios recursos y, en definitiva, la discrecionalidad política del legislador estatal en la configuración y empleo de los instrumentos esenciales de la actividad financiera pública"* (STC 13/1992, de 6 de febrero, FJ 2).

El poder de gasto del Estado es manifestación de su soberanía financiera y, por tanto, siempre podrá asignar fondos públicos a unas finalidades u otras, pues el Estado cuenta con capacidad para disponer de su presupuesto en la acción social o económica. Ahora bien, según la doctrina constitucional (STC 13/1992), el alcance del ejercicio de esa soberanía financiera será diferente en función de la materia a la que se refiera la previsión de la subvención y la distribución competencial existente sobre la misma.

En su sentencia 13/1992, el Tribunal Constitucional estableció un esquema de delimitación competencial entre Estado y Comunidades Autónomas relativo al ejercicio de la potestad subvencional que puede resumirse en cuatro supuestos. La identificación de estos cuatro supuestos no excluye, no obstante, tal y como se aclara en la propia

STC 13/1992, otros supuestos que pudieran derivarse en un futuro de la Constitución y los Estatutos de Autonomía.

Los cuatro supuestos son los siguientes:

a) Cuando el Estado no cuenta con título competencial alguno y la materia es de competencia exclusiva de la Comunidad Autónoma, el Estado solo puede determinar el destino de las partidas presupuestarias de forma genérica o global por sector o sectores. Esos fondos han de consignarse en los presupuestos como transferencias corrientes o de capital de las Comunidades Autónomas, de manera que la asignación quede territorializada a ser posible en los propios presupuestos.

b) Cuando el Estado ostenta un título competencial de carácter general o transversal que se superpone a la competencia de las Comunidades Autónomas (pj. ordenación general de la economía) o bien dispone de una competencia básica o de coordinación general de un sector o materia, correspondiendo a las Comunidades Autónomas competencias de desarrollo normativo y de ejecución, el Estado puede consignar el destino y regular sus condiciones esenciales de otorgamiento hasta donde lo permita su competencia genérica, básica o de coordinación, pero siempre que deje a las Comunidades Autónomas un margen para concretar con mayor detalle la afectación o destino, o al menos para desarrollar y complementar la regulación de las condiciones de otorgamiento. Además, la gestión corresponde a las Comunidades Autónomas y, por regla general, no pueden consignarse en favor de un órgano estatal, debiendo territorializarse.

Hay que tener en cuenta, además, que el Estado puede también utilizar las subvenciones para asegurar las condiciones básicas de igualdad, cuya regulación reserva al Estado el art. 149.1.1 CE, "poniéndose de este modo el *spending power* estatal al servicio de una política de equilibrio social en sectores que lo necesitan, en ejecución de mandatos o cláusulas constitucionales genéricas (art. 1.1 o art. 9.2 CE)" (STC 13/1992).

c) Si el Estado cuenta con la competencia para legislar sobre la materia y a las Comunidades Autónomas les corresponde la ejecución, entonces el Estado puede extenderse en la regulación del detalle respecto al destino, condiciones y tramitación de las subvenciones, pero debe dejar a salvo la potestad autonómica de autoorganización de los servicios.

d) Las Comunidades Autónomas cuentan con competencias exclusivas, pero éstas pueden ser gestionadas, excepcionalmente, por un órgano de la Administración del Estado u organismo dependiente de ésta, con la consiguiente consignación centralizada de las partidas. Ello solo es posible cuando el Estado ostente alguna competencia, genérica o específica, y únicamente cuando concurren determinados factores: que resulte imprescindible para asegurar la plena efectividad de las medidas dentro de la ordenación básica del sector y para garantizar las mismas posibilidades de obtención y disfrute por parte de sus potenciales destinatarios en todo el territorio nacional, evitando al propio tiempo que se sobrepase la cuantía global de los fondos estatales destinados al sector.

En materia de cultura, el alcance del poder subvencional del Estado se encontrará, por tanto, determinado por el propio alcance de la competencia que ostente sobre la materia a la que se refiera la subvención y de las competencias que sobre la materia correspondan a las Comunidades Autónomas. A esos efectos, hay que tener en cuenta que, como se analizó en el capítulo II, hay materias específicas que están contempladas expresamente y atribuidas en exclusiva a una u otra instancia, mientras que otras no están previstas expresamente y, además, la materia cultural cuenta con la peculiaridad de lo dispuesto en el art. 149.2 CE que establece que *"el Estado considerará el servicio de la cultura como deber y atribución especial y facilitará la comunicación cultural entre las Comunidades Autónomas, de acuerdo con ellas"*, lo que se ha entendido que confiere a la competencia sobre cultura un carácter concurrente.

Sin embargo, el encaje competencial de las subvenciones previstas por el Estado en una materia u otra no siempre está claro y, por otra parte, el alcance del art. 149.2 CE a efectos de otorgar legitimidad a la previsión de subvenciones culturales por parte del Estado también ha sido objeto de controversia y de interpretaciones restrictivas y discutibles.

El problema del alcance del art. 149.2 CE se planteó ya en la STC 109/1996, de 13 de junio, en relación con una convocatoria estatal de subvenciones para museos de titularidad autonómica pero de especial relevancia por la importancia de sus colecciones y que formaban parte, mediante convenio, del Sistema Español de Museos. El Abogado del Estado sostuvo que el art. 149.2 CE facultaba al Estado a realizar cualquier actividad, incluida la gestión, en cualquier ámbito material en el que existan aspectos culturales, en concurrencia con las competencias propias de las Comunidades Autónomas. El Tribunal Constitucional no aceptó, sin embargo, esta argumentación, señalando que si bien el Estado podía, sobre la base del art. 149.2, realizar determinadas actuaciones relativas a materias de contenido cultural aunque fueran objeto de competencias específicas atribuidas a las Comunidades Autónomas, ello no significaba que pudiera convertirse en un título universal que permitiera al Estado realizar las mismas funciones que pueden llevarse a cabo desde otras competencias culturales específicas atribuidas a las Comunidades Autónomas, en una suerte de intervención superpuesta y duplicada. En consecuencia, el Tribunal acudió a las reglas establecidas en la STC 13/1992 para encajar este tipo de supuestos en el supuesto b), es decir, equiparando la atribución que le otorga al Estado el art. 149.2 CE con los supuestos en los que ostenta competencias genéricas, básicas o de coordinación que se entrecruzan con competencias exclusivas de las Comunidades Autónomas. Ello implica que, sobre la base del art. 149.2 CE, el Estado puede establecer el destino de las subvenciones culturales que prevea y regular sus condiciones esenciales de otorgamiento hasta donde lo permita su competencia, pero siempre que deje a las Comunidades Autónomas un margen para concretar con mayor detalle la afectación o destino, o al menos para desarrollar y complementar la regulación de las condiciones de otorgamiento. Además la gestión corresponde a las Comunidades Autónomas y, por regla general, no pueden consignarse en favor de un órgano estatal, debiendo territorializarse, salvo que la gestión centralizada resulte imprescindible para asegurar su plena efectividad dentro de la ordenación básica del sector y para garantizar iguales posibilidades de obtención y disfrute por parte de sus potenciales destinatarios en todo el territorio nacional, evitando, al mismo tiempo que se sobrepase la cantidad total de fondos destinados.

> En consecuencia, el Tribunal Constitucional afirmó que, en virtud del art. 149.2 CE, el Estado puede prever subvenciones para los museos de titularidad autonómica y también determinar de forma global o genérica su destino, pero no puede reservarse competencias de gestión salvo que se trate de uno de los casos excepcionales en los que la misma deba llevarse a cabo de forma centralizada y puesto que el Estado no había justificado la necesidad de la centralización, la gestión debía corresponder a la Comunidad Autónoma.

A esta STC 109/1996 han seguido otras que han ido completando y perfilando la distribución competencial en materia de subvenciones culturales (SSTC 71/1997, de 10 de abril; 89/2012, de 7 de mayo; 179/2013, de 21 de octubre), pudiendo destacarse que las posibilidades de que se justifique la centralización de la evaluación y gestión de las ayudas son muy limitadas puesto que el Tribunal sólo admite tal opción cuando los objetivos de efectividad, igualdad y adecuación a los fondos no puede lograrse a través de fórmulas de cooperación y colaboración entre Comunidades Autónomas o entre Comunidades Autónomas y el Estado.

No obstante, hay que advertir que el efecto de estas sentencias es puramente doctrinal, pues el Tribunal establece en ellas que el fallo se limita a declarar la titularidad de la competencia, pero no implica la anulación del abono de las subvenciones puesto que podría suponer graves perjuicios y perturbaciones a los intereses generales al tratarse de subvenciones y ayudas de ejercicios económicos ya cerrados y que han agotado sus efectos, así como por la necesidad de no afectar a los derechos legítimos de terceros que se han generado con motivo de las subvenciones abonadas.

6. EL RÉGIMEN JURÍDICO GENERAL DE LAS SUBVENCIONES EN ESPAÑA

6.1. Las bases reguladoras de la subvención

La decisión de otorgar determinadas subvenciones implica la aprobación de las normas o bases reguladoras de las mismas. En estas bases se establece el objeto de la subvención, los requisitos de los beneficiarios, el procedimiento, los órganos competentes para su otorgamiento, los criterios de otorgamiento, los órganos de evaluación de los proyectos presentados, la cuantía de la subvención, la forma y plazo para la justificación del cumplimiento del fin subvencional, compatibilidad o incompatibilidad con otras ayudas, causas de modificación de la subvención, supuestos en los que procederá el reintegro de la cantidad y concreción de las sanciones por incumplimiento.

Es importante que, a la hora de configurar las bases reguladoras de la subvención, se tenga presente el principio de neutralidad al que hemos hecho referencia más arriba en este libro (capítulo I) y que la actividad de fomento sirva para favorecer la libertad de creación artística, la producción cultural y el acceso a la cultura evitando el dirigismo público y los condicionamientos innecesarios desde el poder.

Las bases, a las que lógicamente hay que dar publicidad a través de la correspondiente publicación en el diario oficial correspondiente, vinculan a las partes, esto es, tanto a la Administración concedente como a los beneficiarios y, claro está, también a las entidades colaboradoras a las que se haya eventualmente encomendado su gestión.

Puede consultarse, a modo de ejemplo, la Orden CUL/2912/2010, de 10 de noviembre, por la que se establecen las bases reguladoras para la concesión de subvenciones públicas en régimen de concurrencia competitiva del Ministerio de Cultura y de sus organismos públicos. Estas bases no se aplican a las subvenciones para las que se prevean órdenes de bases reguladoras singulares.

En todo caso, el inicio del procedimiento exige la publicación en el boletín oficial de la correspondiente convocatoria aprobada por el órgano competente. Puede haber una convocatoria y procedimiento selectivo único o puede también realizarse una convocatoria abierta con varios procedimientos selectivos a lo largo del año para una misma línea de subvenciones.

Existe una Base de Datos Nacional de Subvenciones (BDNS) cuya finalidad es promover la transparencia, facilitar la planificación de las políticas públicas, mejorar la gestión y colaborar en la lucha contra el fraude de subvenciones y ayudas públicas. En ella se incluyen los datos principales de las subvenciones, teniendo obligación de suministrar esa información las Administraciones territoriales (estatal, autonómicas y locales), los organismos públicos y entes públicos vinculadas dependientes de las anteriores, los consorcios, mancomunidades u otras personificaciones públicas creadas por las Administraciones públicas y otras entidades u organismos que deban suministrar información de acuerdo con el ordenamiento jurídico.

Además de un instrumento de transparencia y lucha contra el fraude, la BDNS es un instrumento interesante para la información eficaz al ciudadano de las convocatorias de subvenciones, puesto que contiene un sistema de alerta electrónico personalizable que permite hacer un seguimiento de las subvenciones en el sector o sectores de interés para cada ciudadano.

6.2. Los sujetos de la subvención

6.2.1. El sujeto otorgante

Pueden otorgar subvenciones todas las Administraciones territoriales, esto es, la Administración del Estado, las Administraciones autonómicas y las Administraciones locales (art. 3 LGSubv). También los organismos y demás entidades de derecho público con personalidad jurídica propia vinculadas o dependientes de cualquiera de las Administraciones territoriales, por lo que quedan sometidas a la LGSubv *"en la medida en que las subvenciones que otorguen sean consecuencia del ejercicio de potestades administrativas"* (art. 3.2).

A las entidades instrumentales que se rigen por el Derecho Privado que otorguen aportaciones gratuitas vinculadas a su objeto de actividad se les aplica de forma muy limitada la LGSubv, pues esta dispone que solo deberán respetar los principios de gestión previstos en la ley y las previsiones de información del art. 20. Quizás lo discutible sea que este tipo de entidades puedan otorgar subvenciones (Fernández Farreres, Ruiz Palazuelos), pero esa es una cuestión compleja en la que ahora no podemos adentrarnos con detalle.

6.2.2. El beneficiario: requisitos

El beneficiario es la persona, física o jurídica, que recibe la subvención para la realización de la actividad o proyecto en cuestión. También pueden recibir subvenciones, si así lo contemplan las bases, agrupaciones públicas o privadas, comunidades de bienes, uniones o patrimonios sin personalidad jurídica. No obstante, para estos casos, la LGSubv establece determinadas obligaciones y garantías adicionales.

Los beneficiarios deben reunir los requisitos específicos que establezca, en cada caso, la regulación de la subvención, pero además hay que tener en cuenta que los sujetos que están incursos en ciertas circunstancias, enunciadas en el art. 13 LGSubv, no pueden ser beneficiarios de subvenciones, como, por ejemplo y sin ánimo de exhaustividad, los que no se hallan al corriente de sus obligaciones tributarias o con la Seguridad Social, los que tienen residencia fiscal en un paraíso fiscal, los que no se hallan al corriente del pago de reintegro de anteriores subvenciones o lo que han sido sancionados administrativa o penalmente con la pérdida de la posibilidad de obtener subvenciones. Tampoco pueden obtener subvenciones las asociaciones que incurran en discriminación, promuevan el odio o la violencia, o estén relacionadas con el terrorismo.

El beneficiario tiene la obligación de cumplir con el objetivo de la subvención y de justificarlo así de la forma específica en que se prevea en las bases. Además debe someterse a las actuaciones de comprobación y control que correspondan. En determinadas circunstancias, como veremos más adelante, puede verse obligado al reintegro de la subvención y también padecer sanciones por el incumplimiento de las obligaciones que le correspondan.

6.3. *La cuantía de la subvención.*

La cuantía de la subvención dependerá de lo que se establezca en las bases de la convocatoria, pero, en todo caso, no puede superar el coste de la actividad subvencionada, sea aisladamente o en concurrencia con otras ayudas o subvenciones, y es muy frecuente que solo cubra una parte del coste, por lo que la subvención no suele permitir una financiación completa del proyecto.

La subvención no es un instrumento para obtener un lucro, sino únicamente para facilitar, promocionar, la realización de una actividad. Además, la normativa de cada subvención puede exigir una aportación propia del beneficiario, es decir, puede prever un sistema de cofinanciación a cargo del beneficiario, que este debe, en tal caso, acreditar debidamente.

Sí se admite que el beneficiario obtenga el rendimiento financiero de la cantidad aportada, pero, en tal caso, esos rendimientos deberán también utilizarse para la actividad subvencionada, salvo que haya disposición en contra o que la beneficiaria de la subvención sea una Administración pública (art. 19 LGSubv).

6.4. *El procedimiento de otorgamiento de las subvenciones*

6.4.1. El procedimiento de concurrencia competitiva

La regla general es que las subvenciones se otorgan a través de un sistema de concurrencia competitiva, es decir, mediante la comparación de las solicitudes presentadas de conformidad con los criterios de valoración. Ello supone el inicio de oficio de un procedimiento de otorgamiento mediante la correspondiente convocatoria pública. A la convocatoria podrán presentarse cuantos estén interesados en la obtención de la subvención que reúnan los requisitos que se establezcan en la convocatoria y no se encuentren incursos en alguna circunstancia prohibitiva. A esos efectos presentarán sus solicitudes en la forma y plazo establecidos, disponiendo, conforme a la Ley de Procedimiento Común de las Administraciones Públicas (Ley

39/2015), de un plazo de diez días para la subsanación si las mismas presentan alguna deficiencia o insuficiencia o si falta documentación por aportar (art. 68).

La LGSubv (art. 22) dispone que la instrucción del procedimiento corresponderá a un órgano distinto del concedente y tendrá carácter colegiado. La composición de este órgano colegiado será la que se establezca en las bases. En el caso de las subvenciones culturales, lo lógico es que el órgano colegiado esté compuesto por personas con "expertise" en el campo cultural o artístico al que se refiera la subvención. La calidad y el conocimiento o experiencia singulares de los miembros de las comisiones evaluadoras es especialmente deseable en un ámbito como el que nos ocupa, dado el alto grado de valoración y subjetividad que suele caracterizar la aplicación de los criterios de evaluación de las solicitudes y proyectos presentados. El criterio de especialización es, por tanto, clave.

El órgano instructor impulsará el procedimiento de oficio, solicitando los informes que procedan, realizando las actuaciones necesarias y procediendo a la evaluación de las solicitudes conforme a los criterios de valoración previstos en la normativa aplicable. Su propuesta de resolución motivada se someterá al trámite de audiencia pública que permite a los interesados ver la totalidad del expediente y realizar las alegaciones que estimen convenientes en defensa de sus derechos e intereses.

El procedimiento se resolverá mediante resolución expresa y motivada (arts. 24 y 25 LGSubv). No obstante, en caso de ausencia de resolución expresa en plazo, se produce un silencio negativo, es decir, un silencio que ha de entenderse en sentido desestimatorio, o lo que es lo mismo en sentido denegatorio de la subvención solicitada.

6.4.2. La concesión directa

En ocasiones las subvenciones se otorgan de forma directa, aunque esta vía de concesión es excepcional y solo procede en supuestos tasados. Así ocurre, por ejemplo, cuando la subvención es nominativa y está así prevista en los presupuestos, de acuerdo con un convenio o con la normativa reguladora de la subvención. También cuando el otorgamiento de la subvención viene impuesto por una norma de rango legal. Y, por último y excepcionalmente, en aquellos casos en los que *"se acrediten razones de interés público, social, económico o humanitario, u otras debidamente justificadas que dificulten la convocatoria pública"* (art. 22 LGSubv). Como puede observarse, la regulación de esta excepción se basa en conceptos de alto grado de indeterminación (interés público, interés social,...) y deja además la vía abierta a otras posibles razones que no se establecen legalmente, por lo que existe una amplia compuerta al otorgamiento de subvenciones sin concurrencia competitiva, en detrimento de la igualdad, de la competencia y de las garantías, lo que puede ser fuente de indeseables patologías (favoritismo, dirigismo público de la cultura) y posibles arbitrariedades.

6.5. El pago de la subvención y la justificación del cumplimiento del fin subvencional

6.5.1. El pago de la subvención

Por regla general, el pago de la subvención se llevará a cabo previa justificación de la realización de la actividad, proyecto u objetivo para el que se concedió. Sin embargo, cuando la naturaleza de la subvención así lo justifique, pueden realizarse pagos a cuenta, lo que puede implicar la realización de pagos fraccionados según se va ejecutando la actividad subvencionada, abonándose cuantías equivalentes a la justificación presentada.

También en función de la naturaleza de la subvención, cabe el pago anticipado, es decir, la entrega de fondos con carácter previo a la justificación, de tal forma que la subvención opera como financiación necesaria para poder llevar a cabo la actividad subvencionada. Esta posibilidad y, en su caso, el régimen de garantías que se estime necesario (o la exoneración del mismo), debe figurar expresamente en la normativa reguladora de la subvención. Igualmente debe figurar en la misma la posibilidad del pago a cuenta.

Dadas las características del sector cultural y, en particular, el elevado número de pymes que operan en él, la liquidez frecuentemente escasa de las industrias culturales creativas y las dificultades de acceso de las mismas al crédito, es lógico que las subvenciones culturales se consideren subvenciones que, por su propia naturaleza y objeto, frecuentemente, deben regirse por una regla singular de pago diferente a la general del pago previa justificación de la realización de la actividad, prefiriéndose otros sistemas como el pago a cuenta o el pago anticipado.

Si habiéndose justificado debidamente la subvención, la Administración no procediera al pago, el afectado podrá interponer recurso contra la inactividad administrativa, de acuerdo con el art. 29.2 LJCA.

6.5.2. La justificación del cumplimiento del fin subvencional. El concepto de gasto subvencionable

La justificación del cumplimiento de las condiciones impuestas y de la consecución de los objetivos para los que se ha otorgado la subvención es de extraordinaria importancia y su incumplimiento comporta graves consecuencias jurídicas.

La justificación debe documentarse de la forma en que se determine reglamentariamente pudiendo revestir distintas modalidades (cuenta justificativa, presentación de estados contables…). En la rendición de la cuenta justificativa se deben incluir, bajo la responsabilidad del declarante, los justificantes de gasto o cualquier otro documento con validez jurídica que permita acreditar el cumplimiento del objeto de la subvención pública. Los gastos se acreditarán mediante facturas y demás documentos de valor probatorio equivalente con validez en el tráfico jurídico mercantil o con eficacia administrativa, en los términos que se establezcan reglamentariamente. También cabe la acreditación mediante facturas electrónicas cuando cumplan los requisitos para su aceptación en el ámbito tributario (art. 30.2 y 3 LGSubv).

En todo caso, la forma de la cuenta justificativa y el plazo de rendición de la misma suelen venir determinados por las bases reguladoras de las subvenciones. Si esta no contuviera previsión alguna, la cuenta deberá incluir una declaración de las actividades realizadas que han sido financiadas con la subvención y su coste, con el desglose de cada uno de los gastos incurridos, y su presentación se realizará, como máximo, en el plazo de tres meses desde la finalización de la actividad (art. 30.2 LGSubv).

Si las actividades han sido financiadas, además de con la subvención, con fondos propios o con otros recursos u otras subvenciones, deberá acreditarse en la justificación el importe, procedencia y aplicación de tales fondos a las actividades subvencionadas (art. 30.3 LG-Subv)

El incumplimiento de la obligación de justificación y la justificación insuficiente comportan graves consecuencias como la obligación de reintegro de la subvención. Además, la falta de justificación del empleo dado a la subvención es una infracción administrativa grave (art. 57 c) LGSubv) y diversas conductas como el incumplimiento de plazos en la presentación de las cuentas justificativas o el carácter insuficiente o incompleto de estas, además del incumplimiento de obligaciones contables y de la obligación de conservación de justificantes, constituyen también infracciones administrativas leves (art. 56 LGSubv).

Hay que tener en cuenta que son gastos subvencionables aquellos que de forma indubitada respondan a la naturaleza de la actividad subvencionada, resulten estrictamente necesarios y se realicen en el plazo establecido por las bases reguladoras de la subvención o, en su defecto, en el plazo de un año desde que se concedió la subvención. Y salvo regulación distinta en las bases, se considera gasto realizado el que efectivamente se ha pagado con anterioridad a la finalización del periodo de justificación previsto en la normativa reguladora de la subvención (art. 31 LGSubv).

Por otra parte, cuando el importe del gasto subvencionable supera la cuantía prevista en la legislación de contratos del sector público para el contrato menor (en la actualidad, la cuantía máxima es de 15.000 euros en los contratos de servicios y suministros y de 40.000 en los de obras), el beneficiario de la subvención debe solicitar como mínimo tres ofertas de distintos proveedores, salvo que no existan en el mercado suficientes entidades que realicen la actividad que se pretende contratar. La elección entre las ofertas deberá realizarse conforme a criterios de eficiencia y economía y deberá justificarse en una memoria cuando la elección no recaiga en la propuesta económica más ventajosa (art. 31).

6.6. ¿Es posible la subcontratación de la actividad subvencionada?

La subcontratación consiste en contratar con un tercero la ejecución total o parcial de la actividad que constituye el objeto de la subvención. No es subcontratación la contratación de gastos que sean necesarios para que el beneficiario pueda desarrollar por sí mismo la actividad subvencionada.

La subcontratación solo cabe si la normativa reguladora de la subvención así lo prevé expresamente y, en su caso, no podrá superar el porcentaje que se fije en las bases reguladoras de la subvención. Si no figura ningún porcentaje, no podrá superar el 50% del importe de la actividad subvencionada (art. 29.2 LGSubv).

En todo caso, si la subcontratación excede el 20% del importe de la subvención y es superior a 60.000 euros, deberá hacerse por escrito y contar con la correspondiente autorización de la entidad concedente de la subvención en la forma en que se determine en las bases reguladoras.

La subcontratación no altera la responsabilidad respecto a la ejecución de la actividad subvencionada ante la Administración. Esta responsabilidad corresponde al subvencionado y no al contratista (este responde ante el subvencionado que lo ha contratado). Además el beneficiario de la subvención también es responsable de que el contratista respete los límites establecidos en la normativa reguladora de la subvención en lo que se refiere a la naturaleza y cuantía de los gastos subvencionables.

En cualquier caso, la elección del contratista por parte del subvencionado no es enteramente libre, sino que está sujeta a limitaciones legales importantes en el art. 29.7 LGSubv.

> El contratista no puede ser persona incursa en prohibición para la obtención de subvenciones; ni persona que haya recibido otras subvenciones para la realización de la actividad objeto de contratación; ni estar vinculado al beneficiario, salvo excepciones y autorización expresa del órgano concedente; ni, en principio, ser intermediario o asesor en el que los pagos se definan como un porcentaje de coste total de la operación; ni persona o entidad solicitante de ayuda en la misma convocatoria y que no la haya obtenido por reunir los requisitos o no alcanzar una valoración suficiente.

6.7. El reintegro de la subvención y el régimen de infracciones y sanciones

6.7.1. El reintegro de la subvención

La anulación de la subvención por incurrir en algún vicio de nulidad o anulabilidad, sea en vía administrativa de recurso o de revisión de oficio, o en vía judicial, comporta la obligación de devolver las cantidades percibidas (art. 36.4 LGSubv).

También procede el reintegro en otros supuestos relacionados con la conducta del subvencionado que están enunciados en la LG-Subv y, en su caso, en la normativa reguladora de la subvención. Entre otras circunstancias determinantes del reintegro cabe destacar las siguientes: a) haber obtenido la subvención falseando las condiciones necesarias para ello u ocultando aquellos que lo hubieran impedido, b) haber incumplido total o parcialmente el objetivo, proyecto o actividad para el que fue otorgada la subvención, c) haber incumplido la obligación de justificación o haber justificado insuficientemente el objetivo o la realización de la actividad subvencionada, d) haber incumplido las medidas de difusión, 3) haber adoptado una conducta de obstrucción o resistencia a las actuaciones de comprobación y control financiero, 4) haber incumplido obligaciones contables o de conservación de documentos cuando ello imposibilite el control del empleo dado a los fondos…

El reintegro comporta la devolución de las cantidades percibidas y el interés de demora correspondiente desde el momento del pago de la subvención hasta la fecha en que se acuerde la procedencia del reintegro o la fecha en que el deudor ingrese el reintegro cuando sea anterior a aquella fecha.

> El interés de demora aplicable en materia de subvenciones es el interés legal del dinero incrementado en un 25 por ciento, salvo que la Ley de Presupuestos Generales del Estado establezca otra cosa (art. 38 LGSubv).

No obstante, el alcance de la obligación de reintegro ha de modularse en virtud del principio de proporcionalidad, es decir, atendiendo al grado de incumplimiento, pues no tendrá las mismas consecuencias un incumplimiento total o grave que un incumplimiento menor (art. 17.3.n) LGSubv). Las bases reguladoras de la subvención establecerán los criterios concretos de graduación de las cantidades a reintegrar.

La exigencia del reintegro implica la tramitación de un procedimiento administrativo en el que hay que dar audiencia al interesado. Transcurrido el plazo máximo de resolución se produce la caducidad del procedimiento (el procedimiento se archiva y no puede continuar; la resolución dictada tras la finalización del plazo es nula de pleno Derecho), lo que no impide que se pueda iniciar otro procedimiento de reintegro si la acción de la Administración aún no ha prescrito.

En todo caso, hay que tener presente que la obligación de reintegro es independiente de las sanciones que procedan en el caso de que las conductas sean constitutivas de infracción. No rige, aquí, el principio *non bis in idem*, por lo que la obligación de reintegro y la sanción son plenamente compatibles.

6.7.2. Régimen de infracciones y sanciones

Los incumplimientos de las bases reguladoras de la subvención y de la normativa legal y reglamentaria aplicable a la misma pueden ser constitutivos de infracción administrativa leve, grave o muy grave que lleva aparejada sanción administrativa.

La regulación básica de las infracciones se encuentra en los arts. 56 a 58 de la LGSubv conforme a los cuales:

A) Son infracciones muy graves: a) la obtención de una subvención falseando las condiciones requeridas para su concesión u ocultando las que la hubiesen impedido o limitado, b) la no aplicación de las cantidades, total o parcialmente, de las cantidades a los fines para los que la subvención fue concedida, c) la resistencia, excusa, obstrucción o negativa a las actuaciones de control y verificación del cumplimiento de la finalidad subvencional, e) la ausencia de entrega por parte de las entidades colaboradoras a los beneficiarios de las subvenciones, d) otras conductas tipificadas como muy graves en la regulación europea en materia de subvenciones;

B) Son infracciones graves: a) el incumplimiento de la obligación de comunicaciones de la obtención de otras subvenciones, ayudas o recursos con la misma finalidad, b) el incumplimiento de condiciones subvencionales que alteren sustancialmente los fines subvencionales, c) la falta de justificación del empleo dado a los fondos, d) la obtención de la condición de entidad colaboradora falseando los requisitos necesarios, e) el incumplimiento por la entidad colaboradora de la obligación de verificar el cumplimiento de los fines y condiciones subvencionales, f) el incumplimiento por parte de las Administraciones, organismo y entidades de suministrar información a la BDNS, g) las demás conductas tipificadas como graves en la normativa comunitaria.

C) Son infracciones leves las conductas que no sean constitutivas de infracciones graves o muy graves y no operen como elemento de graduación de la sanción. Así, por ejemplo, la presentación fuera de plazo de las cuentas justificativas, la presentación de cuentas inexactas o incompletas o el incumplimiento de la obligación de conservación de justificantes o documentos equivalentes.

Las sanciones por la comisión de infracciones pueden ser pecuniarias o no pecuniarias (art. 59 LGSubv). Las pecuniarias pueden consistir en una multa fija o proporcional. La sanción proporcional se aplica sobre la cantidad indebidamente obtenida, aplicada o no justificada. La multa fija oscila entre 75 y 6.000 euros y la multa proporcional puede ir del tanto al triple de la cantidad indebidamente obtenida, aplicada o no justificada.

Las sanciones no pecuniarias pueden imponerse en caso de infracción grave y muy grave y pueden consistir en: a) la pérdida durante un plazo de hasta cinco años de la posibilidad de obtener subvenciones, ayudas y avales de las Administraciones u otros entes públicos, b) la pérdida durante un plazo de hasta cinco años de la posibilidad de actuar como entidad colaboradora, y c) la prohibición durante un plazo de hasta cinco años para contratar con las Administraciones públicas.

La imposición de sanciones ha de ser fruto de un procedimiento administrativo sancionador en el que ha de darse audiencia al afectado, puesto que no cabe la sanción de plano. Además las infracciones y sanciones administrativas tienen plazo de prescripción. De acuerdo con el art. 65 LGSubv las infracciones prescriben en el plazo de cuatro años a contar desde el día en que la infracción se hubiera cometido. Las sanciones en el plazo de cuatro años a contar desde el día siguiente a aquel en que hubiera adquirido firmeza la resolución por la que se impuso la sanción. La imposición de la sanción pone fin a la vía administrativa, siendo, por tanto, susceptible de recurso facultativo de reposición (en vía administrativa) ante el mismo órgano que la impuso o de recurso contencioso-administrativo (vía judicial).

7. BIBLIOGRAFÍA BÁSICA

Gabeiras Vázquez, P., Prieto de Pedro, J., Álvarez Cabrera, B., Mena Jiménez, R., Leguina Entrena, J., *Las leyes de espectáculos desde la cultura (informe)*, en https://lacultivadaediciones.es/las-leyes-de-espectaculos-publicos-desde-la-cultura/, consultado el 03/03/2023.

Fernández Farreres, G., *La subvención: concepto y régimen jurídico*, Instituto de Estudios Fiscales, Madrid, 1983.

"Subvenciones y ayudas económicas en tiempos de crisis", *REDA*, n. 154, 2012.

De la Torre Sotoca, J. D., *Premios culturales públicos. Consideraciones de legalidad administrativa y financiera*, INAP, Granada, 2015.

Garcés Sanagustín, M., Palomar Olmeda, A., y Areagabeitia Gómez, I. M. (coords.), *Derecho de las subvenciones y ayudas públicas*, Cizur Menor, Aranzadi, 2018.

Pascual García, J., *Régimen jurídico de las subvenciones públicas*, BOE, Madrid, 2016.

Ruiz Palazuelos, N., "Cultura y Fomento. Luces y sombras de las subvenciones en el sector cultural", en https://lacultivadaediciones.es/libertad-arte-y-cultura-reflexiones-juridicas-sobre-la-libertad-de-creacion-de-artistica/, consultado el 13/02/2023.

8. MATERIALES, ACTIVIDADES Y/O CASOS PRÁCTICOS

ACTIVIDAD n. 1. Lea y analice la STC 89/2012, de 7 de mayo, contestando a las siguientes cuestiones:

a) ¿Qué objetivo tenía la convocatoria de ayudas impugnada ante el Tribunal Constitucional?

b) ¿Quién convoca las ayudas?

c) ¿Qué finalidades se persiguen con el otorgamiento de las ayudas?

d) ¿Quién valora los proyectos y tramita las subvenciones según la convocatoria?

e) ¿Considera el TC que el Estado puede convocar este tipo de ayudas y regularlas?

d) ¿Puede centralizarse la valoración de los proyectos y la tramitación de las subvenciones?

e) Valore críticamente la sentencia del TC: ¿está de acuerdo con su contenido?

ACTIVIDAD n. 2. Lea el Decreto extremeño 11/2017, de 7 de mayo, de convocatoria de ayudas a artistas visuales y analice las siguientes cuestiones:

a) ¿Cuál es el objeto y la cuantía de las ayudas previstas?

b) ¿Quiénes pueden ser beneficiarios y qué requisitos han de cumplir?

c) ¿Quiénes constituyen la Comisión de Valoración? ¿Qué opinión le merece esta composición? ¿Le parece adecuada?

d) Analice los criterios de valoración a efectos de decidir el otorgamiento de las ayudas. ¿Hay algún criterio que le parezca discutible o que sería preferible evitar? Si es así, ¿por qué motivo?

e) ¿Cuándo prevé la convocatoria que se produzca el pago de la subvención? ¿Es un sistema favorable para el artista?

f) ¿Qué obligaciones tienen los beneficiarios y qué pasa si incumplen el fin subvencional?

Capítulo VI
La contratación pública cultural

EVA DESDENTADO DAROCA
Catedrática de Derecho Administrativo
Universidad de Alcalá

1. EL RÉGIMEN JURÍDICO DE LA CONTRATACIÓN CULTURAL PÚBLICA

La contratación pública cuenta con un régimen propio que se recoge, principalmente, en la Ley 9/2017, de 8 de noviembre, de Contratos del Sector Público (en adelante, LCSP).

Se trata de una ley que, en la mayoría de sus preceptos, tiene carácter básico. Algunas Comunidades Autónomas cuentan también con legislación propia (Ley foral 2/2018, de 13 de abril, de Contratos Públicos de Navarra; Ley 3/2011, de 24 de febrero, de Aragón, de medidas en materia de Contratos del Sector Público; Ley 3/2016, de 7 de abril y Decreto 116/2016, de 27 de julio, del País Vasco) y existe alguna normativa estatal complementaria sobre diversos aspectos (revisión de precios, cláusulas generales, cláusulas sociales…).

La finalidad de la LCSP es garantizar que la contratación pública, que se realiza con dinero público, responda a los principios de publicidad, transparencia, no discriminación, igualdad de trato de los licitadores, eficiencia económica, libre competencia, selección de la oferta más ventajosa e integridad. Igualmente persigue que, en la contratación pública, se introduzcan, de manera transversal, criterios sociales y medioambientales siempre que guarden relación con el objeto del contrato, así como facilitar el acceso a la contratación pública de las pymes y las empresas de economía social.

La contratación pública cultural no cuenta con una legislación específica, por lo que se rige también por lo dispuesto en la Ley de Contratos del Sector Público, en la que pueden encontrarse, eso sí, reglas singulares aplicables a algunos tipos de contratos que se celebran en el sector cultural y que atienden a las peculiaridades de la contratación en este sector. Como veremos, esas peculiaridades llevan, en ocasiones, a convertir en regla la excepción, tramitándose gran parte de la contratación artística o cultural a través de procedimientos que no son los ordinarios y en los que existe más discrecionalidad y subjetividad y una reducción o incluso eliminación de la competencia.

> Hay que tener en presente, en todo caso, que a la contratación cultural pública que se financie con fondos procedentes del Plan de Recuperación, Transformación y Resiliencia les serán de aplicación también las reglas especiales de agilización establecidas en el Real Decreto-ley 36/2020, de 30 de diciembre.

2. ¿QUÉ ES LA CONTRATACIÓN CULTURAL PÚBLICA? LAS PARTES CONTRATANTES. EL OBJETO Y PRECIO DEL CONTRATO

2.1. Contratos que comprende la contratación cultural pública

La contratación cultural pública comprende todos los contratos cuyo objeto o finalidad es la satisfacción de necesidades culturales de la colectividad (espectáculos de teatro, danza, cine, música, exposiciones, festivales, ferias, conservación y rehabilitación del patrimonio histórico-artístico...) y que se celebran por el sector público. Dentro de estos contratos de objeto cultural los hay que tienen un contenido artístico y otros que no lo tienen. Ejemplo de los primeros sería la compra de un cuadro, la contratación de un proyecto de escultura conmemorativa, la contratación de un cantante para un festival local o la contratación de la realización de una obra de teatro. Ejemplo de los segundos podría ser la contratación de la gestión de una biblioteca o de un servicio de archivado.

Por otra parte, la LCSP considera que son contratos del sector público todos los contratos onerosos, cualquiera que sea su naturaleza jurídica, que celebren las Administraciones públicas, los entes instrumentales, las Administraciones independientes y otros poderes adjudicadores.

Hay que tener en cuenta que quedan fuera del ámbito de la Ley de Contratos, los convenios entre entidades que no tengan vocación de mercado, que tengan por finalidad una cooperación que contribuya a garantizar que los servicios públicos que les incumben se prestan de modo que se logren los objetivos que tienen en común y que esa cooperación se guíe únicamente por consideraciones relacionadas con el interés público (art. 6). Un ejemplo de este tipo de convenios es el convenio Platea que se suscribe anualmente entre el Instituto Nacional de las Artes Escénicas y de la Música y la Federación Española de Municipios y Provincias para el desarrollo del Programa estatal de circulación de espectáculos de artes escénicas en espacios de las entidades locales.

Por otro lado, es importante precisar que el poder adjudicador de los contratos públicos puede ser una Administración pública (PAAP) o no tener la condición de Administración pública (PANAP).

Son PAAP las Administraciones territoriales (Administración del Estado, autonómicas y locales), las Entidades Gestoras y Servicios Comunes de la Seguridad Social, los Organismos Autónomos, las Universidades Públicas, las Administraciones independientes y los consorcios y otras entidades de derecho público creadas para satisfacer necesidades de interés general que no tengan carácter industrial o mercantil financiadas o controladas por una Administración pública o dependientes de ellas que no se financien mayoritariamente con ingresos de mercado.

Son PANAP las fundaciones públicas, las mutuas colaboradoras con la Seguridad Social, las entidades con personalidad jurídica propia constituidas para la satisfacción de un interés general que no tengan carácter industrial o mercantil que estén financiadas o controladas en su dirección o gestión por alguna de las anteriores y las asociaciones creadas por las PANAP.

Por último, no puede olvidarse que hay entes del sector público que no tienen la condición de poder adjudicador, como es el caso de algunas entidades públicas empresariales y sociedades que operan en el tráfico mercantil o industrial.

2.2. Las partes contratantes: ente contratante y contratista. La garantía. Reglas especiales en materia de contratación cultural

Dentro de las Administraciones o entidades contratantes, el órgano de contratación se determinará por sus normas correspondientes o por el estatuto de la entidad en cuestión. Normalmente, salvo en determinados procedimientos como el procedimiento negociado sin publicidad, es necesaria la intervención de una mesa de contratación que es un órgano de asistencia al que corresponde la clasificación y valoración de las proposiciones y la correspondiente propuesta al órgano de contratación. No obstante, cuando la valoración dependa de juicios de valor —como puede ocurrir precisamente en la contratación cultural—, cuando estos tengan una ponderación mayor a la correspondiente a los criterios evaluables de forma automática, la valoración de esos criterios valorativos corresponderá a un comité de expertos o a un organismo técnico especializado (art. 146.2.a)).

También es posible la creación de órganos especializados de contratación conocidos como juntas de contratación e incluso optar por una contratación centralizada, es decir, por órganos especializados de contratación, llamados centrales de contratación.

Los datos relativos a la actividad contractual de los órganos de contratación deben figurar en el "perfil del contratante" (art. 63 LCSP) que es una página informática en la que han de incluirse todos los datos e informaciones sobre esa actividad contractual.

En el ámbito estatal, existe una Plataforma de Contratación del Sector Público en la que todos los órganos de contratación del sector público estatal deben integrar su perfil de contratante. De esta forma se ofrece un portal único con toda la información sobre la contratación estatal.

Por otro lado, puede ser contratista cualquier persona natural o jurídica con capacidad de obrar, que no esté incursa en prohibiciones de contratación (arts. 71 y ss LCSP), que acredite su solvencia económica y financiera, técnica o profesional (arts. 86 y ss LCSP), que esté debidamente clasificada cuando la clasificación (arts. 77 y ss LCSP) —que es un procedimiento de verificación de solvencia y experiencia— sea requisito necesario para contratar y que cuente con la habilitación profesional o empresarial necesaria en función del objeto del contrato.

El contratista puede verse en la obligación de constituir una garantía (en efectivo o mediante aval bancario, contrato de seguro de caución, o, si se prevé en el pliego, retención en el precio) ante el órgano de contratación cuya finalidad es asegurar el cumplimiento adecuado del contrato y que, por regla general, asciende a un 5% del precio ofertado por el contratista o del presupuesto base de licitación. A esta garantía puede sumarse otra complementaria en ciertos casos (art. 107.2 LCSP) y, de forma extraordinaria y debidamente justificada, una garantía profesional con la que se responde del mantenimiento de la oferta hasta la perfección del contrato.

Es indudable que la obligación de prestación de garantía puede resultar, con frecuencia, excesivamente onerosa en el ámbito artístico y cultural. Por ello, es interesante destacar que la Ley permite que, en determinado tipo de contratos y en atención a las circunstancias concurrentes en el contrato concreto, el contratista sea eximido de la prestación de garantía definitiva (vid. art. 107.1 LCSP) y, precisamente, la ley establece que tal exención puede acordarse por el órgano de contratación en relación con los contratos privados del art. 25.1.a), puntos 1º y 2º, es decir, respecto de los contratos que tienen por objeto la creación e interpretación artística y literaria y los de espectáculos con CPV referenciada en ese precepto (vid., infra, epígrafe 4), y aquellos que tengan por objeto la suscripción de revistas, publicaciones periódicas y bases de datos. En todo caso, la garantía se devuelve o se cancela cuando haya cumplido su finalidad.

2.3. Objeto y precio del contrato

2.3.1. Objeto del contrato

El objeto del contrato ha de ser lícito, posible y determinado (art. 99.1 LCSP), además de necesario para la satisfacción de los intereses generales (art. 28 LCSP).

La determinación del objeto del contrato y, por tanto, de los derechos y obligaciones de las partes, suele realizarse a través de los pliegos de cláusulas que son aprobados por la Administración o entidad contratante e incorporados al expediente de contratación. Esos pliegos son de dos tipos: de cláusulas administrativas particulares (que incluyen los aspectos jurídicos del contrato, como requisitos de solvencia, criterios de adjudicación, condiciones especiales y plazos de ejecución...) y de prescripciones técnicas (generales (para el tipo de contrato) o particulares (para cada contrato concreto), que definen las condiciones técnicas de la prestación, las calidades...),

Los pliegos de cláusulas administrativas particulares incluyen los criterios de solvencia y adjudicación del contrato; las consideraciones sociales, laborales y medioambientales que rigen como criterios de solvencia, de adjudicación o como condiciones especiales de ejecución; los pactos y condiciones definidores de los derechos y obligaciones de las partes; la previsión de cesión del contrato salvo cuando tal cesión no sea legalmente posible; la obligación del adjudicatario de cumplir las condiciones salariales dos trabajadores según convenio colectivo aplicable; si se va a producir o no cesión de derechos de propiedad intelectual e industrial; el respeto a la legislación de protección de datos, en su caso; y pueden establecer penalidades para casos de incumplimiento o cumplimiento defectuoso de las prestaciones. Los pliegos pueden imponer ciertas condiciones especiales de ejecución —siempre que no sean discriminatorias—, pudiendo ser de tipo medioambiental (reducción de emisiones de gases de efecto invernadero, gestión sostenible del agua, reciclado o reutilización de productos...) o social (promoción de la igualdad de la mujer, conciliación, derechos de las personas con discapacidad...), o relacionadas con el empleo y la innovación. No obstante, estas condiciones han de estar vinculadas al objeto del contrato. En todo caso, es obligatorio establecer al menos una de las condiciones especiales de ejecución previstas en el art. 202 LCSP. Debe tenerse en cuenta, por otra parte, que estas condiciones especiales previstas en los pliegos son igualmente exigibles a los subcontratistas.

La previsión de este tipo de consideraciones medioambientales y sociales están especialmente justificada en materia cultural y artística, pues, por un lado, la cultura es, como hemos visto (supra capítulo I), un instrumento esencial para impulsar el cambio social y puede realizar una importantísima labor de concienciación y difusión de valores, y, por otro lado, como también se ha mencionado ya (supra capítulo I), en el ámbito del arte y la cultura se producen externalidades ambientales y problemas sociales (como la persistente desigualdad de la mujer) que la contratación pública no puede obviar y debe intentar, en la medida de la posible, combatir, operando, en este caso, la contratación como instrumento de incentivo del cambio en el sector cultural.

Recientemente, el Real Decreto-ley 1/2023, de 10 de enero, ha previsto que puedan introducirse, como consideración social o relativa al empleo en los contratos del sector público, las medidas acordadas en el marco de la negociación colectiva que incluyan compromisos tales como el mantenimiento o el incremento del empleo, la conversión de contratos formativos o de relevo en indefinidos o la mejora del empleo indefinido a tiempo parcial o fijo discontinuo en empleo indefinido a tiempo completo u ordinario, así como las medidas previstas en el art. 17.4 del Estatuto de los Trabajadores, es decir, las medidas de acción positiva para favorecer el acceso, promoción y formación de las mujeres. De esta forma, la contratación pública puede utilizarse como un instrumento para incentivar una mayor estabilidad de los artistas en sus empleos y, en general, de los profesionales que trabajan en el sector cultural, así como para mejorar la igualdad de las mujeres en las diferentes profesiones de este sector.

Por último, hay que tener presente que la contratación que ejecuta fondos *Next Generation* está obligada a respetar el principio DNSH (no producir daño significativo al medio ambiente) y que la Ley 7/2022, de Residuos y Suelos Contaminados para una Economía Circular establece que las Administraciones incluirán, en el marco de la contratación, el uso de productos de alta durabilidad, reutilizables, reparables o de materiales fácilmente reciclables, así como de productos fabricados con materiales procedentes de residuos, o subproductos, cuya calidad cumpla con las especificaciones técnicas requeridas, fomentándose, en este sentido, la compra de productos con etiqueta ecológica de la UE.

Los pliegos y sus cláusulas se fijan, normalmente, de forma unilateral por la Administración, salvo en algunos procedimientos, como es el caso del procedimiento negociado en el que los pliegos lo que fijan es el objeto de negociación con los licitadores, o como ocurre también en el diálogo competitivo, en el que el pliego se sustituye por un documento descriptivo de las finalidades que se pretende conseguir. Igualmente, en el caso del acuerdo marco previo, lo que se elabora es un documento de licitación más sencillo.

En algunos contratos, además de los pliegos, se realiza un proyecto de obras o un anteproyecto de obras y explotación.

No es lícito fraccionar el objeto de un contrato con la finalidad de eludir las garantías de publicidad o adjudicación, pero la Ley trata de facilitar la participación de las pymes en la contratación pública mediante la división del objeto en lotes que puedan ejecutarse de manera independiente siempre que la naturaleza y objeto del contrato lo admita y no se restrinja injustificadamente la competencia.

2.3.2. Precio del contrato

El precio del contrato ha de ser cierto y normalmente en dinero, aunque no siempre es así; en el contrato de suministro el precio puede consistir parcialmente en la entrega de bienes, en el contrato de concesión de obra o servicio la retribución se obtiene total o parcialmente de la propia explotación de la obra o servicio, y en el caso de contratos de servicios prestados a usuarios, estos también pagan parte de la retribución.

El pago puede ser a tanto alzado o fraccionado en anualidad o según se van ejecutando unidades diferenciadas del contrato (precios unitarios). En algunos contratos, si el equilibrio económico del contrato se ve afectado por el aumento de precios de los recursos (humanos, de materias primas...) necesarios para la ejecución del contrato es posible la revisión de precios (art. 103 LCSP).

3. TIPOS DE CONTRATOS DEL SECTOR PÚBLICO Y APLICACIÓN DE LA LCSP. CONTRATOS ADMINISTRATIVOS, CONTRATOS PRIVADOS, CONTRATOS SUBVENCIONADOS, CONTRATOS ARMONIZADOS Y CONTRATOS MENORES

Los contratos del sector público pueden ser de muy diverso tipo, en función de su objeto, del sujeto del sector público que lo celebra, o de su valor estimado.

En función del tipo de contrato de acuerdo con estas variables, el régimen jurídico aplicable es muy distinto. De ahí la extraordinaria relevancia de la adecuada comprensión de la tipología de los contratos y de la tarea de calificación del mismo, pues ciertamente los procedimientos de adjudicación y las reglas que rigen su ejecución y extinción son muy distintas dependiendo de si el contrato se califica de un modo u otro.

> De hecho, muchas de las dudas que se plantean a los órganos consultivos en materia de contratación en relación con los contratos culturales y, más concretamente, en relación a los contratos de creación e interpretación artística y de determinados espectáculos, giran precisamente en torno a la calificación del contrato, esto es, a qué tipo de contrato es el contrato cultural que pretenden realizar y qué procedimiento debe, en consecuencia, utilizarse para su adjudicación. No siempre resulta, efectivamente fácil deslindar unos tipos de contratos de otros, e incluso en ocasiones la dificultad puede radicar en determinar si se trata de un contrato o de otra figura (subvención, concesión administrativa (demanial o de servicio público...). En otras ocasiones, lo que plantea duda es la condición del contratante (si forma parte o no del sector público, pues dependiendo de la respuesta a la cuestión estará o no sujeto a la Ley de Contratos del Sector Público).

En algunos casos, dependiendo del tipo de contrato, la LCSP se aplica de forma plena, regulando todos los aspectos del mismo, mientras que en otros la aplicación es parcial y se refiere exclusivamente a algunos momentos de la contratación. Por último, hay algunos negocios y contratos que están expresamente excluidos de la LCSP.

En lo que ahora interesa, el art. 9.2 LCSP excluye los contratos de compraventa, donación, permuta, arrendamiento y demás negocios jurídicos análogos sobre bienes inmuebles, valores negociables y propiedades incorporales, a no ser que recaigan sobre programas de ordenador y deban ser calificados como contratos de suministro o servicio. Estos contratos excluidos tienen el carácter de contratos privados y les resulta de aplicación, en algunos aspectos, la legislación de patrimonio de las administraciones públicas.

Dentro de los contratos del sector público, la primera distinción relevante es la que diferencia los contratos administrativos del sector público de los contratos privados del mismo.

Los contratos administrativos son aquellos tipificados en la LCSP que celebran las Administraciones públicas en sentido estricto y se rigen por la LCSP en todos sus aspectos (preparación, adjudicación, efectos, cumplimiento, extinción).

Los contratos que celebran los demás entes del sector público son contratos privados, pero se les aplican también determinadas normas de la LCSP sobre preparación y adjudicación. Esas normas son prácticamente las mismas que las que se aplican a las Administraciones públicas si el ente tiene la condición de poder adjudicador. Y son más flexibles cuando el sujeto contratante no tiene carácter de poder adjudicador, aunque, en todo caso, han de salvaguardarse los principios de publicidad, concurrencia, transparencia, confidencialidad, igualdad y no discriminación.

Las reglas de preparación y adjudicación han de aplicarse también a los llamados contratos subvencionados, es decir, a los contratos de obras, suministros y servicios que sean adjudicados por personas o entidades privadas pero que estén subvencionados en más de un 50% por un poder adjudicador.

Por último, los contratos armonizados (contratos SARA) son aquellos contratos celebrados por poderes adjudicadores o subvencionados por estos que quedan sujetos a regulación armonizada, es decir, aquellos que, por su objeto o cuantía, deben de cumplir los estándares de la Unión Europea de publicidad, igualdad y concurrencia en la adjudicación de los contratos (arts. 19 y ss LCSP). Así, son contratos armonizados los contratos de obra, concesión, suministro y servicios celebrados por un poder adjudicador que alcanzan determinados umbrales económicos que se van actualizando (arts. 20 y ss LCSP) y también ciertos contratos subvencionados (art. 23 LCSP). Sin embargo, determinados contratos quedan excluidos de la armonización (contratos NO SARA), como algunos de comunicación audiovisual y radiofónica (vid. art. 19.2 LCSP).

> Los umbrales en la actualidad son los siguientes: 5.382.000 euros para los contratos de obras, concesión de obras y concesión de servicios; 140.000 0 215.000 euros para los contratos de suministros según el tipo (vid. art. 21.1 LCSP); 140.000, 215.000 o 750.000 para los contratos de servicios según el tipo (vid. art. 22.1 LCSP).

El umbral de los contratos de servicios especiales del anexo IV, entre los que se encuentran algunos servicios culturales —como los de eventos y los de organización de exposiciones y ferias, eventos culturales, festivales y desfiles de moda— se sitúa en la actualidad en 750.000 euros.

Respecto de estos contratos de servicios culturales armonizados, la disposición adicional 47ª de la Ley establece que, sin perjuicio de la aplicación de la misma y, en particular, de las reglas relativas al establecimiento de prescripciones técnicas, condiciones mínimas de solvencia, criterios de adjudicación y condiciones especiales de ejecución, los órganos de contratación velarán en todas sus fases por la necesidad de garantizar la calidad, continuidad, accesibilidad, asequibilidad, disponibilidad y exhaustividad de los servicios, así como por las necesidades específicas de distintas categorías de usuarios, incluidos los grupos desfavorecidos y vulnerables, la implicación de los usuarios de los servicios y la innovación en la prestación del servicio.

Por último, hay que hacer referencia a los contratos menores que se caracterizan por su escasa cuantía y cuyo régimen se encuentra, en consecuencia, muy simplificado. El expediente de contratación es muy sencillo y la adjudicación se puede realizar de forma directa (sin concurrencia), pero no pueden tener una duración superior al año, ni ser objeto de prórroga (art. 29.8 LCSP).

OIResCon (Oficina Independiente de Regulación y Supervisión de la Contratación) considera que, para dar cumplimiento al principio de competencia, no obstante, deberían pedirse tres ofertas (aunque este requisito puede entenderse cumplido con la publicidad de la licitación), salvo que ello no resulte ni procedente ni conveniente, es decir, salvo que esté justificado.

Podría estar justificada la omisión de solicitud de tres ofertas por razones artísticas.

El contrato se considera menor si su valor estimado es inferior a 40.000 euros en el caso de los contratos de obras y a 15.000 euros en los contratos de suministros y obras (art. 118.1 LCSP).

El art. 118, al regular el contrato menor, hace referencia únicamente a contratos de obras, servicios y suministros que son contratos administrativos, pero la misma categoría de contrato menor —con sus consecuencias legales a efectos de la preparación y adjudicación— es predicable de los contratos privados que no superan las cuantías señaladas, pues, tal y como señaló la Junta Consultiva de Contratación Pública del Estado en su informe 7/2018, de 2 de julio, a los contratos privados les resulta de aplicación el Libro Segundo de la Ley en el que se enmarca el art. 118. Por tanto, los contratos de creación e interpretación artística que son contratos privados se rigen por el régimen de los contratos menores cuando respeten los umbrales y cumplan los requisitos legales previstos para este tipo de contratos.

4. TIPOS CONTRACTUALES, CONTRATACIÓN ADMINISTRATIVA, CONTRATACIÓN PRIVADA Y REGLAS ESPECIALES EN MATERIA CULTURAL

Los principales tipos contractuales del sector público (contratos administrativos típicos o nominados) son los contratos de obras, concesión de obras, concesión de servicios, suministro y servicios, que se regulan por la LCSP. Existen, no obstante, otros contratos del sector público que se rigen por las normas de derecho público o privado que les sean de aplicación. Hay que tener en cuenta que además de los contratos administrativos típicos, hay contratos administrativos innominados o especiales cuya naturaleza administrativa deriva de su conexión con el giro o tráfico específico de la administración contratante o de que su objeto se orienta a la satisfacción, de forma directa o inmediata, de una finalidad pública de la competencia de la Administración (art. 25.1.b) LCSP).

Son contratos de obras (art. 13 LCSP) aquellos que tienen por objeto la ejecución de una obra, aislada o conjuntamente con la redacción del proyecto, o la realización de alguno de los trabajos enumerados en el Anexo I. También son contratos de obras los que tienen por objeto la realización, por cualquier medio, de una obra que cumpla los requisitos fijados por la entidad contratante que ejerza una influencia decisiva en el tipo o el proyecto de la obra. A los efectos de la definición de este contrato, se entiende por obra el resultado de un conjunto de trabajos de construcción o de ingeniería civil, destinado a cumplir por sí mismo una función económica o técnica, que tenga por objeto un bien inmueble. O bien la realización de trabajos que modifiquen la forma o sustancia del terreno o de su vuelo, de mejora del medio físico o natural.

Son contratos de concesión de obras (art. 14) los que tienen por objeto la realización por el concesionario de alguna de las prestaciones a las que se refiere el contrato de obras, incluidas las de restauración y reparación de los elementos construidos, y que en contraprestación contempla o bien únicamente el derecho a explotar la obra o bien ese derecho acompañado de un precio.

Son contratos de suministro (art. 16 LCSP) los que tienen por objeto la adquisición, el arrendamiento financiero, o el arrendamiento, con o sin opción de compra, de productos o bienes muebles. Si bien, como ya hemos visto, no tienen esta condición los contratos relativos a propiedades incorporales o valores negociables.

Son contratos de servicios (art. 10 LCSP) los que tienen por objeto prestaciones de hacer consistentes en el desarrollo de una actividad o dirigidas a la obtención de un resultado distintos de una obra o un suministro.

Son contratos de concesión de servicios (art. 15 LCSP) aquellos en los que se encomienda, a título oneroso, la gestión de un servicio a cambio de su explotación o bien a cambio de su explotación más un precio.

Hay contratos que pueden incorporar prestaciones propias de varios de los tipos descritos, en cuyo caso, en principio, deben aplicarse las normas relativas a la prestación principal, con las precisiones y matizaciones previstas en el art. 18 LCSP. La posibilidad de entremezclar prestaciones propias de varios tipos contractuales se encuentra limitada legalmente a aquellos supuestos en los que entre las prestaciones existe una relación de complementariedad que exige un tratamiento unitario (art. 34.2 LCSP).

Los contratos de obras, concesión de obras, concesión de servicios, suministro y servicios que celebren las Administraciones públicas son, en principio, contratos administrativos que se rigen íntegramente por la LCSP.

Sin embargo, el art. 25 contempla algunas excepciones que afectan de manera amplia a la materia artística y cultural y, más concretamente, a los contratos que tengan por objeto la creación e interpretación artística y literaria y los de espectáculos con número de referencia CPV de 79995000-5 a 79995200-7, y de 92000000-1 a 92700000-8, excepto 92230000-2, 92231000-9 y 92232000-6, así como la suscripción a revistas, publicaciones periódicas y bases de datos.

La nomenclatura CPV (Common Procurement Vocabulary, esto es, Vocabulario Común de Contratación Pública) es un sistema común de identificación de las actividades susceptibles de ser mediante licitación o concurso público en cualquier país de la Unión Europea. De esta forma se eliminan las dificultades de las traducciones o equivalencias y se facilita a las empresas la búsqueda de concursos públicos. Puede consultarse en internet.

Por tanto, estos contratos, aunque encajen en alguna de las categorías típicas de los contratos administrativos, son contratos privados y su régimen jurídico se establece en el art. 26.2.párr.2º LCSP que dispone que les resulta de aplicación:

a) las reglas generales sobre la contratación del sector público (libro primero de la ley);

b) las normas de preparación y adjudicación de los contratos (libro segundo);

c) y, si son contratos armonizados (SARA), algunas normas sobre efectos y extinción como las relativas a las condiciones especiales de ejecución, modificación, cesión, subcontratación y resolución de contratos (en lo demás se rigen por el derecho privado).

Los demás contratos privados que celebren las Administraciones públicas (PAAP) se regirán por las secciones 1ª y 2ª del Capítulo I del Título I del Libro Segundo LCSP en cuanto a su preparación y adjudicación, en defecto de normas específicas. Los efectos y extinción del contrato se regirán por el derecho privado.

Si el contrato privado es celebrado por un PANAP entonces su preparación y adjudicación se regirá por lo dispuesto en el Título I del Libro Tercero de la LCSP. Los efectos y extinción se regirán por el derecho privado, pero también por las normas a que se refiere el art. 319.párr.1º en materia medioambiental, social o laboral, de condiciones especiales de ejecución, de modificación del contrato, de cesión y subcontratación, de racionalización técnica de la contratación; y la causa de resolución del contrato referida a la imposibilidad de ejecutar la prestación en los términos inicialmente pactados, cuando no sea posible modificar el contrato conforme a los artículos 204 y 205.

Por último, si el contrato privado lo celebra un ente del sector público que no tiene la condición de poder adjudicador, serán de aplicación los artículos 321 y 322. Por regla general —que admite algunas excepciones contempladas en el art. 321—, se establece la obligación de prever instrucciones que regulen los procedimientos de contratación para garantizar los principios de publicidad, concurrencia, transparencia, confidencialidad, igualdad, no discriminación y selección de la mejor oferta. Los efectos, modificación y extinción de estos contratos se rigen por el derecho privado.

Veamos algunos ejemplos de contratos privados del sector público en materia cultural.

El Instituto Canario de Desarrollo Cultural, S.A. (empresa pública adscrita al área de Cultura del Gobierno Canario) contrata con Acelera Producciones, S.L., la realización del espectáculo "El vuelo" en el Espacio La Granja (espacio cultural de titularidad pública gestionado por el Instituto) en el marco del programa cultural "Circuito y Producción de Teatro y Danza". El precio a abonar a la compañía es de 8.000 euros, correspondiendo a la entidad contratante la recaudación neta de taquilla. Este contrato es un contrato privado (servicios artísticos) y menor (dada su cuantía).

Igualmente es un contrato privado de servicios artísticos el celebrado entre Madrid Cultura y Turismo, S.A.U. y la Compañía Lucas Escobedo para la exhibición del espectáculo YOLO (You Only Live Once) dentro del marco de la programación del Festival Teatralia 2021.

La contratación de grupos musicales, orquestas o compañías de teatro o de variedades para festejos locales también puede dar lugar a contratos privados de servicios artísticos; en este caso, se puede contratar al artista si opera como autónomo o a la empresa bajo cuya dirección, organización y dependencia trabaja el artista. Cuestión distinta sería si el Ayuntamiento actuara como empleador asumiendo directamente la dirección y organización del trabajo artístico, en cuyo caso lo que existiría sería un contrato de trabajo entre el Ayuntamiento y el artista, tratándose de una relación laboral, que se analiza en el capítulo VII de este libro.

Es preciso advertir que, aunque numerosos contratos artísticos y culturales caerán dentro de la calificación de contrato privado al tener por objeto la creación o interpretación artística o la realización de espectáculos, no todos tienen esa condición, pues hay numerosos contratos que, por su objeto, han de ser calificados de contratos administrativos nominados (de obra, de servicios, de suministro, de concesión de obra o de servicios) o innominados.

Veamos algunos ejemplos.

La Gerencia de Infraestructuras y Equipamientos de Cultura (Organismo Autónomo del Ministerio de Cultura y Deporte) ha celebrado los siguientes contratos: a) un contrato para la fabricación e instalación del proyecto de ejecución de mejora parcial de la exposición permanente del museo de Palencia incorporando nuevos elementos y contenedores museográficos para la exposición de nuevos bienes culturales y añadir nuevos contenidos (valor estimado del contrato de 149.469,87 euros); b) un contrato para la redacción de proyecto básico y de ejecución y trabajos complementarios para mejora de la exposición del museo arqueológico provincial de Orense (valor estimado del contrato de 105.049,59 euros); c) un contrato para la reforma y la realización de ajustes de accesibilidad de una biblioteca pública del Estado en Logroño (valor estimado del contrato: 227.932,80 euros); d) un contrato para la restauración del antiguo convento de San Agustín para nueva sede de la biblioteca pública del Estado en Málaga (valor estimado del contrato: 5.969.637,7 euros).

El primero (a)) se calificó de contrato de suministro SARA (sujeto a regulación armonizada); el segundo (b)) de contrato de servicio (servicio de arquitectura, construcción e inspección) no SARA; el tercero (c)) de contrato de obras no SARA; el cuarto (d)) de contrato de obras SARA.

La Consejería de Asuntos Sociales de la Comunidad de Madrid (Dirección General del Mayor) se planteó contratar con una agencia de viajes la realización de un programa de rutas culturales destinadas a personas mayores con prestaciones que incluían la organización del viaje en autocar, el alojamiento con pensión completa, programas de animación socio-cultural, conferencias y actividades culturales (visitas a museos, monumentos, etc.), pero la naturaleza del contrato era controvertida girando las dudas singularmente en torno a si se trataba de un contrato de servicios, de gestión de servicios o administrativo especial, elevando consulta a la Junta Consultiva de

Contratación Administrativa de la Comunidad de Madrid. La Junta concluyó que no pretendía la gestión de un servicio público que correspondiera a la Administración pública puesto que esta no tiene asumidas prestaciones tales como la organización de viajes, alojamiento de particulares o la realización programas de animación o de actividad cultural y que tampoco se pretendía la prestación de un servicio. Concluyó que el objeto del contrato estaba, no obstante, vinculado a los fines u objetivos propios de la Administración contratante, enmarcándose dentro del fin de interés general de la promoción del bienestar de la tercera edad y de los objetivos fijados en el Plan de mayores de la Comunidad de Madrid, por lo que lo calificó de contrato administrativo especial.

En consecuencia, la naturaleza jurídica y el régimen jurídico de los contratos artísticos y culturales es muy diversa y hay que atender al objeto y sujeto de cada contrato, siendo, por ello, de gran relevancia, como ya hemos señalado, una correcta calificación y configuración del contrato.

5. LA PREPARACIÓN Y ADJUDICACIÓN DE LOS CONTRATOS EN LA LCSP

5.1. *La preparación de los contratos: el expediente de contratación*

La adjudicación de los contratos de las Administraciones públicas y poderes adjudicadores, tanto si son contratos administrativos como si son privados, requiere una adecuada preparación, es decir, de la tramitación de un expediente de contratación que puede ir precedido de una consulta preliminar del mercado (art. 115 y 116 LCSP). Ese expediente de contratación en los contratos menores es muy sencillo; exige exclusivamente la aprobación del gasto y la factura correspondiente. También puede haber expedientes urgentes con la correspondiente preferencia en la tramitación y la reducción de ciertos plazos (art. 119 LCSP);

El expediente de contratación es esencial pues establece la necesidad del contrato y delimita el objeto y contenido del mismo previéndose los pliegos de cláusulas administrativas y de prescripciones técnicas. También permite comprobar la existencia de crédito y la fiscalización previa del gasto. En todo caso, el expediente de contratación tiene un contenido distinto en función del tipo de contrato, por lo que hay que estar a la regulación aplicable según tipología.

Aprobado el expediente de contratación, se inicia la fase de adjudicación (art. 117 LCSP).

5.2. *Los procedimientos de adjudicación y sus singularidades en materia cultural*

5.2.1. Los procedimientos abierto y restringido. Singularidades en materia cultural

La adjudicación de los contratos se realiza ordinariamente utilizando una pluralidad de criterios de adjudicación basados en el principio de mejor relación calidad-precio, y utilizando el procedimiento abierto o restringido (art. 131.2 LCSP).

El procedimiento abierto se caracteriza porque todo operador económico interesado puede presentar una proposición y no pueden negociarse los términos del contrato con los licitadores (art. 156.1 LCSP). La convocatoria de licitación ha de ser objeto de publicación oficial en el ámbito nacional y, en el caso de los contratos armonizados, también en el Diario Oficial de la Unión Europea.

Existe un procedimiento abierto simplificado para contratos de obras, suministros y servicios de menor valor (hasta 2.000.000 euros en el caso de los contratos de obras y hasta 100.000 euros en los demás) si además los criterios de adjudicación no dejan mucho margen para los juicios de valor. Y también se prevé un procedimiento abierto sumario para contratos de pequeña cuantía (menos de 80.000 en los de obra y menos de 35.000 en los demás).

En el procedimiento restringido —cuya convocatoria también ha de ser objeto de publicación— solo pueden presentar proposiciones aquellos empresarios que, a su solicitud y en atención a su solvencia, sean seleccionados por el órgano de contratación. En este procedimiento tampoco pueden negociarse los términos del contrato con los solicitantes y candidatos (art. 160). La Administración debe invitar al menos a cinco empresas que se seleccionan conforme a criterios objetivos de solvencia que han de hacerse públicos al anunciarse la licitación. Seleccionadas las empresas, se les remite invitación para la presentación de las proposiciones.

En principio, ambos procedimientos —abierto y restringido— son procedimientos ordinarios de contratación que se pueden utilizar, en principio, indistintamente. Sin embargo, la ley prevé que los contratos de concesión de servicios especiales que se enuncian en el Anexo IV se adjudicarán a través del procedimiento restringido (art. 131.2) y entre ellos se encuentran algunos de contenido cultural: servicios de organización de exposiciones, ferias y congresos; servicios de eventos; servicios de organización de eventos culturales; servicios de organización de festivales; servicios de organización de fiestas; servicios de organización de desfiles de moda; servicios de organización de ferias y exposiciones. En estos casos, además, la convocatoria de licitación se realizará mediante un anuncio de información previa que ha de reunir ciertos requisitos previstos en la disposición adicional 36ª de la ley, que a su vez remite al anexo III.B.Sección 3 en el que aparecen todos los datos que han de constar en el anuncio.

También se considera que el procedimiento restringido es "especialmente adecuado" para la contratación de servicios intelectuales de especial complejidad, como es el caso de algunos servicios de arquitectura (art. 160.4 LCSP).

5.2.2. Otros procedimientos de adjudicación: negociado con o sin publicidad, diálogo competitivo, asociación para la innovación, concurso de proyectos y adjudicación directa

La LCSP contempla otros procedimientos de adjudicación que solo pueden utilizarse en los supuestos previstos en la misma. Se trata del procedimiento negociado (con o sin publicidad), del diálogo competitivo, de la asociación para la innovación, de los concursos de proyectos y de la adjudicación directa en los contratos menores. El más relevante, sin duda, es el procedimiento negociado.

En los procedimientos negociados, la adjudicación recae en el licitador justificadamente elegido por el órgano con el órgano de contratación, tras negociar las condiciones del contrato con uno o varios candidatos. La ley dispone que deberían seleccionarse al menos tres candidatos, salvo que haya menos que reúnan las condiciones exigidas, lo que ocurre en muchos contratos de carácter artístico o cultural. Los pormenores de las ofertas se van negociando con los licitadores, en el caso de existir varios, sin que pueda producirse un trato desigual ni proporcionar a ninguno de ellos una información que le de ventaja. Debe respetarse el principio de transparencia, pero también la confidencialidad.

El procedimiento negociado con publicidad se caracteriza porque la licitación se anuncia, se hace pública. En el procedimiento negociado sin publicidad, por el contrario, tal anuncio no tiene lugar; no se da publicidad a la licitación y la Administración goza de amplia discrecionalidad en la adjudicación, equiparándose a una adjudicación directa.

Se puede acudir al procedimiento negociado con publicidad, en lo que ahora interesa en relación con la contratación cultural, cuando concurren las siguientes circunstancias (art. 167 LCSP):

a) cuando resulta imprescindible que la prestación sea objeto de un trabajo previo o diseño o de adaptación por parte de los licitadores

b) cuando la prestación incluye un proyecto o soluciones innovadoras

c) cuando en un procedimiento abierto o restringido solo se hubieran presentado ofertas irregulares o inaceptables.

Por otra parte, en algunos casos de contratación artística o cultural también es posible acudir al procedimiento negociado sin publicidad, pues de acuerdo con el art. 168 LCSP, este cauce puede utilizarse:

a) cuando las obras, los suministros o los servicios solo puedan ser encomendados a un empresario determinado porque el contrato tenga por objeto la creación o adquisición de una obra de arte única no integrante del Patrimonio Histórico Español o una actuación artística única (art. 168.a) 2°).

Este criterio es esencial, pues el mero carácter artístico no es suficiente para poder acudir a esta vía singular; es preciso que se trate de una creación o interpretación artística única que solo pueda ser llevada a cabo por el artista o empresario en cuestión y no de una mera actividad artística que pueda ser desarrollada por diversos artistas o empresas. En este sentido, la Junta Superior de Contratación Administrativa de la Generalidad valenciana (informe 1/2020) ha descartado que el requisito concurra cuando se pretende contratar a la banda de música municipal para diferentes actuaciones y festejos que tienen lugar en el municipio (cabalgatas, desfiles, procesiones...), pues podrían desarrollarse por otras empresas.

Por otra parte, hay que tener en cuenta que la adquisición por entidades del sector público de bienes muebles integrantes del Patrimonio Histórico Español se realizan, conforme a la disposición adicional undécima de la Ley 16/1985, de Patrimonio Histórico Español, que prevé el uso, a esos efectos, del procedimiento negociado sin publicidad por esta causa que ahora analizamos, pero previendo importantes singularidades: a) los pliegos de cláusulas particulares se sustituyen por el clausulado del contrato; b) el pago del precio puede aplazarse en varios ejercicios económicos; c) por lo general, la acreditación de la titularidad de los bienes se regirá por las normas de derecho privado aplicables y no será necesario acreditar la solvencia del vendedor (salvo que se trate de contrato sujeto a regulación armonizada); d) además de la condición de bien del patrimonio histórico y de la disponibilidad de crédito será necesario justificar la oportunidad de la compra, incorporando la correspondiente memoria, valoración económica e informe técnico que incluirá la unidad del bien a los efectos previstos en el art. 168.a) 2º LCSP; y e) si la adquisición se destina a museos, archivos o bibliotecas estatales o autonómicas es necesario informe previo favorable emitido por la Junta de Calificación, Valoración y Exportación de Bienes del Patrimonio Histórico.

b) cuando proceda la protección de derechos exclusivos, incluidos los derechos de propiedad intelectual e industrial (art. 168.a) 2º).

Un ejemplo del recurso a este procedimiento de adjudicación —negociado sin publicidad ni concurrencia— lo encontramos en el contrato celebrado por el Ayuntamiento de Alcalá de Henares para la organización y realización del Festival Gigante para los años 2021 a 2023 (con posible prórroga hasta el 2025). En la memoria del contrato se afirma que se ha buscado en el mercado artístico un programa referente en el programa español que garantice la excelencia artística y potencie Alcalá como destino turístico y se ha considerado que el Festival Gigante, por su auge en el mercado español, su potencial como motor turístico, su carácter vanguardista y de exponente musical y cultural clave en el país es el más adecuado. El procedimiento negociado sin publicidad se justifica por tratarse de una propuesta única desde el punto de vista artístico y por ser el Festival Gigante una marca patentada, existiendo, por tanto, derechos exclusivos. La negociación giró en torno al precio del contrato; a la participación de agrupaciones musicales vinculadas a Alcalá de henares; a la participación de empresas vinculadas con la ciudad en el ciclo desarrollado durante el Festival Gigante; a mejoras para peñas festivas de la ciudad; a la contratación de personas empadronadas en la ciudad y que se encuentren en situación de desempleo; y a otras mejoras de calidad y cantidad.

c) cuando no exista competencia por razones técnicas

Con anterioridad a la modificación introducida en la Ley 31/2022, de 23 de diciembre, de Presupuestos Generales del Estado para 2023 (disp.fin.23ª) se disponía que la inexistencia de competencia por razones técnicas y la protección de derechos exclusivos solo se aplicarían cuando no existiera una alternativa o sustituto razonable o cuando la ausencia de competencia no fuera consecuencia de la configuración restrictiva de los requisitos y criterios para adjudicar el contrato. Pero esta previsión ha sido eliminada por la Ley 31/2022, sin que esté aún claro el alcance de la eliminación de estas restricciones y si, en definitiva, los límites de decisión de la Administración se han ensanchado o si, de no concurrir tales circunstancias, sería preciso considerar, aún tras la modificación normativa, que el recurso al procedimiento negociado sin publicidad es contrario a Derecho por injustificado y contrario, en definitiva, al principio de interdicción de la arbitrariedad de los poderes públicos y a los principios centrales de la contratación pública (competencia, igualdad, eficiencia...). Esta última interpretación parece más lógica, sobre todo si tenemos presente que las previsiones eliminadas están previstas en la Directiva 2014/24/UE, sobre contratación pública, que está vigente.

d) cuando en los procedimientos abiertos o restringidos solo se hubiesen presentado ofertas irregulares o inaceptables (art. 168.b) 1º LCSP). En este caso, en la negociación deberá incluirse a todos los licitadores en el procedimiento anterior y no pueden modificarse sustancialmente las condiciones iniciales del contrato (no se puede incrementar el precio ni alterar el sistema de retribución previsto).

e) en los contratos de servicios, cuando el contrato sea consecuencia de un concurso de proyectos.

Los concursos de proyectos son un procedimiento previsto para la obtención de planos o proyectos, principalmente en el campo de la arquitectura, el urbanismo, la ingeniería y el procesamiento de datos, a través de una selección que se encomienda a un jurado tras la correspondiente licitación.

Menor interés tienen el diálogo competitivo y el procedimiento de asociación para la innovación que han sido escasamente utilizados en la práctica. El diálogo competitivo se utiliza para la adjudicación de contratos especialmente complejos y consiste en entablar un diálogo con varias empresas a través de una mesa especial con la finalidad de desarrollar una o varias soluciones a las necesidades de la Administración y encauzar las ofertas de las empresas. La asociación para la innovación tiene por objetivo desarrollar productos, servicios u obras innovadores y permite a la Administración adquirir productos, servicios u obras que no están disponibles en el mercado. Por último, los sistemas dinámicos de adquisición son una variante del procedimiento restringido que se tramita por medios electrónicos.

Por último, hay que tener en cuenta que en los contratos menores la adjudicación no requiere un procedimiento de concurrencia; la adjudicación se realiza de forma directa por el órgano de contratación y solo es precisa la justificación de la necesidad del contrato y de la no elusión de las reglas mediante fraccionamiento o contratación sucesiva, la aprobación del gasto y la incorporación de la factura al expediente correspondiente. En el caso de contratos de obras, es también necesario presupuesto y proyecto de obra (art. 118 LCSP).

5.2.3. Contratos públicos culturales reservados: la reserva de adjudicación a determinadas organizaciones

La LCSP contempla la posibilidad de reservar a ciertas organizaciones la adjudicación de los contratos de servicios culturales que figuran en el Anexo IV (disp.adic. 48ª LCSP): servicios de organización de exposiciones, ferias y congresos; servicios de organización de eventos culturales; servicios de organización de festivales; servicios de organización de fiestas; servicios de organización de desfiles de moda; servicios de organización de ferias y exposiciones.

En los contratos de concesión de estos servicios especiales la convocatoria de licitación se realizará en todo caso mediante el anuncio de información previa al que se refiere el art. 135.5. La duración de estos contratos no puede superar los tres años.

Las organizaciones a favor de las cuales se pueden reservar estos contratos deben reunir los siguientes requisitos: a) que su objetivo sea la realización de una misión de servicio público vinculada a la prestación de este tipo de servicios culturales; b) que los beneficios se reinviertan con el fin de alcanzar el objetivo de la organización; o en caso de que se distribuyan o redistribuyan beneficios, la distribución o redistribución deberá realizarse con arreglo a criterios de participación; c) que las estructuras de dirección o propiedad de la organización que ejecute el contrato se basen en la propiedad de los empleados, o en principios de participación, o exijan la participación activa de los empleados, los usuarios o las partes interesadas, d) que el poder adjudicador de que se trata no haya adjudicado a la organización un contrato para los servicios en cuestión con arreglo a esta previsión en los tres años anteriores.

La reserva no elimina la competencia, pues pueden licitar cuantas organizaciones reúnan los requisitos legalmente establecidos. Tampoco elimina la necesidad de cumplir con los criterios de solvencia o los requisitos establecidos en los pliegos. No obstante, sí es cierto que opera una cierta restricción en el acceso. En todo caso, no existe obligación alguna de establecer este régimen de reserva respecto a la contratación de servicios culturales, a diferencia de lo que ocurre en relación con los contratos reservados a centrales especiales de empleo y empresas de inserción.

6. LAS PROPOSICIONES, LOS CRITERIOS DE ADJUDICACIÓN Y LA VALORACIÓN DE OFERTAS. LAS VALORACIONES BASADAS EN JUICIOS DE VALOR Y LOS COMITÉS DE EXPERTOS U ORGANISMOS TÉCNICOS ESPECIALIZADOS

Las ofertas o proposiciones han de ser acordes con los pliegos y la documentación de la licitación y se acompañarán de una declaración responsable en la que el licitador ha de manifestar que reúne todos los requisitos de solvencia, de clasificación, de no estar incurso en prohibiciones de contratar y demás requisitos exigidos. También se incluirá, si es preciso, el documento acreditativo de la constitución de garantía provisional o el compromiso de constituir una UTE o de que se contará con medios de otras empresas. Debe identificarse también una dirección de correo electrónico a efectos de notificaciones.

La presentación de la proposición supone la aceptación de las cláusulas y condiciones del pliego (arts. 139.1 y 50.1.b) LCSP).

En los procedimientos abiertos y restringidos, la adjudicación se hace conforme a unos criterios regulados en la LCSP que se concretan en los pliegos o en el documento descriptivo del contrato y que deben incluirse en el anuncio de licitación para su publicidad. Por tanto, la adjudicación no puede regirse por criterios que no figuren en la convocatoria.

La Administración dispone de discrecionalidad para configurar los criterios de adjudicación, pero deben, en todo caso —y ello opera como un límite a esa discrecionalidad—, ser adecuados al objeto del contrato, permitir una evaluación de las ofertas en condiciones de competencia efectiva y respetar los principios de igualdad, no discriminación y proporcionalidad.

> Se considera que un criterio de adjudicación está vinculado al objeto del contrato cuando se refiera o integre las prestaciones que deban realizarse en virtud de dicho contrato, en cualquiera de sus aspectos y en cualquier etapa de su ciclo de vida, incluidos los factores que intervienen en los procesos de producción, prestación o comercialización o en cualquier otra etapa del ciclo de vida.

Normalmente los criterios persiguen la mejor relación calidad-precio y, por tanto, remiten a criterios tanto económicos como valorativos, principalmente de calidad, pero también medioambientales y sociales si están justificados en función del objeto del contrato y son proporcionados. Los criterios de calidad incluyen criterios relativos al valor técnico, a las características estéticas y funcionales, la accesibilidad, el diseño universal o diseño para todas las personas usuarias, las características sociales, medioambientales e innovadoras, y la comercialización y sus condiciones.

Las características medioambientales pueden referirse a aspectos tales como la reducción del nivel de emisión de gases de efecto invernadero, el empleo de medidas de ahorro y eficiencia energética y la utilización de energía procedente de fuentes renovables durante la ejecución del contrato, así como al mantenimiento y mejora de los recursos naturales que puedan verse afectados por la ejecución del contrato.

Las características sociales del contrato, por su parte, pueden incorporar factores tales como: el fomento de la integración social de personas con discapacidad, personas desfavorecidas o miembros de grupos vulnerables entre las personas asignadas a la ejecución del contrato y, en general, la inserción sociolaboral de las personas con discapacidad o en riesgo de exclusión social; la subcontratación con Centros Especiales de Empleo o Empresas de Inserción; los planes de igualdad de género que se apliquen en la ejecución del contrato y, en general, la igualdad entre mujeres y hombres; el fomento de la contratación femenina; la conciliación de la vida laboral, personal y familiar; la mejora de las condiciones laborales y salariales; la estabilidad en el empleo; la contratación de un mayor número de personas para el ejecución del contrato; la formación y la protección de la salud y la seguridad en el trabajo; la aplicación de criterios éticos y de responsabilidad social a la prestación contractual; o los criterios referidos al suministro o a la utilización de productos basados en un comercio equitativo durante la ejecución del contrato.

En todo caso, en algunos supuestos, la ley admite que el criterio exclusivo sea el económico, es decir, el precio y se seleccione la mejor oferta desde esta perspectiva, salvo que se trate de una oferta anormalmente baja que deba ser descartada.

En los contratos artísticos y culturales es evidente la importancia que pueden y deben alcanzar los criterios que exigen juicios de valor en función del objeto concreto del contrato, ya que en muchos de ellos serán relevantes consideraciones artísticas, histórico-artísticas o estéticas.

De hecho, la ley dispone que, en los contratos de servicios culturales del anexo IV, los criterios relacionados con la calidad deben representar, al menos, el 51 por 100 de la puntuación asignable en la valoración de ofertas (art. 145.4), aunque, cuando se utilicen varios criterios, deberá darse preponderancia, siempre que sea posible, a aquellos criterios que hagan referencia a características del contrato que sean valorables mediante cifras o porcentajes obtenidos a través de la aplicación de fórmulas establecidas en los pliegos.

La disposición adicional 47ª establece, además, respecto de este tipo de contratos, que el órgano de contratación velará en todas sus fases por la necesidad de garantizar la calidad, la continuidad, la accesibilidad, la asequibilidad, la disponibilidad y la exhaustividad de los servicios. También velarán por las necesidades específicas de distintas categorías de usuarios, incluidos los grupos desfavorecidos y vulnerables, por la implicación de los usuarios de los servicios y la innovación en la prestación de los mismos.

Por otra parte, en estos contratos, al establecerse los criterios de adjudicación de estos contratos se podrán incluir aspectos tales como: la experiencia del personal adscrito al contrato en la prestación de servicios dirigidos a sectores especialmente desfavorecidos o en la prestación de servicios de similar naturaleza en los términos establecidos en el artículo 145; la reinversión de los beneficios obtenidos en la mejora de los servicios que presta; el establecimiento de mecanismos de participación de los usuarios y de información y orientación de los mismos.

También puede acudirse al criterio del cálculo del ciclo de vida del producto que tiene en cuenta todos los costes que lleva aparejado desde la investigación o fabricación hasta su eliminación y reciclado.

En todo caso, los contratos de servicios culturales del anexo IV no son los únicos contratos culturales en los que pueden y deben tener relevancia los juicios de valor. El propio objeto del contrato determinará en cada caso el mayor o menor peso que criterios artísticos, estéticos o culturales que requieren en su aplicación la realización de este tipo de apreciaciones especializadas deben tener a la hora de valorar las ofertas presentadas.

Como ya señalamos más arriba (epígrafe 2.2), la valoración y clasificación de las ofertas o proposiciones se realiza por la mesa de contratación o la junta de contratación que debe examinar que se cumplen todos los requisitos legales y del pliego y aplicar los criterios de valoración establecidos en la convocatoria. La mesa elevará su propuesta al órgano de contratación que resolverá motivadamente sobre la adjudicación. Pero, como también explicamos anteriormente (epígrafe 2.2), en aquellos casos —y como hemos visto, esto puede ocurrir precisamente en los contratos culturales— en los que la valoración de las proposiciones depende de juicios de valor en una proporción superior a los criterios evaluables de forma automática, la valoración conforme a esos criterios corresponderá a un comité de expertos o a un organismo técnico especializado (art. 146.2).

> Un ejemplo de ello es el contrato celebrado en el año 2022 por el Ayuntamiento de Alcalá de Henares para la producción íntegra y exhibición de las representaciones itinerantes de la obra "Don Juan Tenorio" de José Zorrilla, conocida, a efectos promocionales y publicitarios, como "Don Juan en Alcalá 2022". Se trata de un contrato de servicios artísticos de productores de teatro, grupos de cantantes, bandas

y orquestas (CPV- 92312100), esto es, un contrato privado. A diferencia de ediciones anteriores en que la adjudicación se llevó a cabo a través del procedimiento negociado sin publicidad ni concurrencia, en esta edición la adjudicación se ha realizado por el procedimiento abierto. Los criterios de adjudicación fueron el precio y la calidad, tanto general de la propuesta presentada (dirección, versión, actores, diseño de iluminación, de espacio escénico, de espacio sonoro, de vestuario, de coreografía y movimiento) como de las infraestructuras. La ponderación correspondiente al precio fue de 35, los criterios de calidad general de 55 y a los demás criterios de 10. En consecuencia y de acuerdo con lo previsto legalmente (art. 146.2 LCSP), se constituyó un comité de expertos encargado de la valoración de los criterios evaluables mediante juicios de valor. El comité de expertos estuvo compuesto por un representante del Ministerio de Cultura (del Instituto Nacional de las Artes Escénicas y de la Música); un representante de la Comunidad de Madrid (Dirección General de Promoción Cultural); un representante de la Red Nacional de Teatros, Auditorios, Circuitos y Festivales de Titularidad Pública; un representante del órgano de contratación; y un representante de la Concejalía de Cultura, Turismo y Universidad, Festejos y Casco Histórico. El resto de las actuaciones necesarias para la culminación del expediente correspondían, lógicamente, a la mesa de contratación.

El licitador seleccionado debe presentar los documentos justificativos de que cumple los requisitos establecidos en el pliego y de que ha constituido la garantía definitiva que proceda. En caso contrario, se requeriría al siguiente licitador por el orden de clasificación de las ofertas con incautación, en su caso, de la garantía provisional que hubiera sido prestada.

La resolución de adjudicación ha de publicarse en el perfil del contratante y notificarse electrónicamente a todos los licitadores.

A los efectos de la adjudicación, la LCSP contempla la posibilidad de celebrar una subasta electrónica para que los licitadores que han presentado sus ofertas puedan mejorar los precios o determinados elementos de las ofertas cuya ponderación se establecerá por la Administración fijándose una fórmula matemática para la reclasificación automática de las ofertas mejoradas. Este sistema de subasta electrónica puede emplearse en los procedimientos abiertos, restringidos y negociados, pero no puede aplicarse a los contratos que tengan por objeto prestaciones de carácter intelectual como los de arquitectura.

7. EL RECURSO ESPECIAL EN MATERIA DE CONTRATACIÓN PARA LA IMPUGNACIÓN DE ACTOS DE PREPARACIÓN Y ADJUDICACIÓN DE LOS CONTRATOS

Con la finalidad de evitar que, en determinados casos, un contrato cuya preparación y/o adjudicación plantee problemas de legalidad se siga tramitando y pueda llegar a ejecutarse sin que se haya resuelto la impugnación de esos actos de preparación y/o adjudicación, la LCSP prevé un recurso especial que se caracteriza fundamentalmente por dos notas distintivas: su resolución por un órgano administrativo especializado y funcionalmente independiente (el Tribunal Administrativo Central de Recursos Contractuales en la Administración del Estado y tribunales equivalentes en las Comunidades Autónomas) y el efecto suspensivo automático que la interposición del recurso produce sobre la tramitación de la contratación. Este recurso, cuando procede, sustituye a los recursos administrativos ordinarios y es de interposición potestativa. Está previsto solo para determinados tipos de contratos (determinados contratos administrativos, especiales y subvencionados) y en relación con actos de preparación y adjudicación y algunos otros como los de modificación del contrato que hubiera debido ser objeto de nueva adjudicación (vid. arts. 44 a 60 LCSP). Cuando no procede este recurso, hay que acudir a los recursos administrativos ordinarios que procedan y, en su caso o en último término, al recurso contencioso-administrativo.

8. LA EJECUCIÓN DE LOS CONTRATOS

La ejecución del contrato implica el cumplimiento, por parte del contratista, de las condiciones estipuladas dentro del plazo fijado para ello y, por parte de la entidad contratante, el abono del precio convenido. Las partes han de estar, pues, a lo pactado, a la "ley del contrato".

No obstante, para los contratos administrativos, la legislación establece algunas reglas especiales que excepcionan esta regla y que evidencian la diferente posición de las partes en estos contratos.

A) La Administración puede modificar unilateralmente el contenido del contrato, en ciertos supuestos (vid. arts. 203 y 204 LCSP), con límites (en aras de la libre concurrencia y la igualdad), y siempre por razones de interés general. En todo caso, la modificación solo es obligatoria para el contratista si no se supera el 20% del precio; si el contratista no acepta, se procede a la resolución del contrato.

B) La Administración dispone de la prerrogativa de interpretación y resolución de dudas sobre el cumplimiento del contrato, así como de la potestad de supervisar, controlar y dictar instrucciones sobre la ejecución del contrato.

C) La Administración dispone de la potestad tarifaria que le permite fijar el precio a abonar por el usuario al contratista.

D) Si la Administración se demora en el pago del precio, el contratista no tiene derecho a suspender o resolver el contrato, salvo que la demora sea superior a cuatro meses en el primer caso y superior a seis meses en el segundo.

E) En caso de daños a terceros como consecuencia de la ejecución del contrato, la propia Administración resuelve sobre si la responsabilidad le corresponde a ella o al contratista.

F) Si el particular ejecuta el contrato de forma defectuosa o incurriendo en demora, la Administración puede imponerle penalidades o resolver el contrato exigiendo al contratista los daños y perjuicios que no queden cubiertos por las penalidades, si bien en el caso de demora no imputable al contratista, la Administración deberá prorrogarle el plazo.

E) El contratista tiene derecho al equilibrio económico-financiero, lo que puede traducirse en una compensación económica o en una ampliación de los plazos del contrato, al margen de las posibilidades que ofrece la revisión de precios. También tiene derecho a una compensación económica derivada de perjuicios ocasionados por fuerza mayor.

F) El contratista puede proceder a la cesión del contrato y a la subcontratación, pero existen límites y excepciones, y puede ser necesaria la autorización de la Administración (arts. 214 y 215 LCSP). Por ejemplo, no es posible la cesión cuando la adjudicación del contrato ha respondido a las cualidades técnicas o personales del contratista.

En todo caso, la subcontratación es privada y el subcontratista queda obligado solo ante el contratista que es el que asume la responsabilidad plena de la ejecución del contrato frente a la Administración.

Es preciso tener presente que estas prerrogativas solo rigen para los contratos administrativos con la excepción de la potestad de modificación, que, como hemos visto, también es aplicable a los contratos privados (supra epígrafe 4) y no para los contratos privados de la Administración pública, siendo como hemos visto diversos contratos culturales contratos privados precisamente. Los contratos privados se rigen por el derecho privado en cuanto a sus efectos y modificación. Ahora bien, si estos contratos fueran contratos armonizados, les serán de aplicación las regulaciones de la LCSP relativas a las condiciones especiales (de carácter social, ético, medioambiental o de otro orden) de ejecución, modificación, cesión, subcontratación y resolución (art. 26.2, párr. 2º).

9. LA EXTINCIÓN DE LOS CONTRATOS

La extinción normal de los contratos se produce por su cumplimiento, pero también puede tener lugar por su resolución o su anulación. En el caso de los contratos administrativos, el cumplimiento implica un acto formal de la Administración de recepción o conformidad, de igual forma que la resolución del contrato, cuando procede (por causas relativas a la capacidad y solvencia del contratista; por mutuo acuerdo; por incumplimiento del contratista, por causas imputables a la Administración o por imposibilidad de ejecución del contrato), se acuerda por el órgano de contratación.

Los contratos celebrados por los entes del sector público, incluidos los contratos subvencionados, son inválidos cuando concurre alguna de las causas de invalidez del derecho civil, alguna causa de derecho administrativo que se refiera a los actos preparatorios o de adjudicación y cuando su clausulado es ilegal. Hay que tener en cuenta que los actos de preparación y adjudicación del contrato son actos administrativos separables a los que se aplica el Derecho Administrativo y que son susceptibles de anulación por los cauces previstos en este sector del ordenamiento jurídico.

10. BIBLIOGRAFÍA BÁSICA

Balaguer, E., "Análisis de los factores a tener en cuenta a la hora de abordar los contratos artísticos con la Ley de Contratos del Sector Público de 2017", *El Consultor de los Ayuntamientos,* n. II, Sección punto de vista, mayo 2020.

Canales Gil, A. y Huerta Barajas, J. A., *Comentarios a la Ley 9/2017, de Contratos del Sector Público,* BOE., Madrid, 2018.

Candela Talavero, J. E., "Contratación pública. La aplicación del procedimiento negociado sin publicidad. Procedimiento negociado sin publicidad. Supuestos", *La Administración Práctica,* n. 5, 2022.

Escudero Méndez, J. (coord.), *La contratación de espectáculos y actividades culturales por las corporaciones locales,* Ed. Trea, Gijón, 2006.

Estrada López, J. A., "La contratación artística en la Ley 9/2017, de Contratos del Sector Público: la necesidad del cambio para poder avanzar", *Revista para el análisis de la cultura y el territorio,* n. 21, 2020; https://doi.org/10.25267/Periferica.2020.i21.08

Gamero Casado, E. y Gallego Córcoles, I. (dirs.), *Tratado de contratos del sector público,* Tirant lo Blanch, Valencia, 2018.

González-Varas, S., *El Estado de la cultura,* Tirant lo Blanch, Valencia, 2021.

Lazo Vitoria, X. (dir.), *Compra pública verde y cambio climático,* Atelier, Barcelona, 2022.

Nombiela Lobato, N., "Los contratos "públicos" artísticos en las artes escénicas", *Revista del Gabinete Jurídico de Castilla-La Mancha,* n. 20, 2019.

Palomar Olmeda, A. y Garcés Sanagustín, M. (dirs.), *Comentarios a la Ley de Contratos del Sector Público,* La Ley, 2018.

11. MATERIALES, ACTIVIDADES Y/O CASOS

ACTIVIDADES

ACTIVIDAD n. 1- Analice y compare el régimen de contratación del Museo del Prado y del Museo Thyssen Bornemisza.

ACTIVIDAD n. 2.- Analice si el Teatro Abadía forma parte del sector público y está sujeto a la Ley de Contratos del Sector Público para la realización de sus contrataciones.

CASOS PRÁCTICOS

CASO n. 1.- Un Ayuntamiento está considerando la adquisición de una escultura ya realizada de un conocido escultor de la zona para su ubicación en un parque público de la ciudad. ¿Qué tipo de contrato es? ¿A través de qué procedimiento debe producirse la adquisición? ¿Ha de abrirse concurso público?

CASO n. 2.- Otro Ayuntamiento está pensando en contratar con un artista un proyecto de escultura para su plaza principal, encargándose posteriormente la ejecución material de la obra a una forja o fundición. El Ayuntamiento duda de si se trata de un contrato de adquisición de una obra de arte, de un contrato de consultoría y asistencia, o de otro tipo de contrato público o privado. Asesore al Ayuntamiento.

CASO n. 3.- Un tercer Ayuntamiento quiere prever la actuación de una conocida cantante de música pop en su programa de fiestas estivales. Se pregunta si realmente puede elegir a esa cantante o tiene que abrir un procedimiento de concurrencia al que pudieran presentarse también otros cantantes de música pop. Por otro lado, se pregunta qué tipo de contrato sería teniendo en cuenta que el precio previsto rondaría los 7.500 euros.

CASO n. 4.- El Ayuntamiento de Altea está pensando en ofrecer ayuda económica para la realización de un corto que se realizaría en el municipio, a cambio de la publicidad correspondiente como patrocinador, pero duda sobre si ese patrocinio sería una subvención o un contrato y, en este último caso, si se trataría de un contrato privado o administrativo y qué régimen jurídico tendría.

CASO n. 5.- El Museo del Prado desea adquirir una escultura moderna de un escultor español de prestigio para su colocación en una de sus salas. ¿Qué tipo de contrato sería y a través de qué procedimiento habría de realizarse?

CASO n. 6.- La Administración del Estado quiere mejorar la accesibilidad arquitectónica de una de sus principales bibliotecas públicas. Las obras son de cierta envergadura y su precio rondaría los 200.000 euros. Analice el tipo de contrato, el procedimiento que habría de realizarse y el régimen jurídico de ejecución de la obra.

CASO n. 7.- Un Ayuntamiento quiere contratar la realización de un evento musical con cantantes para la feria de la ciudad. La contratación se realiza con empresa intermediadora de los cantantes que se quieren traer. Se prevé que la contratación sea por importe inferior a 10.000 euros pero incluyendo el derecho del contratista al 100% de la taquilla. ¿Qué tipo de contrato es? ¿Es un contrato administrativo, privado, de qué tipo? ¿Es un contrato menor? ¿Cómo debe adjudicarse?

Capítulo VII
La relación laboral de los artistas

ELENA DESDENTADO DAROCA
Profesora Titular de Derecho del Trabajo y de la Seguridad Social
Universidad Nacional de Educación a Distancia (UNED)

1. EL TRABAJO ARTÍSTICO EN LA "ZONA GRIS": LA PROBLEMÁTICA DISTINCIÓN ENTRE EL TRABAJO ARTÍSTICO AUTÓNOMO Y EL TRABAJO ARTÍSTICO SUBORDINADO

A la hora de estudiar el régimen laboral de los artistas es importante hacer una primera distinción entre artistas autónomos y artistas por cuenta ajena.

Los artistas autónomos ejercen su actividad en régimen de independencia jurídica o funcional, es decir, fuera del ámbito de organización y dirección de un empresario. Estos artistas se rigen por el Estatuto del Trabajador Autónomo (Ley 20/2007, de 11 de julio) y su contratación con el cliente no se somete a las normas laborales sino a las normas civiles, mercantiles o administrativas que correspondan.

Por su parte, los artistas asalariados prestan sus servicios en régimen de ajenidad y dependencia. La ajenidad implica que el artista cede de forma anticipada los frutos de su trabajo a un tercero, el empresario, a cambio de un salario; el artista trabaja "para otro". La dependencia, que no implica una subordinación absoluta, significa que el artista, al realizar el trabajo contratado, se somete a la dirección y organización del empresario (fijación de horarios, ensayos obligatorios, instrucciones…). El trabajo del artista por cuenta ajena se rige por el Estatuto de los Trabajadores (Real Decreto Legislativo 2/2015, de 23 de octubre, en adelante ET) y, en general, por el Derecho del Trabajo.

La distinción, en principio, parece sencilla, pero lo cierto es que en la práctica a veces es muy difícil determinar cuándo un artista es asalariado y cuándo es autónomo, más aún cuando, de forma fraudulenta, se intenta "disfrazar" el trabajo asalariado como trabajo autónomo para huir de las normas tuitivas del Derecho del Trabajo.

La jurisprudencia ha precisado que "los contratos son lo que son y no lo que las partes dicen que son". Es decir, que, aunque las partes califiquen el contrato como civil, por ejemplo, y el trabajador se presente como autónomo, si el contrato realmente cumple las notas de laboralidad previstas en el art. 1.1 del Estatuto de los Trabajadores (en especial, la ajenidad y la dependencia), será, a pesar de todo, un contrato de trabajo y, como tal, quedará sometido al ordenamiento laboral.

Para saber si un artista es autónomo o asalariado, hay, por tanto, que analizar en cada caso las circunstancias concurrentes y, en concreto, "la configuración efectiva de las obligaciones asumidas en el acuerdo contractual y de las prestaciones que constituyen su objeto" (STS4ª 20.1.2021, r. 2387/2018, entre otras). Se trata de una tarea, pues, casuística.

Pero la dependencia y la ajenidad son conceptos muy abstractos, por lo que valorar su presencia en un caso concreto puede ser complejo. Además, en determinadas actividades, la dependencia se manifiesta de forma muy tenue, con lo que las dificultades de calificación se intensifican. Es lo que sucede precisamente con el trabajo artístico. Se ha dicho, con razón, que el colectivo de artistas es uno de los que, de forma más acusada, se sitúa en los límites entre el trabajo subordinado y el trabajo autónomo. Estamos, en efecto, ante una zona gris, porque la dependencia, que es, sin duda, la nota determinante, está muy atenuada en este tipo de actividad.

Debido a la dificultad que conlleva valorar la presencia de los elementos definitorios de la relación laboral en las llamadas "zonas grises", la jurisprudencia utiliza la técnica indiciaria. Ciertas circunstancias se consideran indicios de ajenidad o dependencia. Ahora bien, ninguno de estos indicios es, por sí solo, definitivo para calificar la relación de trabajo. Deben analizarse de forma conjunta, para decidir, finalmente, qué características predominan en la relación y llegar a una conclusión sobre su naturaleza jurídica.

Con carácter general, se afirma que son indicios de ajenidad que el empresario asuma los gastos que el trabajo origina; que los útiles, materiales o medios, cuando tienen identidad relevante, sean del empresario; y que la clientela sea de la empresa y no del trabajador. Son indicios de dependencia, por su parte, la asistencia regular y continuada al lugar del trabajo; el seguimiento de un horario preestablecido; la utilización de un despacho o dependencia estable en el centro de trabajo; la prestación de trabajo en exclusiva para un empleador; la obligación de aceptar los encargos... En todo caso, insistimos en que se trata de meros indicios, que hay que poner en relación con las demás circunstancias concurrentes, porque ninguno por sí solo es decisivo.

Volveremos después sobre esta cuestión en relación con los artistas en espectáculos públicos.

2. EL TRABAJO ARTÍSTICO POR CUENTA AJENA: RELACIÓN LABORAL COMÚN Y RELACIÓN LABORAL ESPECIAL

En el epígrafe anterior hemos analizado las diferencias entre el trabajo artístico autónomo y el trabajo artístico subordinado. Solo este último queda sometido al Derecho del Trabajo.

Pues bien, dentro del Derecho del Trabajo se distinguen, a su vez, dos tipos de trabajo artístico: el que se realiza en espectáculos públicos y el que no reúne esta característica.

El trabajo artístico por cuenta ajena que no se realiza en espectáculos públicos da lugar a una relación laboral común, que se regula por la legislación laboral ordinaria.

El trabajo artístico en espectáculos públicos da lugar a una relación laboral de carácter especial [art. 2.1.e) del ET], que se rige por el Real Decreto 1435/1985, de 1 de agosto, y solo de forma supletoria por el Estatuto de los Trabajadores.

¿Pero por qué el trabajo artístico en espectáculos públicos se somete a una regulación especial? La razón se encuentra en el hecho de que el trabajo artístico, cuando se desarrolla en el marco de un espectáculo, reúne ciertas particularidades que requieren de un régimen específico. En primer lugar, se trata de un trabajo en el que la temporalidad es frecuente. La duración del contrato de trabajo se suele vincular con la duración del espectáculo, cuya permanencia se vincula, a su vez, con algo tan incierto y voluble como la aceptación del público. En muchas ocasiones, además, el espectáculo tiene una duración predeterminada muy breve, que puede ser de un único día. Estas circunstancias exigen un régimen de contratación laboral especial, más flexible en lo que se refiere a la temporalidad. También requiere un tratamiento especial el trabajo de los menores de edad y el de los artistas extranjeros, para, en ambos casos, facilitar su actividad artística; y el régimen de la jornada, que debe adaptarse al espectáculo. La vinculación con el espectáculo también obliga a establecer un régimen especial en los derechos y deberes de las partes, y en el régimen de extinción de la relación laboral.

Por su especialidad y su importancia, en este capítulo nos vamos a centrar en la relación laboral especial de los artistas en espectáculos públicos.

3. LA RELACIÓN LABORAL ESPECIAL DE LOS ARTISTAS Y DEL PERSONAL TÉCNICO Y AUXILIAR QUE PRESTA SUS SERVICIOS EN ESPECTÁCULOS PÚBLICOS

3.1. El Real Decreto 1435/1985, de 1 de agosto, y su posterior modificación por el Real Decreto-ley 5/2022, de 22 de marzo

La Ley 8/1980, de 10 de marzo, del Estatuto de los Trabajadores, calificó como relación laboral especial la de "los artistas en espectáculos públicos" [art. 2.1.e)], como ya hiciera su predecesora, la Ley 16/1976, de 8 de abril, de Relaciones Laborales [art. 3.1.j)]. Esta regulación pasó inalterada al texto refundido de 2015 vigente (Real Decreto Legislativo 2/2015, de 23 de octubre).

Quedaría así: Esta regulación pasó inalterada al texto refundido de 2015 vigente (Real Decreto Legislativo 2/2015, de 23 de octubre).

La regulación de esa relación especial se encomendó al Gobierno, que procedió a regularla, no sin demoras, en el Real Decreto 1435/1985, de 1 de agosto.

El reglamento se aplicaba únicamente a los artistas que desarrollaban su trabajo en espectáculos públicos. Se excluía expresamente de su ámbito de aplicación "al personal técnico y auxiliar que colabore en la producción de espectáculos". Esta exclusión, que no existía en la Ley de Relaciones Laborales, fue objeto de numerosas críticas, pues el personal técnico y auxiliar también está condicionado por el espectáculo y requiere, por tanto, al igual que el artista, de ciertas especialidades en su régimen jurídico laboral.

También fue objeto de críticas el régimen de la contratación temporal, que resultaba excesivamente laxo, dando lugar a numerosos abusos, y la regulación de la extinción del contrato temporal, que pronto quedó atrasada con respecto a la regulación común.

Estas críticas se sumaban a otras que operaban en distintos planos, principalmente en materia fiscal y de Seguridad Social.

En febrero de 2017, el Congreso de los Diputados creó, en el seno de la Comisión de Cultura, la Subcomisión para la Elaboración de un Estatuto del Artista. Esta subcomisión tenía como objetivo elaborar un informe con recomendaciones para futuras reformas legislativas en este sector.

El informe, que se aprobó por unanimidad en abril de 2018, recomienda modificar el Real Decreto 1435/1985 en varios aspectos. En primer lugar, su ámbito de aplicación debe ampliarse con un doble objetivo: para incluir al personal técnico y auxiliar cuando sus condiciones sean similares en temporalidad a las de los artistas y para adaptar la norma a la nueva realidad de la sociedad digital. Se recomienda también modificar el régimen de la contratación temporal para hacerlo más estricto, evitando con ello los abusos. Asimismo, se considera necesario revisar la indemnización por finalización del contrato de duración determinada de esta relación laboral especial, para equipararla a la prevista en la relación laboral común.

Estas recomendaciones se han cumplido con el Real Decreto-ley 5/2022, de 22 de marzo, que introduce importantes modificaciones en el Real Decreto 1435/1985. Las iremos viendo en los próximos epígrafes.

3.2. *El nuevo ámbito de aplicación del Real Decreto 1435/1985*

En el epígrafe anterior vimos que el art. 2.1.e) del Estatuto de los Trabajadores, en su redacción original, calificaba como relación laboral especial la de "los artistas en espectáculos públicos".

El Real Decreto-ley 5/2022 modifica este precepto, con el objetivo, ya señalado antes, de ampliar el campo de aplicación de esta relación laboral especial. En su nueva redacción, el art. 2.1.e) del Estatuto delos Trabajadores considera relación laboral especial "la de las personas artistas que desarrollan su actividad en las artes escénicas, audiovisuales y musicales, así como las personas que realizan actividades técnicas o auxiliares necesarias para el desarrollo de dicha actividad". De esta forma, el Estatuto de los Trabajadores concreta las actividades artísticas afectadas por la especialidad e incluye ahora, por primera vez, en esta relación laboral especial al personal técnico y auxiliar.

La modificación introducida en el art. 2.1.e) del ET tiene su reflejo en el RD 1435/1985, que, en primer lugar, cambia de denominación: ya no es el reglamento que regula la relación laboral especial de los "artistas en espectáculos públicos", sino el reglamento que regula "la relación laboral especial de las personas artistas que desarrollan su actividad en las artes escénicas, audiovisuales y musicales, así como de las personas que realizan actividades técnicas o auxiliares necesarias para el desarrollo de dicha actividad".

El nuevo ámbito de aplicación del RD 1435/1985 se concreta en su art. 1, que también se modifica por el Real Decreto-ley 5/2022.

La relación laboral especial se define ahora como "la establecida entre el empleador que organiza o el que produce una actividad artística, incluidas las entidades del sector público, y quienes desarrollen voluntariamente una actividad artística o una técnica o auxiliar, por cuenta y dentro del ámbito de organización y dirección de aquel a cambio de una retribución".

Analicemos con más detalle los elementos de esta definición.

3.2.1. La parte trabajadora

La parte trabajadora de esta relación laboral especial puede ser un artista o un trabajador técnico o auxiliar.

Respecto a los artistas propiamente dichos, expresamente se entienden incluidas en esta relación laboral especial las personas que desarrollan:

- Actividades artísticas, sean dramáticas, de doblaje, coreográfica, de variedades, musicales, canto, baile, de figuración, de especialistas.

- Actividades de dirección artística, de cine, de orquesta, de adaptación musical, de escena, de realización, de coreografía, de obra audiovisual.

- Artistas de circo, artista de marionetas, magia, guionistas.

- Cualquier otra persona cuya actividad sea reconocida como la de un artista, intérprete o ejecutante por los convenios colectivos que sean de aplicación en el sector. Entre ellas, hay que incluir a los profesionales taurinos (VI Convenio Colectivo Nacional Taurino).

El personal técnico o auxiliar, por su parte, se define como aquel que presta servicios vinculados directamente a la actividad artística y que resultan imprescindibles para su ejecución. Expresamente se citan los siguientes servicios: la preparación, montaje y asistencia técnica del evento; la sastrería, peluquería y maquillaje; y cualquier otra actividad auxiliar, siempre que no se trate de actividades que se desarrollen de forma estructural o permanente por la empresa, aunque sea de modo cíclico. Es importante esta última precisión: solo se incluyen en la relación laboral especial los técnicos y auxiliares que desarrollan actividades inherentes a un espectáculo, quedando excluido el personal permanente de la empresa, que no está vinculado a un espectáculo concreto sino a la propia actividad —permanente— de esta.

La inclusión del personal técnico o auxiliar en esta regulación especial es, sin embargo, limitada, pues a este colectivo, como veremos más adelante con más detalle, no le resultan aplicables todas las normas del Real Decreto 1435/1985. En efecto, al personal técnico y auxiliar no se le aplican los artículos 2 (capacidad para contratar), 6 (derechos y deberes), 7 (retribuciones), 8 (jornada), 9 (descansos y vacaciones) y 10.4 (sobre inejecución total de la prestación artística).

3.2.2. La parte empresarial

La norma considera empleador del artista o del personal técnico y auxiliar a la persona que organiza o que produce la actividad artística, incluidas las entidades del sector público. Se incluye en este concepto, por tanto:

- A quien organiza un espectáculo público como simple organizador ocasional, aunque no desarrolle habitualmente esa actividad de organización de espectáculos o incluso no realice ninguna actividad de tipo empresarial.

- Y a los profesionales o empresas cuyo objeto social es la organización y gestión financiera de espectáculos públicos, en la medida en que contrate y organice la actividad artística.

En todo caso, no hay que olvidar que estamos ante una relación laboral, por lo que esta definición de empresario se debe completar con lo dispuesto en el art. 1 del Estatuto de los Trabajadores: el empresario del artista o del personal técnico y auxiliar es la persona por cuenta de la cual se realiza el trabajo, la que lo dirige y la que lo retribuye. Este empresario puede ser, como dice la norma, una persona física, una persona jurídica o una comunidad de bienes; puede ser un empresario público o privado; profesional u ocasional; con ánimo de lucro o sin él. Lo importante es que organice el espectáculo en el que se desarrolla la actividad artística, ejerciendo, con ello, la dirección sobre el trabajo y los poderes propios de un empresario laboral.

3.2.3. La actividad contratada

El art. 1.3 del Real Decreto 1435/1985 incluye en su ámbito de aplicación las actividades artísticas, técnicas y auxiliares en las artes escénicas, audiovisuales y musicales, siempre y cuando se realicen para el público.

La norma exige que estas actividades sean difundidas mediante comunicación pública o estén destinadas a la fijación o difusión a través de cualquier medio o soporte técnico, tangible o intangible, producción fonográfica o audiovisual, en medios tales como teatro, cine, radiodifusión, televisión, internet, incluida la difusión mediante *streaming*, instalaciones deportivas, plazas, circo, festivales, tablaos, salas de fiestas, discotecas, y, en general, cualquier lugar destinado habitual o accidentalmente a espectáculos públicos, o a grabaciones, producciones o actuaciones de tipo artístico o de exhibición.

Las actuaciones artísticas en un ámbito privado están excluidas de este régimen jurídico especial. Piénsese, por ejemplo, en el caso de un cantante que es contratado para que actúe en una fiesta de cumpleaños. Si la contratación de la actividad artística en el ámbito privado cumpliera las notas de laboralidad (ajenidad y dependencia), se trataría de una relación laboral común y no especial.

3.2.4. Supuestos dudosos. De nuevo, en la zona gris

De la exposición anterior podemos concluir que el art. 1 del Real Decreto 1435/1985 delimita el ámbito de aplicación de esta relación laboral especial de forma muy completa. Sin embargo, en la práctica, determinados supuestos pueden suscitar dudas.

Ya vimos que el trabajo artístico, con carácter general, se encuentra en la frontera entre el trabajo autónomo y la relación laboral. La dependencia, en la actividad artística, está muy matizada, por lo que en este tipo de trabajo nos solemos mover en una inquietante "zona gris". Este problema se manifiesta de forma especialmente intensa en el sector de los espectáculos públicos, es decir, en lo que sería el ámbito propio de la relación laboral especial que ahora estamos examinando.

Los profesionales de la música son un ejemplo paradigmático de este problema. Imagínense los siguiente supuestos.

A) Un tercero contrata con un cantante su actuación en un espectáculo público

En este caso, habría que distinguir varias posibilidades. Si el tercero organiza el espectáculo, contratando no solo al cantante, sino también al personal artístico de acompañamiento y al personal no artístico, aportando el equipo necesario y el material técnico, organizando los ensayos y fijando los temas que se han de interpretar, entonces parece claro que la relación entre el cantante y el tercero sería una relación laboral especial, sometida al Real Decreto 1435/1985, como lo serían también las relaciones entre el tercero y los artistas acompañantes.

Pero si el tercero no solo contrata con el cantante su actuación sino el propio espectáculo, asumiendo el cantante su organización (selección y contratación del personal de acompañamiento, aportación de todo el material necesario, etc), entonces el cantante será un trabajador autónomo y, a la vez, empresario laboral de los artistas acompañantes.

Es posible que el cantante, que, además de actuar, organiza el espectáculo, haya constituido una sociedad externa, con personalidad jurídica propia, asumiendo cualquiera de las formas societarias admitidas en Derecho, cuyo objeto sea precisamente la organización de espectáculos de los que él forma parte. En este caso, la sociedad sería la que contrataría a los integrantes del grupo, asumiendo la posición empresarial, aunque el cantante, como socio mayoritario —y probablemente también administrador— seguiría siendo trabajador autónomo.

Ahora bien, si en este último caso (cantante que constituye una sociedad), el tercero contratara a la sociedad no para que organizara un espectáculo del que el cantante formara parte, sino para que el cantante actuara en un espectáculo que el tercero ha organizado, la relación laboral especial no se excluiría por el hecho de que, formalmente, el contrato se haya firmado con la sociedad. Cuando lo que contrata el tercero es tan solo la actividad artística personal del trabajador y en la relación entre ambos concurren las notas típicas de laboralidad, hay que levantar el velo y calificar el vínculo como lo que realmente es: un contrato de trabajo (STS4ª 19.2.2014, r. 3205/2012).

B) *Un grupo musical contrata, de forma colectiva, con un tercero su intervención en un espectáculo público*

De nuevo, aquí debemos distinguir según lo que se contrate sea la actividad artística o la organización del espectáculo.

Si el tercero asume la organización del espectáculo y lo único que contrata con el grupo es su actuación artística, estaremos ante una relación laboral especial entre el organizador del espectáculo y el grupo en su totalidad. Se trataría de un contrato de trabajo de grupo, muy frecuente en este sector. El art. 10.2 ET dispone que en estos casos el empresario "no tendrá frente a cada uno de sus miembros los derechos y deberes que como tal le competen". El jefe del grupo, dice el precepto, "ostentará la representación de los que lo integren, respondiendo de las obligaciones inherentes a dicha representación". Hay que dejar claro que los componentes del grupo no constituyen una relación laboral con el grupo mismo. El grupo es una sociedad interna creada por los músicos, que deciden contratar con el empresario de forma conjunta a través de su representante. La relación laboral, insistimos, se establece con el organizador del espectáculo, aunque entre éste y el grupo musical existirá una sola relación jurídica. En cuanto al "jefe del grupo", se trata de un simple representante. Su función como tal se limita a representar a los miembros del grupo frente al empresario, pero él no asume esa condición (STSJ Galicia 18.7.2011, r. 1491/2011).

Si, por el contrario, el tercero contrata con el grupo la propia organización del espectáculo, ya no existirá entre él y el grupo una relación laboral. ¿Existirá relación laboral entre los miembros del grupo? Depende de las circunstancias en que se desarrolle el trabajo. Si entre los miembros del grupo no hay una relación jerárquica y todos intervienen en la organización del espectáculo, todos ellos serán trabajadores autónomos. Pero si uno de ellos es quien dirige, controla, organiza y retribuye, estando el resto subordinados a su dirección, entonces aquél será el empresario laboral y estos sus trabajadores, existiendo una relación laboral especial entre ellos.

C) La relación entre el artista y el representante artístico

La relación entre el artista y su representante artístico no es normalmente una relación laboral. El representante se limita a la promoción del artista y a la mediación entre este y los empresarios (STSJ de Madrid 28.2.2006, r. 20/2006)

Ahora bien, podría ser que el representante artístico, con independencia de sus funciones como tal, asumiera además la posición de empresario frente al artista. Esto podría suceder si el representante organizara un espectáculo en el que participara su representado. Fuera de este supuesto excepcional, la relación del representante artístico con el artista es una relación civil y no laboral.

D) Grupo musical que es contratado por un Ayuntamiento para actuar en un concierto

Si el Ayuntamiento asume la organización del espectáculo y la actuación del grupo se integra dentro de su círculo rector, existirá relación laboral especial, que podrá articularse como un conjunto de relaciones laborales individuales o de forma colectiva a través del contrato de trabajo de grupo. Si, por el contrario, el Ayuntamiento se limita a contratar el espectáculo, fijando únicamente el lugar y el horario de la representación, los artistas no tendrán una relación laboral con el Ayuntamiento. En este supuesto, como ya hemos visto antes, la condición de los miembros del grupo musical podrá variar según las circunstancias de cada caso. Si uno de sus integrantes ostenta una posición especial, organizando el trabajo, apropiándose de sus frutos y retribuyendo después al resto, esta persona será quien ostente la posición empresarial y los demás músicos serán sus asalariados. La condición de empresario también puede asumirla una sociedad interpuesta que se dedique a gestionar el negocio del grupo musical, contratando directamente con el organizador del espectáculo, aunque en este caso podrá acudirse a la doctrina del levantamiento del velo si se apreciara abuso de la personalidad jurídica. Si no se da ninguna de estas hipótesis, se tendrá que concluir afirmando que todos los componentes del grupo musical son trabajadores autónomos.

3.3. Sistema de fuentes de la relación laboral especial

Aclarado el ámbito de aplicación de la relación laboral especial, debemos centrar ya nuestro análisis en su régimen jurídico.

Para ello hay que comenzar precisando que esta relación laboral especial se rige, en primer lugar, por el Real Decreto 1435/1985. El Real Decreto 1435/1985 tiene, sin embargo, un contenido muy reducido, con tan solo 12 artículos, una única disposición adicional y una disposición final.

En lo no regulado por el RD 1435/1985, resulta de aplicación "el Estatuto de los Trabajadores y las demás normas laborales de general aplicación, en cuanto sean compatibles con la naturaleza especial de la relación laboral de los artistas en espectáculos públicos" (art. 12.1 del RD 1435/1985).

Se aplican, además, los convenios colectivos vigentes, que han venido a sustituir a las antiguas reglamentaciones de trabajo y ordenanzas laborales anteriores al Estatuto de los Trabajadores. En el ámbito nacional, cabe mencionar el Convenio Colectivo Estatal Regulador de las Relaciones Laborales entre los Productores de Obras Audiovisuales y los Figurantes que Prestan Servicios en las Mismas (BOE 16 mayo 2016), el Convenio Colectivo Estatal del Personal de Salas de Fiesta, Baile, Discotecas, Locales de Ocio y Espectáculos (BOE 5 abril 2023), el Convenio Colectivo Estatal de Profesionales de Doblaje, Rama Artística (BOE 2 febrero 1994) y el Convenio Nacional Taurino (BOE 16 septiembre 2022).

3.4. La capacidad para contratar. El supuesto especial del artista menor de 16 años y el trabajo de los artistas extranjeros

El art. 2 del Real Decreto 1435/1985, bajo la rúbrica "capacidad para contratar", contempla dos supuestos: el trabajo del artista menor de 16 años y el trabajo de los artistas extranjeros (aunque este último no plantea, en realidad, un problema de capacidad sino de permiso administrativo).

3.4.1. El trabajo del artista menor de 16 años

El art. 6 del Estatuto de los Trabajadores prohíbe la admisión al trabajo a los menores de dieciséis años.

La única excepción a esta regla se prevé en el apartado 3 del art. 6 ET y se refiere precisamente al trabajo artístico.

En efecto, el art. 6.3 del ET admite "la intervención de los menores de 16 años en espectáculos públicos", pero tan solo si existe previa autorización por parte de la autoridad laboral. Esta autorización, dice la norma, solo se dará en casos excepcionales y siempre que no suponga peligro para la salud del menor ni para su formación profesional y humana. El permiso deberá constar por escrito y se otorgará para un espectáculo o actuación concreta y no de forma general.

Este régimen singular se desarrolla en el art. 2 del RD 1435/1985, de acuerdo con el cual la autorización se deberá solicitar por los representantes legales del menor, aunque tendrá que ir acompañada del consentimiento del menor si este tuviera suficiente juicio. La jurisprudencia entiende, con carácter general, que el menor tiene suficiente juicio a partir de los 12 años. Concedida la autorización, corresponde al padre o tutor la celebración del contrato, aunque es necesario también el previo consentimiento del menor si este tuviera suficiente juicio.

La regulación reglamentaria se completa con las particularidades que el régimen laboral común establece en determinadas materias para la protección del trabajador menor de 18 años (en materia de jornada máxima, horarios, descansos y vacaciones —arts. 6, 34 y 37 del ET— y prevención de riesgos laborales —art. 27 LPRL—...) y con lo dispuesto en las normas comunitarias e internacionales aplicables (Convenio OIT nº 60, Convenio OIT nº 138 y Directiva 94/33/CE, de 22 de junio de 1994, relativa a la protección de los jóvenes en el trabajo).

La admisión del trabajo del menor de 16 años en espectáculos públicos es, sin duda, la mayor especialidad del régimen laboral de los artistas. Hay que aclarar que esta especialidad solo está prevista para el artista y no se extiende al personal técnico o auxiliar.

3.4.2. El trabajo de los artistas extranjeros

Ya señalamos que, en realidad, no es esta una materia sobre capacidad para contratar, sino sobre permisos administrativos. En todo caso, la norma se remite al régimen general que regula el trabajo de los extranjeros, al igual que lo hace también el art. 7 c) del ET, por lo que, en principio, podríamos concluir que no hay aquí ninguna especialidad.

Ahora bien, si acudimos a la legislación específica sobre trabajo de extranjeros en España sí encontramos ciertas particularidades para la actividad artística en espectáculos públicos.

En principio, los extranjeros precisarán, para ejercer cualquier actividad lucrativa, laboral o profesional, de la correspondiente autorización administrativa previa para residir y trabajar (art. 36 de la Ley Orgánica 4/2000, sobre derechos y libertades de los extranjeros en España y su integración social). Para la concesión inicial de esta autorización, en el caso de trabajadores por cuenta ajena, se tendrá en cuenta la situación nacional de empleo (art. 38 de la Ley Orgánica

4/2000). Pues bien, cabe destacar dos especialidades en relación con el trabajo artístico:

1°. No será necesaria la obtención de permiso de trabajo para los artistas que vengan a España a realizar actuaciones concretas que no supongan una actividad continuada [art. 41.1.g) de la Ley Orgánica 4/2000 y art. 117 g) del Real Decreto 557/2011, de 20 de abril].

2°. No se tendrá en cuenta la situación nacional de empleo cuando el contrato de trabajo vaya dirigido a los artistas de reconocido prestigio [art. 40.2.d) de la Ley Orgánica 4/2000].

3.5. Forma del contrato, información de los elementos esenciales y período de prueba

3.5.1. La exigencia legal de forma escrita del contrato de trabajo

El art. 8 del ET consagra el principio de libertad de forma: el contrato de trabajo se puede celebrar "por escrito o de palabra". Pero este principio está sometido a importantes excepciones. Una de estas excepciones es precisamente la que establece el art. 3 del RD 1435/1985: los contratos previstos en este reglamento deberán constar siempre por escrito, cualquiera que sea su modalidad y duración.

¿Qué sucede si se incumple la obligación de la forma escrita? El incumplimiento de esta obligación constituye una infracción administrativa grave (art. 7.1 LISOS). Ahora bien, dicho incumplimiento no provoca la nulidad del contrato de trabajo, aunque dará lugar a una presunción "iuris tantum" del carácter indefinido y a tiempo completo de la relación laboral. El art. 8.2 ET es claro al respecto: de no observarse la forma escrita cuando esta sea exigible, "el contrato de trabajo se presumirá celebrado por tiempo indefinido y a jornada completa, salvo prueba en contrario que acredite su naturaleza temporal o el carácter a tiempo parcial de los servicios".

3.5.2. La información sobre los elementos esenciales del contrato de trabajo

Por otra parte, el art. 3.2 del RD 1435/1985 impone a la empresa la obligación de informar por escrito al trabajador sobre los elemen-

tos esenciales del contrato y las principales condiciones de ejecución
de la prestación laboral, siempre que tales elementos y condiciones
no figuren en el contrato de trabajo formalizado por escrito.

Esta obligación se aplica con carácter general a todas las empresas, con independencia de la duración del contrato de trabajo, frente
a la legislación común, que solo impone dicha obligación cuando la
relación laboral sea de duración superior a cuatro semanas —art. 8.5
ET—.

La obligación de información sobre los elementos esenciales
del contrato de trabajo deriva de la Directiva 91/533/CEE del Consejo, que ha sido recientemente sustituida por la Directiva (UE)
2019/1152, del Parlamento Europeo y del Consejo. Su régimen se
desarrolla en el Real Decreto 1659/1998.

3.5.3. El período de prueba

El art. 4 del Real Decreto 1435/1985 permite que el artista y el empresario pacten por escrito un período de prueba, siempre y cuando
la duración del contrato de trabajo sea superior a 10 días.

La duración del período de prueba tiene unos topes máximos,
que dependen de la propia duración del contrato de trabajo: a) de
5 días, en los contratos de duración no superior a 2 meses; b) de 10
días, en los contratos de duración no superior a 6 meses; y c) de 15
días, en los restantes contratos.

Por lo demás, el período de prueba se rige por lo dispuesto en el
art. 14 ET.

3.6. *Duración y modalidades del contrato*

En el trabajo artístico se puede acudir a las distintas modalidades
contractuales previstas en la legislación laboral común (contrato indefinido, contrato fijo discontinuo, contrato de sustitución, contrato
de duración determinada por circunstancias de la producción, contratos formativos, contrato de relevo…). Estas modalidades contractuales se rigen por la normativa laboral común.

No obstante, es importante señalar que el trabajo artístico incluido en el ámbito de aplicación del RD 1435/1985 es, en la mayoría de los casos, un trabajo de carácter temporal. Este trabajo está vinculado a un espectáculo, cuya duración, a su vez, depende de algo tan efímero y cambiante como los gustos del público. Por ello, el contrato de trabajo típico en este ámbito es el contrato de duración determinada.

Pero la regulación de la contratación temporal estructural prevista en la legislación laboral común (en especial, la del contrato de duración determinada por circunstancias de la producción) no se adapta bien a las necesidades del trabajo artístico. La regulación común es excesivamente rígida para el trabajo artístico que, como decíamos, es principalmente temporal y que, por ello mismo, requiere de un régimen más flexible.

Por eso, el RD 1435/1985 prevé un contrato de duración determinada "ad hoc" para el trabajo artístico, que se regula en el art. 5: el contrato laboral artístico de duración determinada, que se puede celebrar tanto con los artistas propiamente dichos como con el personal técnico y auxiliar.

El régimen del contrato artístico de duración determinada constituye, sin duda, una de las especialidades más importantes de esta relación laboral. La regulación anterior a la reforma de 2022 era, quizás, excesivamente amplia. El Real Decreto-ley 5/2022, como ya adelantamos, ha modificado profundamente dicha regulación, con el objetivo de reforzar el carácter temporal de este contrato y evitar su uso abusivo, aun manteniendo un régimen flexible.

Y así, el art. 5.2 aclara, en primer lugar, que este contrato solo se puede realizar para cubrir necesidades temporales de la empresa; si la necesidad de trabajo es permanente, el contrato de trabajo debe ser indefinido. A continuación, se añade que el contrato artístico de duración determinada puede celebrarse:

- Para una o varias actuaciones.
- Por un tiempo cierto.
- Por una temporada.
- Por el tiempo que una obra permanezca en cartel.
- Por el tiempo que duren las distintas fases de producción.

Se admiten prórrogas sucesivas del contrato, siempre que la necesidad temporal de la empresa, que justificó su celebración, persista.

Para evitar abusos, en el contrato habrá que especificar con claridad y precisión la causa habilitante de la contratación temporal, las circunstancias concretas que la justifican y su conexión con la duración del contrato.

Cuando se producen irregularidades en la contratación temporal, la consecuencia es que el trabajador adquiere la condición de fijo. El art. 5.4 del RD 1435/1985 especifica los supuestos en los que esto se produce:

1. Cuando el contrato temporal se haya realizado incumpliendo los requisitos legales.

2. Cuando se superen los límites al encadenamiento de contratos de duración determinada. De acuerdo con el art. 15.5 ET, se superan estos límites en los siguientes casos:

   • Trabajadores que, en un periodo de 24 meses, hayan estado contratados durante un plazo superior a 18 meses, con o sin solución de continuidad, para el mismo o diferente puesto de trabajo con la misma empresa o grupo de empresas, mediante dos o más contratos de duración determinada.

   • Trabajadores que ocupen un puesto de trabajo que haya estado ocupado con o sin solución de continuidad, durante más de 18 meses en un periodo de 24 meses mediante contratos de duración determinada.

3. Cuando el artista no haya sido dado de alta en la Seguridad Social, una vez transcurrido un plazo igual al que legalmente se hubiera podido fijar para el periodo de prueba (5 días en contratos de duración no superior a 2 meses, 10 días en contratos de duración no superior a 6 meses, 15 días en los restantes).

La regla de la conversión del trabajo temporal en indefinido es una medida legal eficaz para evitar los abusos y, en este sentido, cumple las exigencias de la Directiva 1999/70/CE, que aplica el Acuerdo marco de la CES, la UNICE y el CEEP sobre el trabajo con contrato de duración determinada.

Esta regla de la conversión tiene, sin embargo, una importante excepción que opera en el empleo público, donde los contratos temporales no pueden dar lugar a la adquisición de la fijeza, pues con ello se vulnerarían las normas de derecho necesario que garantizan los principios de igualdad, mérito y publicidad en el acceso al empleo público. En estos casos, se aplica la solución jurisprudencial del indefinido no fijo: el contrato temporal irregular del trabajador pasa a calificarse como "indefinido", pero "esto no supone que el trabajador consolide, sin superar los procedimientos de selección, una condición de fijeza en plantilla que no sería compatible con las normas legales sobre selección de personal fijo en las Administraciones Públicas" (STS4ª 24.6.2014, r. 217/2013). Por ello, el trabajador seguirá desempeñando la plaza que tiene atribuida, aunque ésta deberá proveerse por los procedimientos reglamentarios. En ese momento, el contrato indefinido no fijo cumplirá su término y el trabajador tendrá derecho a una indemnización de 20 días de salario por año de servicio con un tope de 12 mensualidades. Así se ha reconocido, por ejemplo, en el caso de los bailarines que desarrollan su actividad en el Ballet Nacional de España (STSJ Madrid 16.6.2020, r. 339/2019).

3.7. *Los derechos y deberes del artista; el pacto de plena dedicación*

En la relación laboral especial de los artistas en espectáculos públicos se aplican los derechos y obligaciones básicos de toda relación laboral, previstos en los arts. 4 y 5 ET.

No obstante, el art. 6 del RD 1435/1985 establece, en esta materia, ciertas particularidades, que solo resultan aplicables a los artistas, pues quedan excluidos del ámbito de aplicación de este precepto el personal técnico y el auxiliar (disposición adicional única)

Estas particularidades se refieren a tres cuestiones: el deber que tiene el artista de cumplir lo acordado con la diligencia debida, su derecho a la ocupación efectiva y el pacto de plena dedicación.

El art. 6.2 dispone que el artista tiene la obligación de realizar la actividad para la que se le contrató en las fechas señaladas, aplicando la diligencia que corresponda a sus personales aptitudes artísticas, y siguiendo las instrucciones del empleador en lo que se refiere a la organización del espectáculo. Una primera lectura de la norma pudiera hacernos pensar que resulta superflua: todo trabajador tiene el deber de cumplir lo pactado con la diligencia debida y con sometimiento a las instrucciones empresariales, tal y como establecen los arts. 5 y 20 del ET. Pero el contenido de la norma es mayor de lo que en principio parece. Por una parte, el precepto incide en un aspecto especialmente relevante en el trabajo artístico: el cumplimiento del horario y calendario establecido. El artista debe cumplir rigurosamente con el calendario y horarios establecidos, no solo en relación con la actividad principal —que se desarrolla frente al público—, sino también con respecto a los ensayos previstos —que suelen requerir la coordinación con otros trabajadores—. Por otra parte, la diligencia debida no se vincula a la del "trabajador medio", sino a las "especiales aptitudes" que tiene el artista, por las que ha sido contratado. Por último, el precepto parece atenuar la dependencia del artista, cuando señala que este deberá seguir las instrucciones del empresario "en lo que se refiere a la organización del espectáculo". El empresario organiza la actividad del artista en la medida en que esta se inserta en el espectáculo, pero, en el ejercicio de sus facultades directivas, debe dejar al artista un margen de libertad creativa, que es consustancial al trabajo artístico.

La segunda particularidad que establece el art. 6 en materia de derechos y deberes se refiere al derecho a la ocupación efectiva y se contempla en su apartado 3. El precepto reconoce al artista este derecho, lo que, sin duda, ya sabíamos, conforme a lo dispuesto en el art. 5 ET. Ahora bien, la norma especial no resulta innecesaria, pues cumple dos finalidades importantes. En primer lugar, se insiste en la existencia de este derecho, porque para el artista es esencial poder desarrollar su actividad ante el público, dándose a conocer. Además, el precepto introduce una aclaración necesaria: el derecho a la ocupación efectiva del artista no solo afecta a la actividad artística principal frente al público, sino también a los ensayos y a otros actos preparatorios.

Por último, el art. 6.4 se refiere al pacto de plena dedicación, también llamado pacto de exclusividad. En virtud de este pacto, el artista se obliga a no realizar ninguna otra actividad profesional: ni por cuenta propia, ni por cuenta ajena, y con independencia de la rama de actividad de que se trate; el artista limita su libertad de trabajo y se compromete a trabajar exclusivamente para el empresario, percibiendo a cambio de su plena dedicación una compensación económica. De esta forma, se excluye la posibilidad del pluriempleo del artista.

Pues bien, el art. 6.4 establece un régimen especial para este pacto de plena dedicación, que se aparta en aspectos importantes del previsto con carácter general en el art. 21 del ET.

En primer lugar, el art. 6.4. dispone que del pacto "debe quedar expresa constancia en el contrato". Esta exigencia no implica que solo pueda pactarse la plena dedicación en el momento de formalizar el contrato de trabajo. El pacto puede suscribirse en cualquier momento de la relación laboral. Lo que la norma exige es que se formalice por escrito y se incorpore al contrato.

Por otra parte, mientras que, en el régimen común del art. 21 ET, la compensación económica debe ser expresa, el art. 6.4 admite también que esta quede englobada en la retribución que percibe el artista por su trabajo.

Pero, sin duda, la diferencia con el régimen común más notable es la relativa a la ruptura del pacto. El art. 21.3 ET permite al trabajador rescindir en cualquier momento el pacto de exclusividad, recuperando, así, su libertad de trabajo; lo único que se exige para ello es una comunicación escrita al empresario con preaviso de 30 días. El régimen especial del art. 6.4 del RD 1435/1985 resulta mucho más estricto: durante la vigencia del pacto, dice el precepto, "el artista no puede rescindirlo unilateralmente". Si lo hace, el empresario tendrá derecho a exigir una indemnización por daños y perjuicios. La cuantía de esta indemnización puede estar fijada en el propio pacto; de no ser así, se establecerá por el órgano judicial, que, a estos efectos, tomará en consideración factores como el tiempo de duración previsto para el pacto, la cuantía de la compensación percibida por el artista, y, en general, la lesión producida por el incumplimiento contractual. El art. 6.4 dispone, remitiendo al art. 1.154 del Código Civil, que, en todo caso, el órgano judicial podrá moderar la indemnización en función de las circunstancias en que se produce el incumplimiento del artista.

¿Podría justificar el incumplimiento del pacto por parte del artista su despido disciplinario? Si el pacto fue decisivo en la relación laboral y su incumplimiento por parte del artista fue grave y culpable, podría justificarse el despido disciplinario por transgresión de la buena fe contractual.

Finalmente, hay que señalar que, aunque el art. 6 del Real Decreto 1435/1985 no lo diga expresamente, tampoco el empresario puede rescindir unilateralmente el pacto: el empresario está obligado a pagar la compensación económica durante el tiempo que se haya pactado. Si no lo hace, se produciría un incumplimiento empresarial que, de ser continuado, podría justificar la resolución del contrato de trabajo a instancias del artista con derecho a la indemnización que corresponde al despido improcedente (art. 50 ET). Lo que sí es posible, como es lógico, es que el empresario y el artista decidan por mutuo acuerdo la extinción del pacto, lo que debería hacerse constar por escrito para evitar problemas de prueba.

3.8. La retribución del artista

El art. 7 del RD 1435/1985 regula la retribución del artista. Este precepto tampoco es aplicable al personal técnico ni al auxiliar (disposición adicional única).

Tienen la consideración de salario todas las percepciones que el artista tenga reconocidas frente a la empresa por la prestación de su actividad artística. En este sentido, la regulación del RD 1435/1985 no presenta ninguna especialidad respecto a lo dispuesto en el art. 26 del ET.

En el concepto de salario del artista se incluyen las retribuciones por el trabajo artístico efectivo (ensayos y actividad ante el público) y los tiempos instrumentales de espera en el puesto de trabajo. El art. 7 señala, además, que mediante la negociación colectiva se regulará, en su caso, "el tratamiento retributivo de aquellos tiempos en los que, sin estar comprendidos en la noción de jornada de trabajo, el trabajador se encuentre en situación de disponibilidad respecto del empresario". Se refiere la norma a los supuestos en los que el empresario puede, conforme al convenio colectivo, fijar a su conveniencia el momento de inicio de la prestación de trabajo, estando mientras tanto el artista a la espera de su llamamiento (un ejemplo puede verse en el art. 24 del Convenio Colectivo del Sector de Profesionales de la Danza, Circo, Variedades y Folklore, suscrito por la Asociación de Empresarios de Ocio Nocturno de la Comunidad de Madrid y UGT, BOE 15.5.2012).

La retribución del artista será la pactada en el convenio colectivo o en el contrato individual de trabajo, con respeto, en todo caso, al salario mínimo interprofesional (que, para 2023, es de 15.120 euros anuales). Se aplica, así, como sucede en la relación laboral común, una escala descendente de favorabilidad: salario mínimo interprofesional, convenio colectivo y contrato de trabajo. Así, por ejemplo, si la norma estatal establece que el SMI será de 1080 euros/mes, ni el convenio colectivo ni el contrato de trabajo podrán establecer un salario menor. Si el convenio eleva el salario a 1.200 euros/mes, el contrato de trabajo tendrá que respetar ese mínimo y solo podrá modificarlo para mejorarlo.

Se advierte, por último, que el empresario no puede imponer ensayos gratuitos. Si el empresario quiere obligar al artista a realizar ensayos tendrá que retribuirlos. Esta advertencia se hace en el art. 8, relativo a la jornada, aunque afecta también al régimen de la retribución.

3.9. La jornada de trabajo del artista

El art. 8 regula la jornada del artista. Tampoco este precepto es aplicable al personal técnico ni al auxiliar.

La jornada del artista, dice el art. 8, incluye los ensayos, la prestación efectiva de la actividad artística ante el público y el tiempo en que el artista está en su puesto de trabajo bajo las órdenes del empresario a efectos de ensayo o de grabación de actuaciones. Esta definición de la jornada laboral del artista se puede completar en el convenio colectivo o pacto individual.

Así, por ejemplo, el tiempo empleado por el artista en los desplazamientos y giras no se incluye en la definición legal de la jornada laboral del artista, pero el propio art. 8 admite que pueda considerarse como tal por el convenio colectivo o el pacto individual.

Por otra parte, el art. 8 advierte, como ya señalamos antes, que el empresario no puede imponer la realización de ensayos gratuitos.

Los ensayos voluntarios no forman parte de la jornada, pero los obligatorios sí y, como tal, deberán ser retribuidos.

En cuanto a la duración y distribución de la jornada, el art. 8 se remite a lo dispuesto en el convenio colectivo o en el pacto individual, que, en todo caso, deberán respetar las normas del Estatuto de los Trabajadores en lo referente a la duración máxima de la jornada (art. 34 del ET).

A este régimen especial de la jornada del artista hay que añadir las reglas particulares previstas en la legislación laboral común en relación con la jornada de los menores de dieciocho años, que resultan aplicables a los artistas menores de edad: 1) prohibición del trabajo en horario nocturno, 2) jornada diaria máxima de 8 horas y 3) prohibición de realizar horas extraordinarias.

3.10. Los descansos y las vacaciones del artista

El régimen de descansos y vacaciones se establece en el art. 9 del RD 1435/1985, que, de nuevo, solo es aplicable al artista y no al personal técnico y auxiliar.

La regulación del descanso semanal es equivalente en lo sustancial a la prevista en la legislación laboral común: el artista tiene derecho a un descanso mínimo semanal de día y medio. La especialidad surge a la hora de establecer el momento de su disfrute. No juega aquí ninguna regla que dé preferencia a determinados días de la semana. En esta relación laboral especial el tiempo en que se disfruta del descanso semanal se fija de mutuo acuerdo entre el artista y el empresario. Además, se establece que, si no es posible su disfrute ininterrumpido, el descanso podrá fraccionarse, siguiendo las siguientes reglas: 1) en principio, se deberá respetar un descanso mínimo ininterrumpido de 24 horas; 2) pero, mediante pacto o convenio, se puede establecer la acumulación del disfrute por períodos de hasta 4 semanas.

Por otra parte, se establece también un régimen flexible para los días festivos: cuando no puedan disfrutarse los días festivos del calendario laboral se trasladará el descanso a otro día dentro de la semana o del período más amplio que se acuerde.

Respecto a las vacaciones, los artistas tienen derecho a vacaciones anuales retribuidas, cuya duración mínima será de 30 días naturales. Si el contrato es de duración inferior al año, las vacaciones se reducirán proporcionalmente. En este último caso, el art. 9.3 señala que cabe sustituir el disfrute de las vacaciones por su retribución.

Por último, hay que tener en cuenta, de nuevo, las particularidades que, en esta materia, establece la legislación laboral común para el trabajador menor de 18 años: al artista menor de edad se le reconoce un descanso mínimo semanal de 2 días ininterrumpidos, sin posibilidad de acumulación y un descanso mínimo de 30 minutos cuando la jornada diaria continuada exceda de cuatro horas y media.

3.11. La extinción del contrato artístico

La extinción del contrato del artista y del personal técnico o auxiliar se rige, con carácter general, por las normas comunes del Estatuto de los Trabajadores.

El Real Decreto 1435/1985 solo establece un régimen especial para la extinción por cumplimiento del término del contrato artístico de duración determinada. Este régimen especial, que se aplica tanto al artista como al personal técnico y auxiliar, se encuentra en el art. 10, que ha sido profundamente modificado por el Real Decreto-ley 5/2022.

De acuerdo con el art. 10, el trabajador, al finalizar el contrato artístico por cumplimiento del término pactado, tiene derecho a percibir una indemnización, cuya cuantía depende de la duración del contrato:

a) Si la duración del contrato ha sido igual o inferior a 18 meses: la indemnización será de cuantía equivalente a la parte proporcional de la cantidad que resulte de abonar 12 días de salario por cada año de servicio, o la superior fijada en convenio o contrato.

b) Si la duración del contrato ha sido superior a 18 meses, la indemnización será como mínimo de cuantía equivalente a la parte proporcional de la cantidad que resultaría de abonar 20 días de salario por cada año de servicio.

En su redacción original, el art. 10 del RD 1435/1985 solo reconocía al artista el derecho a la indemnización si el contrato había tenido una duración superior a 1 año. Además, la cuantía de dicha indemnización, en defecto de pacto o convenio, se fijaba en tan solo 7 días de salario por año trabajado. En su momento, esta regulación constituyó una especialidad favorable al artista, pues en la legislación laboral común (art. 49 ET) a la finalización del contrato temporal el trabajador no tenía derecho a una indemnización. La situación cambió a partir de 2001: la legislación laboral común reconoció con carácter general el derecho del trabajador temporal a una indemnización de 8 días (que en 2010 pasó a ser de 12 días) tras la extinción del contrato por cumplimiento del término. Este cambio normativo no fue seguido de una reforma en el régimen especial del artista, por lo que la situación pasó a ser paradójica: a un trabajador especialmente vulnerable en lo que se refiere a la temporalidad se le daba un trato peyorativo con respecto al resto de trabajadores temporales. La reforma de 2022 ha puesto fin a esta situación, con un régimen similar al común pero adaptado a las particularidades del trabajo artístico.

La empresa que desea poner fin a la relación tras el cumplimiento del término debe preavisar por escrito al trabajador de su decisión. El plazo del preaviso será el que establezca el contrato. En defecto de pacto, la ley establece un plazo que varía según la duración del contrato:

1) De 10 días, si la duración del contrato ha sido superior a 3 meses.

2) De 15 días, si la duración del contrato ha sido superior a 6 meses.

3) De 1 mes, si la duración del contrato ha sido superior a 1 año.

Si el empresario no cumple el plazo de preaviso, deberá pagar al trabajador el salario de esos días.

El art. 10 del RD 1435/1985 finaliza señalando que "el incumplimiento del contrato por la empresa o por la persona trabajadora, que conlleve la inejecución total de la prestación artística, se regirá por lo establecido al respecto en el Código Civil". Se entiende por inejecución total aquellos supuestos en los que ni siquiera hubiera empezado a realizarse el trabajo que constituye la prestación pactada (es decir, la actividad artística objeto del espectáculo). En tales casos, el artista o el empresario no culpables de la inejecución podrán solicitar la resolución del contrato y una indemnización por daños y perjuicios (arts. 1.124 y 1.101 CC).

4. BIBLIOGRAFÍA BÁSICA

Altés Tárrega, J. A., Aradilla Marqués, M. J., y García Testal, E., "La relación laboral especial de artistas tras el Real Decreto-ley5/2022", *Lex Social, Revista de Derechos Sociales*, vol. 12, nº 2, 2022.

Alzaga Ruiz, I., *La relación laboral de los artistas,* CES, Madrid, 2001.
 – "La relación laboral especial de los artistas en espectáculos públicos: balance a los treinta años de su aprobación", *Revista del Ministerio de Empleo y Seguridad Social,* nº 118, 2015.
 – "La reforma de la relación laboral especial de artistas en espectáculos públicos", *Trabajo y Derecho,* nº 95, 2022.

Baz Rodríguez, J., "La relación laboral especial de las personas dedicadas a las actividades artísticas y técnicas auxiliares (un análisis de su reforma, a cargo del RD-Ley 5/2022, de 22 de marzo), *Labos: Revista de Derecho del Trabajo y Protección Social,* vol. 3, nº 3, 2022.

García Murcia, J. y Rodríguez Cardo, I. A., "Las actividades artísticas como zona de frontera del Derecho del Trabajo", *Revista del Ministerio de Trabajo e Inmigración,* nº 83, 2009.

Garrido Pérez, E., "Trabajo autónomo y trabajo subordinado en los artistas en espectáculos públicos", en AA.VV (J. Cruz Villalón coord.), *Trabajo subordinado y trabajo autónomo en la delimitación de fronteras del Derecho del Trabajo,* Tecnos, Madrid, 1999, págs. 335 a 355.

Hurtado González, L., *Artistas en espectáculos públicos. Régimen laboral, propiedad intelectual y Seguridad Social,* La Ley, Madrid, 2006.

Ruiz de la Cuesta Fernández, S., *El contrato laboral del artista,* Tirant lo Blanch, Valencia, 2007.

5. MATERIALES, ACTIVIDADES Y/0 CASOS PRÁCTICOS

ACTIVIDAD

Comente la Sentencia de la Sala IV del Tribunal Supremo de 19 de julio de 2010 (recurso nº 2830/2009), sobre los actores de doblaje. Explique el supuesto de hecho, el problema que se plantea, cómo lo ha resuelto el Tribunal Supremo y la opinión contraria del voto particular. Dé su propia opinión sobre la cuestión.

CASOS PRÁCTICOS

CASO n. 1.- Álvaro G. tiene 14 años y le han ofrecido actuar como actor en una serie de televisión. ¿Puede hacerlo, a pesar de ser menor de edad? Si es así, ¿qué requisitos debería cumplir para poder hacerlo?

CASO n. 2.- Marta Z. es actriz y ha sido contratada por el empresario X para realizar un espectáculo teatral. Ambos han firmado un contrato artístico de duración determinada. En el contrato de trabajo se establece que la duración de la relación laboral será "por el tiempo que la obra permanezca en cartel". La obra permanece en cartel durante 12 meses. Poco antes, conociendo ya el empresario que el espectáculo va a finalizar, se plantea qué debe hacer para dar por terminada la relación. Informe al empresario al respecto.

CASO n. 3.- Irene F. viene prestando servicios para el Instituto Nacional de Artes Escénicas y Música, en el Coro del Teatro de la Zarzuela, desde el 1 de septiembre de 2018, con la categoría profesional de "titulado superior de actividades escénicas (cantante-soprano)" y salario bruto mensual de 2.600 euros. Irene ha suscrito desde entonces con el INAEM sucesivos contratos temporales, sin solución de continuidad, todos ellos "para prestar servicios como cantante-soprano en el Coro del Teatro de la Zarzuela" para la temporada anual correspondiente. El INAEM es el organismo del Ministerio de Cultura y Deporte encargado de promover y difundir la música, la danza, el teatro y el circo en España, así como de favorecer su proyección en el exterior. Para cumplir este objetivo el Instituto diversifica su actividad en varias áreas y centros, entre los que se encuentra el Teatro de la Zarzuela. En el Teatro de la Zarzuela, como en el resto de los centros del INAEM, la programación es anual y es conocida antes del principio de cada temporada.

Las tareas y funciones desempeñadas por Irene siempre han sido las mismas y son idénticas a las que realiza el personal indefinido del INAEM.

Irene acude a usted para pedir asesoramiento. Quiere saber si su contratación temporal por el INEM es irregular y, si es así, qué consecuencias tendría dicha irregularidad en la relación laboral.

Capítulo VIII
La protección social de los artistas

ELENA DESDENTADO DAROCA
Profesora Titular de Derecho del Trabajo y de la Seguridad Social
Universidad Nacional de Educación a Distancia (UNED)

1. EL ENCUADRAMIENTO DE LOS ARTISTAS EN LA SEGURIDAD SOCIAL

El encuadramiento de los artistas en la Seguridad Social depende de dos factores: 1°) si el artista es un trabajador por cuenta ajena o un trabajador autónomo y 2°) si la actividad artística se desarrolla o no en el marco de un espectáculo público.

El artista por cuenta ajena que actúa en espectáculos públicos se incluye en el Régimen General de la Seguridad Social, pero con importantes especialidades en materia de actos de encuadramiento, cotización, recaudación y acción protectora. Estas particularidades conforman un sistema especial dentro del Régimen General. En este sistema especial se encuentra no solamente el artista en sentido estricto, que desarrolla una actividad artística en el marco de un espectáculo público, sino también, en determinadas condiciones que después veremos, las personas que llevan a cabo actividades técnicas y auxiliares necesarias para su desarrollo.

El artista por cuenta ajena que no actúa en espectáculos públicos se encuadra en el Régimen General de la Seguridad Social, pero fuera del sistema especial antes mencionado. Por lo tanto, a este artista se le aplica la regulación común del Régimen General, y no la especial, en materia de actos de encuadramiento, cotización, recaudación y acción protectora. Hay que tener en cuenta, sin embargo, que, en los últimos años, con el objetivo de proteger la cultura y la actividad artística en general, ciertas normas que incluyen especialidades en materia de Seguridad Social se aplican también a este colectivo. Es lo que sucede, como veremos después, con el régimen especial de compatibilidad de la actividad artística con la pensión de jubilación.

Por su parte, el artista autónomo, que ejerce su trabajo por cuenta propia y con independencia funcional, se encuadra en el Régimen Especial de Trabajadores Autónomos (RETA), actúe o no en el marco de un espectáculo público. A este artista se le aplica, con carácter general, la regulación común del RETA, aunque el legislador ha previsto también para él algunas particularidades: el régimen especial de compatibilidad de la actividad artística con la pensión de jubilación también se aplica cuando la actividad se desarrolla por cuenta propia; además, se prevé una cotización atenuada para los artistas autónomos de bajos ingresos.

En este capítulo del manual vamos a analizar las especialidades que tiene la protección social de los artistas. Empezaremos con el artista por cuenta ajena que trabaja en espectáculos públicos, analizando el sistema especial de artistas antes mencionado, que es, sin duda, la particularidad más notable. Después, examinaremos el régimen especial de compatibilidad de la actividad artística con la pensión de jubilación, que, afecta con carácter general a la actividad artística, científica y cultural, por cuenta ajena y por cuenta propia. Más adelante, veremos las especialidades previstas para el artista autónomo en el marco del RETA. A continuación, se comentarán algunos problemas que puede plantear la protección social del artista menor de 16 años. Finalmente, cerraremos el capítulo con una breve mención a las especialidades de la protección social de los profesionales taurinos.

2. LA PROTECCIÓN SOCIAL DEL ARTISTA POR CUENTA AJENA EN ESPECTÁCULOS PÚBLICOS

2.1. Las razones de un tratamiento especial en materia de Seguridad Social para el trabajo artístico por cuenta ajena en espectáculo público

El trabajo artístico por cuenta ajena realizado en espectáculos públicos tiene unas características específicas que lo hacen especialmente vulnerable en materia de Seguridad Social.

La primera característica que hay que destacar es el carácter temporal que tienen la mayoría de estos trabajos. Ya vimos en el capítulo anterior que el vínculo temporal es el contrato típico del artista. Los contratos temporales se suceden e incluso se simultanean en el tiempo, con el mismo o con diversos empresarios. Piénsese que el trabajo se vincula a un espectáculo cuya duración tiene un límite, en la mayoría de las ocasiones vinculado a algo tan incierto y voluble como la aceptación del público. Los contratos temporales suelen combinarse, además, con largos períodos de inactividad. Ello da lugar a carreras de seguro muy irregulares. No se trata de un problema exclusivo del trabajo artístico, porque se produce con carácter general en todas las actividades en las que aparecen por diversas causas períodos de inactividad o desempleo. Lo que caracteriza al trabajo artístico es la mayor frecuencia y amplitud de estas lagunas, derivadas de la propia naturaleza de la actividad. Sin un tratamiento especial, la mayoría de los artistas tendrían dificultades importantes para cumplir los requisitos generales de acceso a la acción protectora de la Seguridad Social contributiva (alta y período mínimo de cotización).

Una segunda característica del trabajo artístico se relaciona con el carácter oscilante de los ingresos. Hay períodos con ingresos relativamente altos o incluso muy altos y períodos con ingresos bastante reducidos o inexistentes. Esto plantea problemas a la hora de establecer los criterios que se deben aplicar para la determinación de la cuantía de las prestaciones. Los períodos de cómputo de la base reguladora de las prestaciones presentan, en este colectivo, lagunas que si no se integran o se integran a través de bases mínimas, reducen de forma notable la intensidad de la protección, mientras que, por el contrario, los topes de la base de cotización en los periodos de alza retributiva dejan fuera percepciones que, sin embargo, son esenciales para la economía del artista y su nivel de vida, que se organiza teniendo en cuenta estas oscilaciones en los ingresos, de forma que parte de los ingresos altos se destinan a cubrir los periodos de inactividad o de reducción de retribuciones. Un sistema que no tenga en cuenta estas características, por partir del modelo del trabajo continuo con percepciones estables —ligeramente al alza— a lo largo del tiempo, no puede organizar una protección eficaz de los artistas.

Por último, hay que mencionar, en la medida en que también influye en las exigencias técnicas de protección del colectivo, el llamado "nomadismo" del trabajo artístico o más exactamente de algunos trabajos artísticos en los que resulta habitual el desplazamiento del artista de un lugar a otro para prestar sus servicios en diversos eventos que pueden estar en lugares distantes. Esta característica del trabajo del artista potencia el riesgo de accidentes en el desplazamiento, cuya problemática es distinta de la que se suscita en relación con el accidente "in itinere" o con el accidente en misión.

La necesidad de dar un tratamiento especial en materia de protección social a los artistas en espectáculos públicos precede a la propia configuración de la relación laboral especial. En efecto, ya vimos que esta relación laboral especial se crea por el Real Decreto 1435/1985. La primera regulación especial en el sistema de Seguridad Social español es anterior: se encuentra en el Decreto 635/1970, que crea un régimen especial, el Régimen Especial de Artistas, después regulado por el Real Decreto 2133/1975. Posteriormente, este régimen especial fue integrado en el Régimen General. La integración se llevó a cabo por el Real Decreto 2621/1986, desarrollado con posterioridad por las Órdenes de 20 de julio de 1987 y 30 de noviembre del mismo año.

La integración en el Régimen General se produjo manteniendo importantes especialidades en materia de actos de encuadramiento, cotización, recaudación y acción protectora. Estas especialidades se contienen fundamentalmente en las normas de integración citadas. Algunas de estas normas, sin embargo, se han incorporado a las regulaciones comunes. Es lo que sucede con las especialidades en materia de cotización (que pasan a regularse en el Reglamento General de Cotización y Liquidación —Real Decreto 2064/1995—), con las especialidades en materia de recaudación (que se regulan ahora en el Reglamento General de Recaudación de la Seguridad Social —Real Decreto 84/1996—) y, en menor medida, con el Reglamento General de Actos de Encuadramiento (Real Decreto 1415/2004). Existen también especialidades en la Ley General de la Seguridad Social (Real Decreto Legislativo 8/2015, de 30 de octubre, en adelante LGSS) y en otras normas. Estamos, por tanto, ante una regulación dispersa, pero que, unida, conforma un auténtico sistema especial dentro del Régimen General, aunque en ningún momento se reconozca así formalmente.

2.2. Delimitación del ámbito de aplicación de la regulación especial

La integración de los artistas en el Régimen General se produjo a partir del propio campo de aplicación del Régimen Especial de Artistas. La disposición final 1ª del Real Decreto 2621/1986 señala que las disposiciones sobre ámbito de aplicación contenidas en las normas derogadas conservarán plena eficacia para determinar la nueva extensión del Régimen General tras la integración.

Para determinar, por lo tanto, qué sujetos quedaron integrados en el Régimen General y sometidos a las normas especiales de integración que conforman lo que hemos denominado "sistema especial de artistas", tenemos que acudir a los arts. 2 y 3 del Real Decreto 2133/1975, que definen a los trabajadores y empresarios incluidos en su ámbito de aplicación.

El art. 2 señala que quedan incluidos en el ámbito de aplicación del Real Decreto 2133/1975 y, por tanto, en el propio Real Decreto 2621/1986, los trabajadores que realicen, bien sea en público o mediante cualquier clase de grabación o de retransmisión, alguna de las siguientes actividades:

1) Actividades musicales.

2) Actividades de teatro, circo, variedades y folklore, incluyendo las realizadas por los apuntadores, regidores, avisadores, encargados de sastrería y de peluquería, siempre que su trabajo se halle concertado con el empresario de una compañía de espectáculo.

3) Las actividades de producción, doblaje o sincronización de películas de corto o largometraje, incluyendo las correspondientes a la plantilla técnica de producción, coro, parsería y figuración.

4) Las actividades que puedan considerarse como análogas a las señaladas en los apartados anteriores, dadas las características del medio en el que se presten y la finalidad a que estén dirigidas, cuando se lleven a cabo al servicio de empresas de radio difusión, de televisión o de actividades publicitarias.

El art. 3, por su parte, considera empresario a toda persona, natural o jurídica, pública o privada, nacional o extranjera, que, con fin de lucro o sin él, utilice los servicios de los trabajadores antes señalados, incluidas las casas musicales y entidades que realicen actividades de grabación o edición en que intervengan dichos trabajadores.

Queda, así, definido el campo de aplicación del sistema especial de artistas dentro del Régimen General. Hay que advertir que, así delimitado, no coincide exactamente con el ámbito de aplicación del Real Decreto 1435/1985, que regula la relación laboral especial de artistas. No obstante, como veremos en su momento, en materia de cotización sí existe una coincidencia completa pues el art. 32 del Reglamento de Cotización remite para su ámbito de aplicación directamente al del Real Decreto 1435/1985.

Volviendo al campo de aplicación del sistema especial de artistas, hay que hacer varias precisiones.

En primer lugar, los artistas incluidos en el sistema especial deben prestar su trabajo por cuenta ajena, es decir, en régimen de ajenidad y dependencia. Ya vimos en el capítulo anterior que, en la práctica, a veces es difícil determinar cuándo el trabajo artístico constituye una relación laboral y cuándo es un trabajo autónomo. Se trata de una tarea casuística, en la que se deben valorar las circunstancias concurrentes, acudiendo a los indicios de ajenidad y dependencia que señala la jurisprudencia. Nos remitimos a lo que ya se dijo en relación con la relación laboral especial. Basta aquí con recordar que si el trabajo desarrollado por el artista no cumple las notas típicas de laboralidad (art. 1.1 ET) y concurren, por el contrario, las características propias del trabajo autónomo, el artista deberá darse de alta en el RETA.

En segundo lugar, el trabajo artístico incluido en el sistema especial es únicamente el que se desarrolla "bien sea en público o mediante cualquier clase de grabación o de retransmisión", es decir, en el marco de un espectáculo público. Recordemos que, si no es así, el artista por cuenta ajena estará incluido en el Régimen General, pero no en el sistema especial que ahora estamos analizando.

En cuanto al empresario del artista, la definición que hace el art. 3 del Real Decreto 2133/1975 debe completarse con la del art. 1.2 del Estatuto de los Trabajadores y con la del art. 1.2 del Real Decreto 1435/1985. El empresario del artista debe ser la persona por cuenta de la cual el artista realiza su trabajo, la que lo dirige y la que lo retribuye.

2.3. Los actos de encuadramiento. En especial, el alta del artista durante los períodos de inactividad

Las solicitudes de afiliación de los artistas y las comunicaciones de sus altas, bajas y demás variaciones, así como la inscripción de empresas, se efectúan conforme a lo establecido para el Régimen General.

Solo hay una especialidad en esta materia: los períodos de inactividad del artista. Los artistas en espectáculos públicos pueden continuar incluidos en el Régimen General durante sus períodos de inactividad de forma voluntaria. Así lo establece el art. 249 ter de la Ley General de la Seguridad Social (introducido por el Real Decreto-ley 26/2018, de 28 de diciembre).

Para poder mantener la inclusión en el Régimen General durante sus períodos de inactividad, los artistas deben cumplir los siguientes requisitos:

1°) Acreditar, al menos, 20 días en alta con prestación real de servicios en dicha actividad en los 12 meses naturales anteriores a aquel en que soliciten la inclusión a la Tesorería General de la Seguridad Social.

2°) Las retribuciones percibidas por esos días deben superar la cuantía de dos veces el salario mínimo interprofesional en cómputo mensual.

3°) No estar incluido en cualquier otro régimen del sistema de la Seguridad Social, con independencia de la actividad de que se trate.

Esta inclusión puede solicitarse a la Tesorería General de la Seguridad Social (TGSS) en cualquier momento y, de reconocerse, tiene efectos desde el día primero del mes siguiente a la fecha de la solicitud.

Durante los períodos de inactividad, puede producirse la baja del artista en el Régimen General por las siguientes vías:

a) A solicitud del trabajador, en cuyo caso los efectos de la baja tendrán lugar desde el día primero del mes siguiente al de la presentación de aquella ante la Tesorería General de la Seguridad Social.

b) De oficio por la Tesorería General de la Seguridad Social, por falta de abono de las cuotas correspondientes a períodos de inactividad durante dos mensualidades consecutivas. Los efectos de la baja, en este supuesto, tendrán lugar desde el día primero del mes siguiente a la segunda mensualidad no ingresada, salvo que el trabajador se encuentre, en esa fecha, en situación de incapacidad temporal, maternidad, paternidad, riesgo durante el embarazo o riesgo durante la lactancia natural, en cuyo caso tales efectos tendrán lugar desde el día primero del mes siguiente a aquel en que finalice la percepción de la correspondiente prestación económica, de no haberse abonado antes las cuotas debidas.

Producida la baja en el Régimen General de la Seguridad Social en cualquiera de estos supuestos, los artistas podrán volver a solicitar la inclusión y consiguiente alta en el mismo, durante sus periodos de inactividad, en los términos y condiciones ya señalados. No obstante, la nueva inclusión en el Régimen General no procederá cuando se hubiera producido la baja de oficio y el solicitante no estuviera al corriente en el pago de las cuotas debidas. En el próximo epígrafe veremos cómo se cotiza durante estos períodos de inactividad en los que el artista permanece en alta.

2.4. *Las particularidades en el sistema de cotización*

2.4.1. La cotización en períodos de actividad

La cotización de los artistas en espectáculos públicos se somete a unas reglas específicas. Estas reglas especiales pretenden compensar las carencias de cotización que, en otro caso, podría sufrir el artista debido a su trabajo intermitente.

El sistema normal de cotización en el Régimen General opera de la siguiente forma: la base de cotización está constituida por la remuneración que ha obtenido ese mes el trabajador (conforme a lo dispuesto en el art. 147 LGSS). Hay unas bases mensuales de cotización mínimas y máximas, que se fijan en la ley de presupuestos generales del Estado. Si la retribución del trabajador es inferior a la base mínima, el trabajador cotiza por la mínima. Si, por el contrario, es superior a la máxima, cotizará por la máxima.

Pues bien, en el caso del artista el problema que surge es que habrá meses en los que la retribución sea escasa o incluso nula, mientras que en otros meses la retribución puede ser altísima y superar, con creces, la base de cotización mensual máxima prevista con carácter general. Si le aplicáramos el régimen común, quedarían fuera de cotización percepciones que, sin embargo, son esenciales para la economía del artista, que, precisamente, se organiza teniendo en cuenta estas oscilaciones en los ingresos, de forma que parte de los ingresos altos se destinan a cubrir los períodos de inactividad. El sistema especial de cotización de los artistas tiene en cuenta esta realidad.

Este sistema especial de cotización se regula en el art. 32 del Reglamento General de Cotización (RD 2064/1995 —en adelante, RGC—) y se aplica, como expresamente dispone el precepto, a todos los trabajadores incluidos en el régimen laboral especial regulado en el Real Decreto 1435/1985. Por lo tanto, no solo a los artistas en sentido estricto, sino también al personal técnico y auxiliar.

La cotización se divide en dos períodos, liquidación provisional y liquidación definitiva, y se sigue el siguiente procedimiento. En primer lugar, se impone al empresario una obligación de comunicación: las empresas deberán comunicar a la Tesorería General de la Seguridad Social los salarios efectivamente abonados a cada artista en el mes natural a que se refiera la cotización.

Con independencia de esta obligación, las empresas deberán realizar la cotización correspondiente a cada mes de acuerdo con las siguientes reglas:

A) Liquidación provisional mensual

Las empresas cotizarán mensualmente por todas las contingencias, en función de las retribuciones percibidas por cada día que el artista haya ejercido su actividad por cuenta de aquéllas, sobre unas bases "tarifadas", fijadas en cada ejercicio económico, con independencia del grupo profesional en que el artista se encuentre incluido ("bases diarias a cuenta").

Las bases a cuenta diarias para 2023 son las siguientes (art. 11 Orden PCM/74/2023, de 30 de enero):

Retribuciones íntegras	Euros/día
Hasta 509,00 euros.	299,00
Entre 509,01 y 915,00 euros.	377,00
Entre 915,01 y 1.531,00 euros.	450,00
Mayor de 1.531,00 euros.	598,00

Esta es la tabla de bases a cuenta. No obstante, no se aplicarán estas bases tarifadas en los siguientes supuestos:

– Si el salario realmente percibido por el artista, en cómputo diario, fuese inferior a la base tarifada más baja. En tal caso, se cotizará por el salario real y no por la base tarifada.

– La base de cotización por contingencias comunes no puede ser inferior a la base mínima diaria de cotización correspondiente al grupo profesional del trabajador. Si fuera así, se cotizará por la base mínima diaria, salvo en aquellos grupos en que dicha base mínima sea inferior a la mínima establecida para el RETA, en cuyo caso se aplicará esta última.

– La base de cotización por contingencias profesionales y demás conceptos de recaudación conjunta no podrá ser inferior a los topes mínimos absolutos indicados en el apartado 2 del artículo 9 del RGC (es decir, no podrá ser inferior a la cuantía íntegra del salario mínimo interprofesional incrementado en un sexto). Si fuera así, se cotizaría por ese tope mínimo.

Las bases de cotización máximas y mínimas del Régimen General se establecen cada año en la ley de presupuestos generales del Estado y en la orden de cotización que la desarrolla. Para 2023 hay que acudir al art. 122 de la Ley 31/2022 y a los arts. 3 y 11 de la Orden PCM/74/2023. Los trabajadores se clasifican en grupos de cotización y, en función de dichos grupos, se asignan las bases máximas y mínimas, aunque, en la actualidad, la base máxima es igual para todos los grupos. El Reglamento General de Cotización, en su art. 32.2, clasifica, a su vez, a los artistas y al personal técnico y auxiliar incluido en el Real Decreto 1435/1985 en distintas categorías profesionales e incluye dichas categorías en los distintos grupos de cotización del Régimen General.

Una vez determinada la base de cotización de cada uno de los días del mes en que el artista haya trabajado para un mismo empresario, se suman para hallar la base de cotización mensual. Esta base mensual no puede superar la base máxima de cotización. Si fuera así, se cotizaría por la máxima.

Sobre esta base mensual se aplican los correspondientes tipos de cotización previstos para el Régimen General.

> Los tipos de cotización al Régimen General para 2023 se establecen en el art. 122 Ley 31/2022 y en el art. 4 Orden PCM/74/2023. Para las contingencias comunes, el tipo es el 28,30%, del que el 23,60% será a cargo de la empresa y el 4,70%, a cargo del trabajador. Para las contingencias profesionales, se aplican los tipos de la tarifa de primas establecida en la disposición adicional cuarta de la Ley 42/2006. Para el mecanismo de equidad intergeneracional, el tipo es el 0,6% aplicable sobre la base de cotización por contingencias comunes, del que el 0,5% será a cargo de la empresa y el 0,1%, a cargo del trabajador. Para el desempleo, si la contratación es de duración determinada, que será lo más habitual en el trabajo artístico, el tipo es el 8,30%, del que el 6,70% será a cargo del empresario y el 1,60%, a cargo del trabajador; si la contratación es indefinida, el tipo se reduce al 7,05%, del que el 5,5% será a cargo de la empresa y el 1,55% a cargo del trabajador. Para el Fondo de Garantía Salarial, el tipo es el 0,20%, a cargo de la empresa. Para la formación profesional, el 0,70%, del que el 0,60% será a cargo de la empresa y el 0,10% a cargo del trabajador. La cotización adicional prevista en el art. 151.3 de la Ley General de la Seguridad Social para contratos de duración determinada inferiores a 30 días no se aplica en el trabajo artístico (151.3 de la LGSS).

Las liquidaciones mensuales tendrán, para el trabajador, el carácter de provisionales respecto de las contingencias comunes y el desempleo.

Para el empresario, estas liquidaciones mensuales son definitivas. También son definitivas para el trabajador las liquidaciones mensuales relativas a las contingencias profesionales.

B) Liquidación definitiva al término del ejercicio económico

Al finalizar el ejercicio económico, la Tesorería General de la Seguridad Social procederá a la llamada "regularización de cuentas".

El art. 56.1.a), número 2, del Reglamento General de Recaudación de la Seguridad Social (RD 1415/2004) establece que "dicha regularización deberá realizarse dentro del año siguiente al de la finalización del ejercicio a que esté referida".

¿Cómo se realiza la regularización? La Tesorería General de la Seguridad Social realiza una nueva cotización calculada ahora sobre el salario anual del artista (recordemos que los empresarios tienen la obligación de comunicar a la Tesorería General de la Seguridad Social las retribuciones mensuales percibidas por sus trabajadores). A este salario anual se le aplica como tope la base máxima anual (resultado de multiplicar la base máxima mensual por doce). A la base de cotización anual así calculada se le aplicará el tipo de cotización general establecido para las contingencias comunes y el desempleo (que incluirá tanto la parte correspondiente a la aportación empresarial como la de los trabajadores). Si el resultado de esta operación es superior a las cantidades que en su día se abonaron por estos conceptos, la Tesorería General de la Seguridad Social calculará la diferencia y reclamará el pago al trabajador (y solo a él) mediante notificación.

El trabajador podrá optar, dentro del mes siguiente a la notificación de la liquidación definitiva, por abonar su importe (en cuyo caso, deberá hacerlo dentro del mes siguiente a la notificación) o porque la regularización se efectúe en función de las bases efectivamente cotizadas. Si el trabajador no efectúa ninguna comunicación en dicho plazo, se entenderá que elige la segunda opción.

Si el trabajador opta por pagar la diferencia, se consolidarán las nuevas bases de cotización, mejorando, con ello, su acción protectora.

Si el trabajador opta, expresa o tácitamente, a favor de que la regularización se efectúe en función de las bases efectivamente cotizadas, se consolidarán dichas bases y quedará como definitiva la liquidación que en un principio fue provisional.

Podría suceder que, al calcular la liquidación anual, la Tesorería General de la Seguridad Social constate que, durante el año, se ha producido un exceso de cotización. En tal caso, la Tesorería General de la Seguridad Social procederá a la devolución de las cantidades ingresadas de más por parte de dichos trabajadores (nótese que se devuelve el exceso de cotización realizado por el trabajador, no por los empresarios). Este último supuesto es difícil que se dé en la práctica. Se podría producir si el trabajador hubiera prestado servicios para varios empresarios, la suma mensual de las bases de cotización respectivas superase el importe de la base máxima mensual y ese exceso no se hubiera compensado con otros meses sin bases o con bases inferiores a la máxima.

Varios ejemplos nos ayudarán a entender este complejo sistema de cotización.

– Ejemplo 1: Artista incluido en el grupo de cotización n° 3. En marzo de 2023 estuvo en alta trabajando con el empresario X durante 23 días. Por cada actuación diaria cobró 100 euros.

Su base de cotización diaria es su salario diario (100 euros). No se aplican las bases a cuenta porque su salario diario (100) está por debajo de la base a cuenta más baja (299). Esa base diaria es superior a la base mínima diaria aplicable al grupo de cotización 3 (42,31). Luego su base de cotización diaria es 100. Como todos los días que actúa cobra lo mismo, para calcular la base de cotización mensual basta con multiplicar la diaria por el número de días en alta. Base de cotización mensual: 100 x 23 días=2.300 euros/mes. Esa base la comparamos con la base máxima de cotización, que es la misma para todos los grupos: 4.495,50. La base de cotización está por debajo del tope máximo, luego se mantiene.

– Ejemplo 2: Artista del grupo 3. Realiza una sola actuación para el empresario X, el día 12 de abril de 2023. El empresario le paga por la actuación 20 euros.

El salario está por debajo de la base mínima de cotización aplicable a su grupo: 42,31 euros. Luego, su base de cotización es la base mínima y no su salario.

– Ejemplo 3: Artista del grupo 3. En abril de 2023 está en alta trabajando para el empresario Z durante 5 días. Ha cobrado por cada actuación diaria 300 euros.

Su base de cotización a cuenta es de 299 euros, pues su salario diario se encuentra en el primer tramo de la tabla de bases a cuenta. Esa base a cuenta es diaria. La pasamos a base mensual, multiplicándola por el número de días en alta: 299 x 5= 1.495 euros. Esa base de cotización mensual no supera la máxima, así que es la correcta.

– Ejemplo 4: Artista del grupo 3. En mayo de 2023 está en alta 6 días con el empresario X. Cobra 520 euros por cada actuación diaria.

Estamos ahora en el segundo tramo de la tabla. La base de cotización a cuenta será de 377 euros: 377 x 6= 2.262. Su base de cotización mensual no supera la máxima, luego se confirma.

Sobre la base de cotización del artista, en todos los casos planteados, se aplicarán los porcentajes correspondientes a las distintas contingencias. De esta forma, se halla la cuota final, que deberá ingresar el empresario.

En los dos últimos ejemplos, la base a cuenta diaria del artista, por la que ha cotizado, es inferior a su salario diario real. ¿El resto se pierde? No. Cada mes, los empresarios comunicarán la retribución real percibida por el trabajador a la Tesorería General de la Seguridad Social. Al finalizar el año, la Tesorería, teniendo en cuenta estas retribuciones, hará una liquidación definitiva del trabajador aplicando no la base máxima de cotización mensual sino la base máxima de cotización anual. Si la cotización definitiva es superior a la provisional, la Tesorería General de la Seguridad Social se lo comunicará al trabajador que, como vimos, tiene dos opciones: mantener la provisional, en cuyo caso tendrá una cotización más baja de lo que le pudiera haber correspondido, o aceptar la definitiva, en cuyo caso pagará de su bolsillo la diferencia. Si, por el contrario, la cotización definitiva sale inferior a la pagada mensualmente, el exceso de cotización se devolverá.

2.4.2. La cotización en períodos de inactividad

Ya vimos que, conforme al art. 249 ter LGSS, el artista en espectáculos públicos puede continuar en alta en el Régimen General de la Seguridad Social durante sus períodos de inactividad. En el apartado 4 de este precepto se explica cómo deben cotizar los artistas durante estos períodos. El régimen especial de cotización se puede resumir así:

a) El propio trabajador es el sujeto responsable del cumplimiento de la obligación de cotizar y del ingreso de las cuotas correspondientes.

b) La cotización tiene carácter mensual.

c) La base de cotización aplicable será la base mínima vigente en cada momento, por contingencias comunes, correspondiente al grupo 7 de la escala de grupos de cotización del Régimen General (para 2023, 1.166,70 euros).

d) El tipo de cotización aplicable será el 11,50%.

e) Por lo tanto, el importe mensual de esta cotización será, para 2023, de 134,17 euros.

Una vez efectuada la liquidación definitiva anual, la Tesorería General de la Seguridad Social procederá a reintegrar el importe de las cuotas correspondientes a los días cotizados en situación de inactividad que se hubieran superpuesto, en su caso, con otros períodos cotizados.

2.5. La asignación de días cotizados y en alta adicionales

Para tener derecho a las prestaciones contributivas de la Seguridad Social se exigen, con carácter general, dos requisitos: un período mínimo de cotización y estar en alta en el momento en el que se produce la situación de necesidad protegida. Un trabajo como el del artista, que normalmente es esporádico, temporal e intermitente, plantea, en este sentido, muchos problemas.

Para ayudar a salvar este problema, se establece un sistema especial de asignación de días cotizados y en alta en función del valor de las cotizaciones totales realizadas, un sistema que permite adicionar días de cotización y alta ficticios partiendo de las cotizaciones que superen el mínimo (art. 9 Real Decreto 2621/1986).

Este sistema opera de la siguiente forma. Dentro de cada año natural se divide por 365 la suma de las bases de cotización por las que se haya cotizado ese año. Si el cociente es superior al importe de la base mínima de cotización aplicable, se consideran como cotizados todos los días del año. Si el cociente es inferior a la base mínima diaria que corresponda, se procede a dividir la suma de las bases de cotización por el importe de esa base y el resultado dará el número de días cotizados computables, que serán también los días de alta. Veamos algunos ejemplos.

– Ejemplo 1: Artista destacado del grupo 1 que, durante el año 2023, ha trabajado 180 días por el tope máximo anual de 53.946 euros. Si dividimos esta cantidad por 365, nos da una base de cotización diaria de 147,79 euros. Al ser del grupo 1, su base mínima mensual es de 1.629,30 euros, lo que supone una base mínima diaria de 54,31. Como su base de cotización diaria (147,79) supera la base mínima diaria aplicable al artista, se tendrán por cotizados y en alta todos los días del año.

– Ejemplo nº 2: Artista del grupo 3 que, durante el año 2023, ha trabajado 150 días. Tiene una base de cotización anual de 11.010 euros. Si dividimos esta cantidad por 365, nos da una base de cotización diaria de 30,16 euros, cantidad inferior a la base mínima diaria aplicable, que es de 42,31. No podemos, por tanto, darle por cotizados y en alta todos los días del año. Tenemos que hacer la segunda operación: dividir su base de cotización anual entre su base mínima diaria. 11.010:42,31=260,22. Se consideran cotizados y en alta 260 días.

– Ejemplo n° 3: Artista del grupo 3 que, durante el año 2023, ha estado en alta 210 días. Su base de cotización anual es de 9.567 euros. Si dividimos esta cantidad por 365, nos da una base de cotización diaria de 26,21 euros, cantidad inferior a su base mínima diaria, que, como vimos en el ejemplo anterior, es de 42,31. De nuevo, hacemos la segunda operación. 9.567:42,31=226,1. Se consideran cotizados y en alta 226 días.

Esos días adicionales de cotización y alta que el sistema otorga se distribuyen entre los meses del año por partes iguales. La atribución de los días se va haciendo a partir del inicio de cada mes, en los días en los que no haya existido prestación real de servicios (art. 10 de la Orden de 20 junio de 1987).

Se trata de un sistema que pretende corregir las consecuencias negativas de la discontinuidad del trabajo artístico en el acceso a las prestaciones contributivas, aunque claramente favorece a los trabajadores con bases superiores.

2.6. *El requisito de hallarse al corriente del pago de las cuotas. Una exigencia actualmente inaplicable*

Este requisito, que tiene su origen en los regímenes de los trabajadores por cuenta propia, se refiere hoy, más ampliamente, a "los trabajadores que sean responsables del ingreso de las cotizaciones" y consiste en que para el reconocimiento de la correspondiente prestación será necesario que el causante se encuentre al corriente en el pago de las cuotas de la Seguridad Social (art. 47 LGSS). Si no es así, se pone en marcha el mecanismo corrector de la invitación al pago de las cuotas y, cuando éstas se ingresan, el reconocimiento se produce a partir de ese momento, salvo en el caso de las prestaciones a tanto alzado, en las que si no hay ingreso en plazo se impone una pérdida parcial de la prestación (art. 28.2 Decreto 2530/1970).

El art. 4 de la Orden de 30 de noviembre de 1987 impone este mecanismo a los artistas "que resulten deudores de cuotas en virtud de las regularizaciones que se efectúen al finalizar el ejercicio económico".

En la actualidad, sin embargo, hay que entender que esta exigencia tiene dudosa aplicación práctica. El pago de cuotas a cargo de artistas en virtud de las regularizaciones que se efectúen al finalizar el ejercicio económico tiene carácter facultativo, por lo que la falta de ingreso no puede condicionar la efectividad del derecho a las prestaciones. Si, tras optar por las cuotas resultantes de la liquidación definitiva, el trabajador no paga la diferencia, se consolidará la cotización provisional, de forma que tendrá derecho a la prestación, aunque, a la hora de calcular su cuantía, se tendrán en cuenta las bases de cotización consolidadas y no las que hubieran procedido de haberse aplicado la regularización. El impago produce consecuencias, pero no afecta al derecho, pues, al fin y al cabo, se trata de un pago voluntario.

Tampoco parece que el impago de las cuotas durante el período de inactividad pueda justificar la efectividad del derecho a las prestaciones.

2.7. Especialidades en el régimen jurídico de algunas prestaciones

2.7.1. El cálculo de la base reguladora de los subsidios de incapacidad temporal, nacimiento y cuidado de menor, riesgo durante el embarazo, riesgo durante la lactancia natural y cuidado de menores gravemente enfermos

Bajo la rúbrica "incapacidad laboral transitoria y otros subsidios", los arts. 10 y 17 del Real Decreto 2621/1986 establecen para los artistas unas normas específicas para el cálculo de la base reguladora que, en la actualidad, deben considerarse aplicables al subsidio de incapacidad temporal y a los subsidios de nacimiento y cuidado de menor, riesgo durante el embarazo y la lactancia natural y cuidado de menores gravemente enfermos.

El apartado 2 del art. 10 del RD 2621/1986 dispone que a efectos de cálculo de la base reguladora de estos subsidios "se tendrá en cuenta el promedio de las bases de cotización de los doce meses anteriores al hecho causante". El art. 17.3 se remite a lo dispuesto en el apartado segundo, de acuerdo con el cual la base reguladora del subsidio de "incapacidad laboral transitoria" será "la que resulte de dividir por 365 la cotización anual total anterior al hecho causante, o el promedio diario del período de cotización que se acredite si éste es inferior".

Por su parte, el art. 5 de la Orden de 30 de noviembre de 1987 introduce en esta regulación especial para artistas tres precisiones importantes. En primer lugar, dispone que, si el período cotizado fuera inferior a un año, la base reguladora consistirá en "el promedio diario del período de cotización que se acredite". La segunda precisión tiene mayor envergadura: se establece que "en ningún caso el promedio diario que resulte podrá ser inferior, en cómputo mensual, a la base mínima de cotización que en cada momento corresponda a la categoría profesional del artista o profesional taurino". Finalmente, se afirma que esta norma especial para el cálculo de la base reguladora se aplica "cualquiera que sea la contingencia de la que deriven" las prestaciones afectadas.

Estos preceptos establecen, así, una regla especial para el cálculo de la base reguladora que para el beneficiario resulta menos favorable que la prevista en la regulación común del Régimen General. En efecto, mientras que en la regulación común la base reguladora se obtiene dividiendo la base de cotización del último mes por el número de días a que dicha cotización se refiere (art. 13.1 del Decreto 1646/1972), en el sistema especial de artistas el cálculo de la base reguladora se realiza dividiendo las bases de cotización de los últimos doce meses por los días naturales que corresponden a ese período (365). El resultado es, obviamente, inferior.

Para entender cómo opera esta regla especial resulta útil acudir a un ejemplo sencillo. Pensemos en un artista que empieza su carrera artística el 1 de septiembre de 2021 y causa baja por incapacidad temporal derivada de enfermedad común el 1 de junio de 2023. En los últimos 12 meses ha cotizado 180 días (cifra que incluye los días de cotización asignados o "ficticios"), obteniendo unos ingresos totales de 6.500 euros. El mes anterior a la baja trabajó 15 días y cobró 1.500 euros. En el Régimen General la base reguladora de la incapacidad temporal, como ya se ha señalado, es el cociente de dividir el importe de la base mensual de cotización del mes anterior a la fecha de la baja por el número de días que tenga ese mes o por treinta si la retribución es mensual; aunque si el trabajador no ha completado un mes de trabajo, la base de cotización del mes anterior se divide por el número de días trabajados. Si aplicáramos esta regla al ejemplo planteado, obtendríamos una base reguladora diaria de 100 (1.500:15). Al dividir la base de cotización por los días realmente cotizados y no por los días naturales del mes se introduce un mecanismo corrector que suaviza los efectos negativos de la discontinuidad en el trabajo.

En el sistema especial para artistas, a la hora de calcular la base reguladora de la incapacidad temporal no se toma como referencia la base de cotización del mes anterior al hecho causante, porque resultaría aleatorio: dada la "intermitencia" del trabajo artístico, puede que ese mes no se haya cotizado nada o se haya cotizado mucho o muy poco en relación con lo que suele ser habitual en el artista. El mes anterior no es, pues, una referencia significativa de lo que normalmente cotiza el artista, dadas las oscilaciones propias de este tipo de trabajo. Por ello, se acude como referencia a las bases de cotización de los doce meses anteriores al hecho causante o del período de cotización que se acredite, si éste es inferior a un año. Ahora bien, para hacer el promedio, mientras que en el Régimen General se tienen en cuenta únicamente los días cotizados, en esta regla especial se toman los días naturales del año (365) o del período de cotización que se acredite, por lo que, en definitiva, resulta mucho más severa. Siguiendo con el ejemplo, sabemos que nuestro artista no ha cotizado todos los días del año; como suele ser habitual en este sector, su trabajo ha sido discontinuo, de forma que en los últimos doce meses realmente sólo ha cotizado 180 días. Aplicando lo dispuesto en el art. 10.2 del RD 2621/1986, la base reguladora diaria del artista se quedaría en 17,80 (6.500:365). Si, siguiendo el criterio del Régimen General, el promedio anual se hiciera en función no de los días naturales del año sino únicamente de los días cotizados, no hay duda de que la base reguladora obtenida sería muy superior (6.500:180=36,11). Este desajuste es el que intenta corregir el art. 5 de la Orden de 30 de noviembre de 1987 cuando establece que "en ningún caso el promedio diario que resulte podrá ser inferior, en cómputo mensual, a la base mínima de cotización que en cada momento corresponda a la categoría profesional del artista o profesional taurino". Imaginemos que nuestro artista, de acuerdo con lo dispuesto en el art. 32 del Reglamento General de Cotización y Liquidación, se integra en el grupo 3 de cotización, cuya base de cotización mínima para el año 2023 está fijada en 1.175,40 euros al mes. Pues bien, es evidente que "el promedio diario" de las bases de cotización del artista en los últimos doce meses, en "cómputo mensual" (17,80 x 30= 534), es inferior a la base mínima de cotización aplicable (1.175,40), por lo que el resultado debe corregirse. Como bases de cotización del año se cogerá la base mínima (1.175,40 x 12=14.104,8) y se hará el promedio anual tal y como ya se ha examinado (14.104,8:365=38,64).

La justificación de esta regla especial de cálculo de la base reguladora está, como ya se adelantó, en la necesidad de introducir mecanismos de ajuste y compensación, que valoren adecuadamente la discontinuidad propia del trabajo artístico. Se toman como referencia las bases de cotización del último año para garantizar un cálculo más ponderado de los ingresos medios del artista, pero en lugar de dividir por el número de días cotizados, como hace el sistema general, se divide por el número de días naturales del año. De esta forma, se reduce la cuantía de la prestación, pero esta disminución se compensa aplicando la norma general que regula la duración de la prestación: el subsidio se abona durante todos los días de la incapacidad temporal y no sólo en los días que, dentro de ese período, se hubieran trabajado. Es cierto que este último dato se desconoce, pero podría haberse fijado en función del promedio de días trabajados en el año anterior. El legislador ha optado por no introducir ajustes en la duración de la prestación, que sigue la regla general, pero, a cambio, sí ha ajustado la cuantía del subsidio: se percibe menos, pero durante todo el tiempo que dure la incapacidad temporal. Ya veremos que en el desempleo el régimen es justamente el contrario: la cuantía de la prestación no se reduce, pero la duración de la prestación, por la propia aplicación de la norma general, se ajusta en función de los días cotizados.

Una última precisión cabe hacer en relación con la regla especial de cálculo de la base reguladora de estos subsidios. Tratándose de contingencias comunes, ¿qué bases de cotización de los doce meses anteriores hay que promediar?, ¿las utilizadas para la cotización provisional o las regularizadas? El problema no se plantea si la contingencia es profesional, ya que la cotización por este concepto no se regulariza, pero en las contingencias comunes se suscitan dudas. Lo más razonable sería acogerse a las bases regularizadas, pero esta opción plantea un inconveniente en la práctica: al sobrevenir la contingencia no se habrá regularizado aún la cotización de los meses del año en curso. El art. art. 9.5 de la OM de 20 de julio de 1987 establece una solución a este problema: adelantar la regularización. Esta solución solo se prevé para las pensiones, pero no parece que haya problema en aplicar, por analogía, la misma medida a los subsidios.

2.7.2. Especialidades en la determinación del sujeto responsable del pago

Existen, también, reglas especiales en relación con el pago de los subsidios.

Hay que tener en cuenta que, por las particularidades que tiene la protección social de los artistas, podría suceder que en el momento del hecho causante de la prestación de incapacidad temporal el artista estuviera en alta pero no hubiera prestación de servicios. No existiría, entonces, un empresario responsable del pago de la prestación durante los días cuarto al decimoquinto, por lo que sería la entidad gestora quien debería pagar la totalidad del subsidio al que el artista tuviera derecho.

Si, en el momento del hecho causante, el artista tuviera una relación laboral vigente, su empresario asumiría la obligación de pago directo del subsidio que el art. 173.1. 2º LGSS impone. Ahora bien, la obligación se extendería, únicamente a los días en que subsista el contrato de trabajo. Así, por ejemplo, si al artista se le contrata para los días 13, 14 y 15 de agosto y el día 13 el artista causa baja por enfermedad común, el empresario pagará el subsidio únicamente los días 14 y 15, pues la obligación de pago sólo existe mientras esté vigente la relación laboral; el resto de los días serán a cargo exclusivo de la entidad gestora.

Respecto al pago delegado, el art. 14.1 de la Orden de 20 de julio de 1987 establece que las empresas en que los artistas presten servicios "no podrán abonarles las prestaciones que, en el Régimen General de la Seguridad Social, son objeto de pago delegado por aquéllas en virtud de su colaboración obligatoria en la gestión de la Seguridad Social". Las prestaciones, cuando se tenga derecho a ellas, serán satisfechas en estos casos "directamente por la entidad gestora o colaboradora declarada responsable de las mismas por los procedimientos y en las condiciones establecidas para el pago directo de las prestaciones del Sistema de Seguridad Social". Esta regla especial, según el párrafo tercero del art. 14, no se aplica "con relación a los artistas en los que no concurran las características que se mencionan

en el número 1 del art. 9 de esta Orden", es decir, artistas contratados por actuaciones, programas o campañas de duración superior a
treinta días. Para los empresarios de estos artistas serán de aplicación
las normas comunes que rigen para el resto de los colectivos integrados en el Régimen General (art. 102 LGSS).

2.7.3. Especialidades en la protección del desempleo

La regulación de la protección de desempleo prevista en el título
III de la LGSS es aplicable también al colectivo de artistas. La disposición adicional 1ª del RD 2621/1986 dispone que "en cuanto al
régimen de desempleo de los colectivos integrados en el Régimen
General de la Seguridad Social, se estará a lo que establezca el Gobierno, mediante el Real Decreto que se dicte en desarrollo de la
Ley 31/1984, de 2 de agosto, de Protección por Desempleo, con la
finalidad específica de abarcar a los colectivos integrados".

En cumplimiento de esta previsión el Real Decreto 2622/1986, de
24 de diciembre, regula las especialidades en materia de protección
por desempleo aplicables a jugadores profesionales de fútbol, representantes de comercio, artistas y toreros integrados en el Régimen
General de la Seguridad Social. Su art. 1 reconoce el derecho de
estos colectivos a la protección de desempleo; los artículos siguientes
introducen algunas especialidades. Las particularidades en el régimen de protección del desempleo aplicables a los artistas se encuentran recogidas en el art. 3 y afectan a la duración de la prestación y al
cálculo de su base reguladora.

Además de la protección de desempleo ordinaria prevista en el
título III de la LGSS, existe para los artistas una prestación especial
de desempleo regulada en la disposición adicional quincuagésima
primera de la LGSS. Esta prestación especial fue introducida por el
Real Decreto-ley 1/2023, de 10 de enero, y tendrá efectos a partir de
1 de julio de 2023.

A) La duración de la prestación contributiva de desempleo

El art. 3.1 del RD 2622/1986 establece que la duración de la prestación por desempleo de los profesionales artistas "estará en función

de los días cotizados en los cuatro años anteriores a la situación legal de desempleo, o al momento en que cesó la obligación de cotizar, computados de acuerdo con lo establecido en los arts. 9 y 15 del Real Decreto de Integración en el Régimen General de la Seguridad Social".

La referencia a los "cuatro años" coincidía con lo establecido en la entonces vigente Ley 31/1984. El RDL 1/1992, de 3 de abril, modificó esta ley, fijando el término de referencia en los seis años, criterio que sigue manteniendo en la actualidad el art. 210.1 LGSS. Aunque esta modificación legal no tuvo reflejo en el RD 2622/1986, es indudable que le afecta. Por lo tanto, a la hora de calcular la duración de la prestación de desempleo de los artistas habrá que tener en cuenta los días cotizados en los últimos seis años.

La especialidad de la regulación se encuentra precisamente en lo que debe entenderse por "días cotizados" a efectos de fijar la duración de la prestación. El precepto aclara que los "días cotizados" serán tanto los que correspondan a los días efectivamente trabajados como a los días "ficticios" de cotización de acuerdo con lo dispuesto en los arts. 9 y 15 del RD 2621/1986. Unos y otros serán tenidos en cuenta a la hora de determinar el período cotizado en los últimos seis años.

B) El cálculo de la base reguladora de la prestación

El art. 3.2 del RD 2622/1986 prevé que "la base reguladora de la prestación será el cociente entre las bases de cotización correspondientes a los 180 días anteriores a la situación legal de desempleo y el número de días considerados como cotizados en dicho período".

Se introduce, así, una base reguladora "ponderada", que permite obtener una cuantía "corregida", impidiendo el desajuste que produciría la intermitencia en el trabajo propia de estos colectivos. En efecto, mientras que en el Régimen General la base reguladora de la prestación por desempleo es "el promedio de la base por la que se ha cotizado por dicha contingencia durante los últimos 180 días" (art. 270.1 LGSS), para los artistas el divisor no está formado por los días naturales de ese período (180), sino por los días cotizados en él, que son tanto los efectivamente cotizados por días de trabajo como los ficticios asimilados por la vía de la asignación.

De esta forma, se corrigen los efectos que en la cuantía de la prestación produciría el tipo de trabajo que es característico de artistas y toreros: trabajos temporales, con largos períodos de inactividad. El ajuste se completa aplicando, además, la garantía del tope mínimo de la prestación prevista en el art. 270.3 LGSS.

C) La prestación especial por desempleo de la DA 51ª LGSS

El Real Decreto-ley 1/2023, de 10 de enero, ha incorporado al sistema de protección por desempleo una prestación especial para los artistas y el personal técnico y auxiliar incluidos en la relación laboral especial regulada en el Real Decreto 1435/1985. Esta prestación entra en vigor el 1 de julio de 2023.

Para poder ser beneficiarios de esta prestación, es necesario:

a) No tener derecho a la prestación contributiva por desempleo.

b) Cumplir todos los requisitos que exige el art. 266 LGSS para tener derecho a la prestación contributiva por desempleo, excepto el período mínimo de cotización.

c) Acreditar 60 días de alta con prestación real de servicios en la actividad artística en los 18 meses anteriores a la situación legal de desempleo o al momento en que cesó la obligación de cotizar, que no hayan sido computadas para el reconocimiento de un derecho anterior. Alternativamente, se podrá acceder cuando se acrediten cotizaciones en el Régimen General de la Seguridad Social, por alta con prestación real de servicios en la actividad artística o por regularizaciones anuales ya realizadas, durante un periodo mínimo de 180 días, dentro de los seis años anteriores a la situación legal de desempleo o al momento en que cesó la obligación de cotizar, que no hayan sido computadas para el reconocimiento de un derecho anterior.

Quien tenga suspendida la prestación contributiva por desempleo y reúna los requisitos a que se ha hecho referencia en las letras b) y c) anteriores, podrá optar por percibir la prestación especial generada por las nuevas cotizaciones efectuadas, si le resulta más beneficiosa, en cuyo caso la prestación contributiva quedará extinguida.

La duración de la prestación especial es de 120 días y su cuantía será equivalente al 80% del Indicador Público de Renta de Efectos Múltiples (IPREM), salvo que la media diaria de las bases de cotización de los últimos 60 días de prestación real de servicios en la actividad artística fuera superior a 60 euros, en cuyo caso la cuantía será del 100% del IPREM.

> Para 2023, el IPREM diario es de 20 euros, el mensual de 600 euros y el anual de 7.200 euros (disposición adicional nonagésima de la Ley 31/2022, de 23 de diciembre, de Presupuestos Generales del Estado para el año 2023).

Durante el período de percepción de la prestación por desempleo especial, la entidad gestora cotizará por la contingencia de jubilación. La base de cotización coincidirá con la base de cotización mínima vigente en cada momento, por contingencias comunes, correspondiente al grupo 7 de la escala de grupos de cotización del Régimen General de la Seguridad Social.

La prestación especial de desempleo no será compatible con el trabajo por cuenta propia, aunque su realización no implique la inclusión en alguno de los regímenes de la Seguridad Social, o por cuenta ajena o con cualquier otra prestación, renta mínima, renta de inclusión, salario social o ayudas análogas concedidas por cualquier Administración Pública. Sí será compatible con la percepción de derechos de propiedad intelectual y de imagen.

Una vez extinguida la prestación especial, el trabajador podrá obtener de nuevo su reconocimiento cuando vuelva a encontrarse en situación legal de desempleo, reúna los requisitos exigidos al efecto y haya transcurrido un año, al menos, desde la fecha de dicha extinción.

2.7.4. Las especialidades en la edad jubilación

Desde los orígenes de esta protección la edad ordinaria de jubilación ha sido en España, con carácter general, los 65 años, aunque, como es sabido, la edad real de retiro era inferior debido a la posibilidad de anticipar la jubilación en determinadas circunstancias. El aumento de la esperanza de vida y el descenso de la natalidad, junto con los efectos de la crisis económica, llevaron al legislador a introducir ajustes en esta materia con la Ley 27/2011, de 1 de agosto, que aumenta la edad de jubilación a los 67 años, aunque respetando la de 65 para quienes acrediten un período de cotización de 38 años y medio, si bien la aplicación del nuevo régimen se somete a un período transitorio de 15 años que se inicia el 1.1.2013 y finaliza en 2027. La edad "ordinaria" de jubilación pasa a ser, por tanto, con carácter general los 67 años. No obstante, el art. 206.1 de la LGSS permite que la edad mínima de jubilación se rebaje por Real Decreto por razón de la actividad, lo que precisamente se ha producido para el colectivo de artistas.

El RD 2621/1986 introduce en su art. 11 una regulación especial en esta materia. En primer lugar, con carácter general se reconoce a los artistas incluidos en su ámbito de aplicación el derecho a jubilarse a partir de los 60 años, aunque, en tal caso, se aplicará una reducción de un 8% en el porcentaje de la pensión por cada año que falte para cumplir la edad ordinaria de jubilación.

En segundo lugar, y como supuesto excepcional, se admite que los cantantes, bailarines y trapecistas puedan solicitar la pensión de jubilación a partir de los 60 años sin aplicación de coeficientes reductores, cuando hayan trabajado en la especialidad un mínimo de 8 años durante los 21 anteriores al de la jubilación. El trato específico que se concede a este tipo de profesiones tiene un fundamento claro, pues resulta evidente que el trabajo de cantantes, bailarines y trapecistas requiere de unas condiciones físicas que se han podido perder o deteriorar a la edad de 60 años.

Para poder acceder a la jubilación a partir de los 60 años, tanto en un supuesto como en otro, será requisito indispensable estar en alta o en situación asimilada al alta en la fecha del hecho causante.

El apartado 4 del art. 11, de acuerdo con lo dispuesto en el art. 206 LGSS, dispone que "a petición de las organizaciones sindicales más representativas y previos los estudios técnicos oportunos", se podrá reducir aún más la edad de jubilación de los cantantes, bailarines y trapecistas o ampliar la reducción de la edad de jubilación a otras categorías profesionales de artistas. No ha habido, sin embargo, cambios en este sentido.

Los artistas en espectáculos públicos disfrutan además de un régimen especial de compatibilidad de la pensión de jubilación con el trabajo artístico. Se trata, sin embargo, de una especialidad que no solo afecta a los artistas incluidos en el ámbito de aplicación del Real Decreto 2621/1986, sino a todas las personas que, percibiendo una pensión de jubilación, realicen, por cuenta ajena o por cuenta propia, una actividad artística, literaria o científica. No es, pues, una particularidad del sistema especial de integración establecido en el Real Decreto 2621/1986, sino una regulación especial propia con un ámbito de aplicación mucho más amplio. Por eso lo analizamos en un epígrafe aparte.

3. EL RÉGIMEN DE COMPATIBILIDAD DE LA PENSIÓN DE JUBILACIÓN CON LA ACTIVIDAD ARTÍSTICA, CULTURAL Y CIENTÍFICA POR CUENTA AJENA Y POR CUENTA PROPIA

3.1. Alcance y condiciones de la compatibilidad

La actividad artística tiene un tratamiento especial en lo que se refiere a su compatibilidad con la pensión contributiva de jubilación. Este tratamiento especial se estableció en un principio en el Real Decreto 302/2019, de 28 de abril, regulación que ha sido recientemente derogada por el Real Decreto-ley 1/2023, de 10 de enero, que introduce en la LGSS un nuevo artículo, el 249 quater, con un régimen de compatibilidad todavía más generoso que el anterior.

El art. 249 quater LGSS establece que el percibo del 100% del importe de la pensión de jubilación contributiva es compatible con la actividad artística. En concreto, es compatible con:

1º) El trabajo por cuenta ajena y por cuenta propia de las personas que desarrollen una actividad artística. A estos efectos, se entiende por actividad artística, la realizada por las personas que desarrollan actividades artísticas, sean dramáticas, de doblaje, coreográfica, de variedades, musicales, canto, baile, de figuración, de especialistas, de dirección artística, de cine, de orquesta, de adaptación musical, de escena, de realización, de coreografía, de obra audiovisual, artista de circo, artista de marionetas, magia, guionistas, y, en todo caso, la desarrollada por cualquier persona cuya actividad sea reconocida como artista intérprete o ejecutante del título I del libro segundo del texto refundido de la Ley de Propiedad Intelectual (Real Decreto Legislativo 1/1996, de 12 de abril) o como artista, artista intérprete o ejecutante por los convenios colectivos que sean de aplicación en las artes escénicas, la actividad audiovisual y la musical, conforme al artículo 1.2.2° del RD 1435/1985.

2°) El trabajo por cuenta ajena y la actividad por cuenta propia desempeñada por autores de obras literarias, artísticas o científicas, tal como se definen en el capítulo I del título II del libro primero de la Ley de Propiedad Intelectual, se perciban o no derechos de propiedad intelectual por dicha actividad, incluidos los generados por su transmisión a terceros y con independencia de que por la misma actividad perciban otras remuneraciones conexas.

El importe de la pensión de jubilación contributiva compatible con la actividad artística incluye el complemento para pensiones inferiores a la mínima y el complemento por reducción de la brecha de género.

Este régimen de compatibilidad tiene, no obstante, unos límites. El art. 249 quater señala que no se podrá acoger a dicho régimen el beneficiario de una pensión contributiva de jubilación de la Seguridad Social que, además de desarrollar la actividad artística, realice cualquier otro trabajo por cuenta ajena o por cuenta propia que dé lugar a su inclusión en el campo de aplicación del Régimen General o de alguno de los regímenes especiales de la Seguridad Social.

Además, se excluye del ámbito del art. 249 quater cualquier modalidad de jubilación anticipada en tanto su titular no cumpla la edad ordinaria de jubilación que le corresponda.

Como alternativa a este régimen especial de compatibilidad previsto en el art. 249 quater, el artista beneficiario de una pensión contributiva de jubilación de la Seguridad Social podrá optar por la aplicación del régimen jurídico previsto para cualesquiera otras modalidades de compatibilidad entre pensión y trabajo, establecidas legal o reglamentariamente, cuando reúna los requisitos para ello. También podrá optar por la suspensión del percibo de su pensión.

El Real Decreto-ley 1/2023 ha extendido este régimen de compatibilidad especial a Clases Pasivas (modificando el art. 33 de la Ley de Clases Pasivas). También ha modificado el art. 353.5 LGSS para permitir que los beneficiarios de una pensión de jubilación no contributiva puedan compatibilizarla con rendimientos de su actividad artística: estos rendimientos no se considerarán rentas computables a efectos de valorar el requisito de la insuficiencia de rentas, en tanto no excedan del importe del salario mínimo interprofesional en cómputo anual; los rendimientos que excedan de esta cuantía se tomarán en cuenta a efectos de la consideración de las rentas o ingresos anuales a que se refiere el artículo 364.2 LGSS.

3.2. La cotización de los pensionistas de jubilación durante el tiempo que realicen actividades artísticas

Como complemento al régimen especial de compatibilidad previsto en el art. 249 quater LGSS, el Real Decreto-ley 1/2023 introduce también en la LGSS otros dos nuevos artículos: el art. 153 ter y el art. 310 bis. Estos preceptos establecen normas especiales de cotización para el período de compatibilidad entre la pensión de jubilación y la actividad artística.

El art. 153 ter se refiere a los supuestos en los que el pensionista desarrolla una actividad artística por cuenta ajena. En tal caso, el empresario estará obligado a solicitar el alta y cotizar en el Régimen General. Con respecto a la cotización, se dispone que el empresario únicamente cotizará por contingencias profesionales; además, se impone una cotización especial de solidaridad del 9% sobre la base de cotización por contingencias comunes, no computable a efectos de prestaciones, que se distribuirá entre empresario y trabajador, quedando a cargo del empresario el 7% y del trabajador el 2%.

Una previsión similar realiza el art. 310 bis, en relación con la actividad artística por cuenta propia. El pensionista que desarrolle una actividad artística por cuenta propia estará obligado a solicitar el alta y cotizar en el RETA únicamente por contingencias profesionales, quedando, además, sujeto a una cotización especial de solidaridad del 9% sobre su base de cotización por contingencias comunes, no computable a efectos de prestaciones.

4. EL ARTISTA AUTÓNOMO. ESPECIALIDADES EN MATERIA DE COTIZACIÓN

Los artistas autónomos dados de alta en el Régimen Especial de Trabajadores Autónomos (RETA) cotizan desde el 1 de enero de 2023, como el resto de trabajadores autónomos, por sus rendimientos netos, conforme a lo establecido en el art. 308.1.c) de la LGSS.

La cotización al RETA supone un coste importante para el artista autónomo. Para facilitar el cumplimiento de esta obligación, el Real Decreto-ley 1/2023, cumpliendo con las directrices ya establecidas en el Real Decreto-ley 5/2022, establece un régimen de cotización al RETA especial para los autónomos artistas con bajos ingresos. Para ello, introduce un nuevo artículo en la LGSS, el art. 313 bis; además, para 2023, establece una previsión específica en su disposición transitoria cuarta.

Conforme a esta nueva normativa, los artistas autónomos con rendimientos netos anuales iguales o inferiores a 3000 euros tendrán una cotización reducida. En 2023 se les aplicará una base de cotización de 526,14 euros, que supone una cuota mensual de 161 euros. La base se irá actualizando en los próximos años. Además, en atención a la irregularidad e intermitencia que caracteriza a la actividad artística, se admite que, a solicitud del interesado, el plazo de ingreso de las cuotas sea trimestral en vez de mensual.

5. LA PROTECCIÓN SOCIAL DEL ARTISTA MENOR DE 16 AÑOS CON Y SIN AUTORIZACIÓN ADMINISTRATIVA PARA TRABAJAR

El art. 6 del Estatuto de los Trabajadores prohíbe expresamente el trabajo de los menores de 16 años, pero, como ya vimos en el capítulo anterior, en su apartado 4º este precepto exceptúa de la prohibición la intervención de estos menores en espectáculos públicos, siempre y cuando medie autorización administrativa.

A pesar de la ausencia de una disposición legal específica en el RD 2621/1986 sobre la materia, hay que entender que el menor de 16 años que preste servicios como artista en un espectáculo público está incluido en el campo de aplicación del Régimen General, dentro del sistema especial. El empresario está obligado a darle de alta y cotizar por él, incluyendo, por supuesto, la cobertura de las contingencias profesionales. No debe existir, aquí, ninguna especialidad.

Las dudas se plantean en los supuestos en los que el trabajo del menor se realiza sin la preceptiva autorización administrativa. De acuerdo con lo establecido en los arts. 1263.1 y 1301 del Código Civil, el contrato de trabajo celebrado en estas condiciones sería nulo, pero la nulidad —que podría, incluso, ser apreciada de oficio al tratarse de una cuestión de orden público— produciría efectos *ex nunc*, tal y como prevé el art. 9.2 ET. Respecto a las obligaciones de Seguridad Social, lo normal en estos casos es que no se produzca alta ni cotización, pues si no hay autorización no debería admitirse el encuadramiento. Se aplicarían, entonces, las reglas generales en materia de responsabilidad en el pago de las prestaciones. Habría alta material, aunque no formal, por lo que existiría cobertura. En caso de producirse un accidente de trabajo, el menor podría solicitar las prestaciones que correspondieran, de cuyo pago sería responsable el empresario incumplidor, aunque, en determinados supuestos, operaría el anticipo de la entidad gestora (art. 167.2 LGSS y 94.2 de la Ley Articulada de la Seguridad Social de 21 de abril de 1966).

Si, a pesar de la falta de autorización, el empresario hubiera cumplido con sus obligaciones en materia de encuadramiento y cotización, el alta y las cotizaciones producirían plenos efectos en el campo de la acción protectora, con independencia de la responsabilidad —administrativa o penal— que debiera asumir el empresario por el hecho de contratar a un menor sin la autorización pertinente.

6. LA PROTECCIÓN SOCIAL DE LOS PROFESIONALES TAURINOS POR CUENTA AJENA

6.1. La integración del Régimen Especial de los Toreros en el Régimen General

En el ámbito laboral, los profesionales taurinos que desarrollan su actividad por cuenta ajena se incluyen en el régimen especial de artistas en espectáculos públicos previsto en el Real Decreto 1435/1985.

Pero en materia de Seguridad Social estos profesionales han tenido tradicionalmente una regulación especial propia, similar aunque no idéntica a la de los artistas.

En un primer momento, los profesionales taurinos tuvieron en el sistema general de la Seguridad Social su propio régimen especial: el Régimen Especial de la Seguridad Social de los Toreros, regulado primero por el Decreto 1600/1972 y, posteriormente, por el Real Decreto 1024/1981.

Este régimen especial fue integrado en el Régimen General, aunque, al igual que en el caso de los artistas en espectáculos públicos, la integración mantuvo importantes especialidades. El régimen jurídico de la integración se contiene también en el Real Decreto 2621/1986 y en las Órdenes de 20 de julio y 30 de noviembre de 1987.

Para determinar qué profesionales taurinos quedan integrados en este sistema especial dentro del Régimen General, debemos acudir al art. 3 del Real Decreto 1024/1981. Están incluidos: los matadores de toros o de novillos; los rejoneadores; sobresalientes; banderilleros, picadores y subalternos de rejones; mozos de estoques y de rejones, y sus ayudantes; puntilleros; toreros cómicos; y aspirantes de las distintas categorías profesionales. La imputación de la condición de empresario responsable en materia de Seguridad Social aparece en el art. 12 del Decreto 2621/1986: "el organizador del espectáculo taurino tendrá la consideración de empresario, a efecto de las obligaciones impuestas a éste en el Régimen General de la Seguridad Social".

Esta regulación requiere algunas precisiones. En primer lugar, hay que aclarar que los profesionales taurinos incluidos en esa regulación especial dentro del Régimen General son únicamente aquellos que presten su actividad en régimen de ajenidad y dependencia, pues solo entonces estaremos ante trabajadores por cuenta ajena encuadrados en el Régimen General de la Seguridad Social. Al igual que sucede con los artistas, la delimitación del profesional taurino que establece el art. 3 del Decreto 1024/1981 debe completarse con el art. 1.1 del Estatuto de los Trabajadores, que define las notas de laboralidad. Si esas notas no se cumplen y el profesional taurino reúne las características del trabajador autónomo, deberá darse de alta en el RETA y no en el Régimen General.

De igual modo, la definición de empresario debe también completarse con la del art. 1.2 del Estatuto de los Trabajadores: el empresario responsable en materia de Seguridad Social será la persona, física o jurídica, para la que prestan sus servicios los profesionales taurinos; la que los dirige, los organiza y los retribuye. Así, por ejemplo, si el jefe de cuadrilla es un trabajador por cuenta ajena de una sociedad taurina que, a su vez, contrata con el organizador del espectáculo, el empresario a efectos de Seguridad Social será la sociedad taurina y no el organizador del espectáculo.

Aclarado el ámbito de aplicación del sistema especial de protección social previsto en el Real Decreto 2621/1986 para los profesionales taurinos, vamos a ver brevemente sus particularidades. Se trata de un sistema muy similar al de los artistas, por lo que nos centraremos en aquellos aspectos en que diverge de este.

6.2. La inclusión en el Censo de Activos de Profesionales Taurinos, la acreditación de la profesionalidad y la consideración del profesional en situación de alta durante todo el año

En materia de actos de encuadramiento, el art. 13.2 del Decreto 2621/1986 y el art. 11.3 de la Orden de 20 de julio de 1987 establecen especialidades notables.

Conforme a las normas citadas, el profesional taurino debe formular ante la Tesorería General de la Seguridad Social, en los primeros quince días del mes de enero de cada año, una declaración de permanencia en el ejercicio profesional durante la temporada correspondiente a ese año. Esta declaración de permanencia determina su inclusión en el "Censo de Activos de Profesionales Taurinos", siempre y cuando se acredite la profesionalidad, que se obtiene, con carácter general, por haber participado en ocho espectáculos taurinos en el año anterior. La inclusión en el censo de activos lleva aparejada la consideración del profesional taurino en situación de alta durante todo el año (así lo dispone también el art. 41.1 del Reglamento General de Actos de Encuadramiento); se trata de un alta que no conlleva por sí misma la obligación de cotización, pues solo se cotizará por los días realmente trabajados.

Si la declaración de permanencia en el ejercicio profesional no se formula en el término reglamentario, el alta sólo se entenderá producida a partir de la primera actuación profesional.

La baja se producirá si no hay declaración de permanencia en la actividad en el plazo reglamentario, sin perjuicio del alta posterior desde que se produzca la primera actuación profesional.

El principio general de permanencia en alta durante todo el año, incluso en los periodos de inactividad, aunque no tiene incidencia en la cotización, sí que tiene una especial trascendencia en la acción protectora, pues, salvo casos excepcionales, el torero cumplirá el requisito de alta incluso si la contingencia determinante o el hecho causante tienen lugar en un periodo de inactividad y ello con solo acreditar ocho días de trabajo en el año anterior.

> Es esta, sin duda, una fórmula muy generosa de asimilación al alta, si bien plantea un problema de justificación en relación con el principio de igualdad, pues habría que acreditar que estamos ante una medida técnica exigida por las particularidades del colectivo y no ante un simple privilegio, sobre todo cuando se trata de un alta sin cotización.

6.3. Particularidades en la cotización

La cotización de los toreros sigue el régimen jurídico que se ha expuesto para los artistas, con el sistema de asimilaciones a los grupos de cotización (los profesionales taurinos quedan asimilados a los grupos de cotización 1º, 2º, 3º y 7º), el cómputo anual del tope máximo y la aplicación de las "bases a cuenta" con una liquidación provisional y otra definitiva en los términos ya examinados. Es importante recordar que, aunque se trata de una cotización mensual, se cotiza por los días en los que se ha realizado el espectáculo taurino y conforme a las remuneraciones devengadas en ese mes. Como particularidades cabe destacar que las "bases a cuenta" de los toreros superan a las de los artistas en cantidades significativas —salvo en el grupo 7— y la cotización durante la incapacidad temporal.

Las bases de cotización a cuenta son, ciertamente, más altas y, al contrario que en los artistas, van referidas a grupos de cotización y no a umbrales retributivos: en 2023 estas bases van de 1.387 euros diarios para los toreros del grupo 1 (matadores y rejoneadores A y

B) a 573 euros, también diarios, para el grupo 7 (mozos de estoque, puntilleros y toreros cómicos), con valores intermedios de 1.278 y 959 euros, mientras que las bases a cuenta de los artistas, como se ha visto anteriormente, van de 299 a 598 euros, con valores intermedios de 377 y 450 euros (arts. 11 y 12 de la Orden PCM/74/2023).

La segunda particularidad que tienen los profesionales taurinos con respecto a los artistas en esta materia es la obligación que tiene el profesional taurino de cotizar a su cargo durante la incapacidad temporal. El art. 17.1 del Decreto 2621/1986, en su último inciso, dispone que en los supuestos en los que el profesional taurino "cause baja por enfermedad, común o profesional, o accidente, sea o no de trabajo" correrá por su cuenta "el abono de las cotizaciones correspondientes durante el tiempo que permanezca en dicha situación". El apartado segundo de este mismo precepto precisa que la base de cotización durante este período "será la que resulte de dividir por 365 la cotización anual total anterior al hecho causante, o el promedio diario del período de cotización que se acredite si éste es inferior al año". El art. 13 de la Orden de 20 de julio de 1987 aclara que la cotización a cargo del profesional taurino durante la situación de "incapacidad laboral transitoria" incluye las cuotas por accidente de trabajo y enfermedad profesional, que deberá realizarse "a favor de la entidad gestora o colaboradora con la que la última empresa tenga concertada la cobertura de aquellas contingencias, según los datos figurados en el último «justificante de actuaciones», recibido de dicha empresa". El precepto añade que "la base diaria de cotización durante la situación de incapacidad laboral transitoria será la misma que hubiera servido de reguladora para el cálculo de la prestación correspondiente, de haber tenido derecho a ella, obtenida por el cociente de dividir, entre 365, la cotización efectuada en el transcurso de los doce meses anteriores, o el promedio diario de cotización realizada, si desde el día de inscripción en el censo al anterior al de la baja por situación de incapacidad laboral transitoria no hubieran transcurrido dichos doce meses", computándose "todos los meses como de treinta días".

Esta obligación de cotizar a cargo del profesional taurino plantea, sin embargo, dudas de legalidad. Hay que tener en cuenta que el art. 144.4 LGSS impone la continuación de la obligación de cotizar en supuestos en los que la relación laboral está vigente y es el empresario el obligado a abonar su fracción de cuota y a ingresar la del trabajador. El art. 17 del RD 2621/1986, al imponer la cotización a cargo del trabajador taurino, está estableciendo una obligación de carácter tributario que no tiene cobertura legal, por lo que infringe el principio de legalidad (arts. 31.1 y 133.1 y 3 CE).

Por otra parte, si en el momento del hecho causante existe una relación laboral entre el profesional taurino y un empresario, lo correcto no es aplicar la solución del art. 17.1 del RD 2621/1986, sino la que establece el art. 144.4 LGSS, de forma que el empresario deberá asumir la parte de las cotizaciones que le corresponde, ingresando él mismo o la entidad gestora o colaboradora, la parte del trabajador.

Si el profesional taurino no tuviera derecho al subsidio, no estaría obligado a cotizar durante la baja. El art. 17.1 del RD 2621/1986 impone la obligación de cotizar "en estos casos", haciendo así referencia a los supuestos, previamente aludidos por la norma, en los que el profesional taurino tiene derecho al subsidio. La conclusión no puede ser diferente, pues obligar al profesional taurino a pagar las cotizaciones cuando carece de ingresos y está incapacitado para trabajar resulta un despropósito. No deja, por otra parte, lugar a dudas el art. 56.1.a).3° del RD 1415/2004, cuando establece que "las cuotas correspondientes a los profesionales taurinos en situación de incapacidad temporal se ingresarán dentro del mes siguiente al de la percepción de la prestación económica correspondiente".

6.4. *Especialidades en la acción protectora*

6.4.1. Alta anual y asignación de días de cotización adicionales

A los profesionales taurinos se les considera en situación de alta durante todo el año siempre y cuando acrediten la profesionalidad en el sector, en los términos antes señalados. De esta forma, se facilita el cumplimiento del requisito del alta para el acceso a las prestaciones contributivas.

Pero, además, también se les aplica el sistema de asignación de días cotizados, propio de los artistas, que permite adicionar días de cotización ficticios a los días reales, partiendo de las cotizaciones que superen el mínimo. En relación con este sistema, se regula en las normas de integración el supuesto especial de los profesionales no incluidos en el censo de activos al comienzo del año, estableciéndose que en estos casos la consideración como días cotizados se referirá al periodo comprendido entre la fecha del alta efectiva y el último día del año (art. 15.2 Real Decreto 2621/1986).

6.4.2. El requisito de hallarse al corriente del pago de las cuotas

Ya vimos que el art. 4 de la Orden de 30 de noviembre de 1987 exige a los artistas el requisito de hallarse al corriente del pago de las cuotas pendientes en virtud de las regularizaciones. Este precepto también impone dicha exigencia a los profesionales taurinos.

En relación con los artistas señalamos que dicho requisito es de dudosa aplicación práctica, pues el pago de las cuotas en virtud de las regularizaciones tiene carácter facultativo, por lo que su falta de ingreso no puede condicionar la efectividad del derecho a las prestaciones. La misma conclusión hay que mantener con respecto a los profesionales taurinos.

Se podría afirmar que el requisito, en todo caso, resultará exigible con respecto a la cotización por cuenta del profesional taurino durante la incapacidad temporal (art. 17.1 del Decreto 2621/1986). No obstante, ya vimos que esta obligación plantea también dudas de legalidad.

6.4.3. El accidente de trabajo del profesional taurino: un concepto propio, con ampliaciones importantes

En el trabajo taurino, al contrario de lo que ocurre en el artístico, existe un concepto propio de accidente de trabajo.

El art. 16 del RD 2621/1986 dispone que "se entiende por accidente de trabajo toda lesión corporal sufrida por los profesionales taurinos con ocasión o a consecuencia de su actividad profesional". Hasta aquí, ninguna novedad con respecto a la definición general prevista en el art. 156.1 LGSS. Pero a continuación el precepto añade que "en todo caso, tendrán la consideración de accidente de trabajo los sufridos por los profesionales taurinos, cualquiera que sea su categoría profesional, en las tientas, en los desplazamientos necesarios para tomar parte en sus actividades profesionales, en las pruebas de caballos que anteceden a los espectáculos taurinos, o al efectuarse la suerte y enchiqueramiento de reses, siempre que dichos profesionales hubieran de actuar en el espectáculo de que se trate". Este último inciso podría parecer, a simple vista, de poca importancia: una mera enumeración a título de ejemplo de casos que encajan sin problemas en la definición general del art. 156 LGSS. Pero no es así. El legislador, con esta precisión, amplía el concepto de accidente de trabajo, considerando como tal supuestos cuya calificación, a falta de previsión expresa, sería dudosa.

Así, el accidente sufrido por el profesional taurino al ir a un espectáculo o al volver del mismo debe calificarse como accidente de trabajo, pero no porque el supuesto encaje en el art. 156.2.a) LGSS, sino porque así lo dispone expresamente el art. 16 del RD 2621/1986.

Lo que el art. 16 del RD 2621/1986 viene a establecer es que el desplazamiento —al igual que las tientas, las pruebas de caballos, la suerte y enchiqueramiento de reses— forma parte de la prestación de servicios contratada por el profesional taurino y, por tanto, debe quedar incluido en la cobertura de la Seguridad Social. El empresario asume, en estos casos, los riesgos que el trayecto —y el resto de las actividades mencionadas— supone. Hay que tener en cuenta que esta opción legislativa no resulta tan problemática para los profesionales taurinos como lo sería para los artistas. El profesional taurino tramita él mismo su inclusión anual en el "censo de activos", que, sin más requisitos, determina su situación de alta "a todos los efectos" (art. 43.1 del Reglamento General de Actos de Encuadramiento y art. 13 RD 2621/1986). Cuando el torero sufre un accidente al ir o al volver de la plaza donde actuó está, por tanto, en alta.

El interrogante que aquí se plantea es determinar qué mutua es la responsable de la cobertura del accidente. Pongamos un ejemplo. Un picador de toros sufre un accidente de tráfico que le produce una incapacidad permanente total para su profesión habitual. El día 19 de septiembre el picador había participado en un festejo en la localidad de Cazorla. Una vez terminado el evento y ya de noche, inició su viaje hacia la localidad de Teruel, donde al día siguiente tenía previsto participar en otra corrida. A las 4:49 horas se produce el accidente. Conforme a lo dispuesto en el art. 16 del RD 2621/1986, está claro que estamos ante un accidente de trabajo. ¿Pero qué mutua responde? ¿La mutua de la empresa de Cazorla o la mutua de la empresa de Teruel? Parece razonable entender que la empresa de Cazorla debe cubrir tanto el desplazamiento para ir hasta la plaza de toros como el desplazamiento para volver al domicilio del trabajador. Pero, si éste, en vez de volver a su domicilio, inicia un nuevo desplazamiento para acudir a otra corrida de toros, será la empresa que organiza esta última corrida la que deba asumir la cobertura del riesgo de dicho desplazamiento. La mutua de la empresa de Teruel sería, pues, la responsable de cubrir el riesgo que el trayecto a esta localidad supone para el picador. Y no impide esta conclusión el hecho de que el profesional taurino, finalmente, no hubiera actuado en el espectáculo, pues, como ya se ha apuntado, la prestación de servicios se inicia ya con el propio desplazamiento, por lo que hay alta material y obligación de cotizar por parte de la empresa.

6.4.4. Particularidades en las prestaciones. En especial, la edad de jubilación de los profesionales taurinos

A los profesionales taurinos se les aplican las mismas reglas que a los artistas en lo que se refiere al cálculo de la base reguladora de los subsidios de incapacidad temporal, nacimiento y cuidado del menor, riesgo durante el embarazo y la lactancia natural y cuidado de menores gravemente enfermos (art. 17.3 RD 2621/1986 y art. 5 de la Orden de 30 de noviembre de 1987). También es similar el régimen especial que determina el sujeto responsable del pago del subsidio de incapacidad temporal, que ya examinamos en su momento (art. 17.1 RD 2621/1986 y art. 14.1 de la Orden de 20 de julio de 1987).

La regulación especial de la prestación contributiva de desempleo prevista en el Real Decreto 2622/1986 es asimismo aplicable a los profesionales taurinos.

En cuanto a la edad de jubilación, los profesionales taurinos sí cuentan con un régimen particular, distinto al de los artistas, que se encuentra en el art. 18 del RD 2621/1986. Este precepto fija la edad mínima de jubilación de los profesionales taurinos distinguiendo en función de la actividad desempeñada.

Para los mozos de estoque y de rejones y sus ayudantes, la edad mínima de jubilación es de sesenta y cinco años. Hay que entender que al fijar esta edad el legislador estaba haciendo referencia a la edad ordinaria de jubilación entonces vigente, por lo que se irá ampliando conforme a lo dispuesto en el art. 161 y en la disposición transitoria 20ª de la LGSS. La norma permite a estos profesionales anticipar su jubilación a partir de los sesenta años de edad, siempre y cuando cumplan el requisito de estar en alta o en situación asimilada en el momento del hecho causante y acrediten haber actuado en 250 festejos en cualquier categoría profesional. Si optan por anticipar la edad de jubilación, el porcentaje de pensión se reducirá en un 8% por cada año de anticipación.

Para los puntilleros, la edad mínima de jubilación se establece en sesenta años, sin aplicación de coeficientes reductores. Ahora bien, para poder jubilarse a esta edad será necesario, al igual que en el supuesto anterior, cumplir el requisito del alta o alta asimilada y acreditar haber actuado en 250 festejos en cualquier categoría profesional.

Para los demás profesionales taurinos la edad mínima de jubilación se reduce a cincuenta y cinco años, sin que proceda aquí tampoco una reducción de la pensión, aunque de nuevo se exige el requisito del alta o alta asimilada en el momento del hecho causante para poder optar por esta jubilación anticipada. Además, el profesional taurino deberá acreditar su participación en un número mínimo de festejos: 150, si se trata de matador de toros, rejoneador o novillero (en cualquiera de estas categorías); y 200 festejos, si es un banderillero, picador o torero cómico (en cualquiera de estas categorías o como matador, rejoneador o novillero).

Los profesionales taurinos pueden acceder a la pensión de jubilación sin estar en alta o situación asimilada en el momento del hecho causante, pero únicamente si cumplen la edad ordinaria de jubilación. Para poder beneficiarse de la reducción de la edad de jubilación prevista en el RD 2621/1986 se exige el alta.

6.5. Aplicación a los profesionales taurinos de otras especialidades previstas con carácter general para los artistas incluidos en la relación laboral especial de artistas en espectáculos públicos

Hemos visto que los profesionales taurinos están integrados en el Régimen General pero que esta integración se ha producido manteniendo importantes especialidades que afectan a los actos de encuadramiento, a la cotización, a la recaudación y a la acción protectora. Estas especialidades coinciden en su mayor parte con las de los artistas en espectáculos públicos, por lo que en este epígrafe 6 nos hemos limitado a analizar la regulación que difiere de la de estos.

Por otra parte, no debemos olvidar aquellas otras especialidades que no están previstas expresamente en las normas de integración pero que, a pesar de ello, se aplican también a los profesionales taurinos en la medida en que van dirigidas con carácter general a los artistas o a los artistas incluidos en el Real Decreto 1430/1985. Es el caso de:

– La prestación especial por desempleo prevista en la DA 51ª LGSS (dirigida a trabajadores incluidos en la relación laboral especial del Real Decreto 1430/1985).

– El régimen de compatibilidad de la pensión de jubilación con la actividad artística, cultural y científica por cuenta ajena y por cuenta propia previsto en el art. 249 quater LGSS.

– Y, para los toreros autónomos, el sistema de cotización atenuada para artistas de bajos ingresos integrados en el RETA, previsto en el art. 313 bis LGSS.

7. BIBLIOGRAFÍA BÁSICA

Desdentado Daroca, E., *La protección social de los artistas y de los profesionales taurinos,* Bomarzo, Albacete, 2013.

Hurtado González, L., *Artistas en espectáculos públicos. Régimen laboral, propiedad intelectual y Seguridad Social,* La Ley, Madrid, 2006.

Murcia Molina, S., *La seguridad social de los artistas profesionales en espectáculos públicos,* Tirant lo Blanch, 2013.

8. MATERIALES, ACTIVIDADES Y/O CASOS PRÁCTICOS

CASO n. 1.- Marcos C. es cantante y, como tal, pertenece al grupo 3 de cotización. En agosto fue contratado por el empresario X, que le dio de alta en el Régimen General de la Seguridad Social durante 6 días. Cada día, Marcos realizó para el empresario X una actuación. El empresario le pagó por cada actuación 350 euros.

Calcule la base de cotización de Marcos por esos días de agosto.

CASO n. 2.- María H. es artista del grupo 3 de cotización. Durante el año en curso ha trabajado 176 días. Tiene una base de cotización anual de 9.123 euros.

Calcule los días asignados de cotización y alta.

CASO n. 3.- Álvaro F. es actor y tiene 63 años. Quiere solicitar la pensión de jubilación. Acredita un total de 38 años cotizados, lo que le permite causar el 100% de su base reguladora (1.998 euros/mes). En los últimos 21 años acredita 6 años trabajados como bailarín profesional.

 − ¿Puede Álvaro jubilarse a su edad? Si pudiera, ¿qué efectos tendría su decisión de jubilarse a los 63 años sobre su pensión? ¿Y si en ese período de tiempo acreditara 10 años de trabajo como cantante?

 − Calcule la cuantía de la pensión de Álvaro.

CASO n. 4.- Esther D. tiene 70 años, es jubilada y beneficiaria de una pensión contributiva de jubilación. Acaba de escribir una novela y una editorial de prestigio se la quiere publicar. Le han dicho que va a ser un gran éxito y le han ofrecido unas condiciones económicas muy generosas en concepto de derechos de autor. Esther, sin embargo, está preocupada pues no sabe si esas ganancias serán compatibles con su pensión. Esther le pide asesoramiento.

CASO n. 5.- Ana O. tiene 73 años y es beneficiaria de una pensión contributiva de jubilación. A Ana le han llamado de una compañía de teatro, que le ha propuesto trabajar con ellos en una obra como una de las actrices principales. Le ofrecen un contrato de trabajo por temporada.

¿Es compatible este trabajo con la pensión que percibe Ana? Si es así, ¿en qué condiciones? ，

CASO n. 6.- Marcos P. tiene 22 años y está estudiando para ser bailarín profesional. Tras terminar su formación, Marcos P., consigue su primer trabajo como bailarín en la compañía de danza X. El contrato de trabajo que ha suscrito Marcos es un contrato de duración determinada vinculado a la temporada. Marcos tiene un salario mensual de 2.500 euros. Es su primera experiencia profesional y está muy contento. No obstante, tras 90 días, el contrato se extingue por cumplimiento del término y Marcos se queda en el paro. Durante el tiempo de vigencia del contrato, la compañía de danza le dio de alta y cotizó por él en el Régimen General de la Seguridad Social, conforme a la regulación especial propia de los artistas en espectáculos públicos.

 − ¿Tiene Marcos derecho a la prestación contributiva? ¿Y a la prestación de desempleo especial regulada en la disposición adicional 51ª LGSS?

 − Si tuviera derecho a alguna de estas prestaciones, ¿cuál sería su cuantía y su duración?

Capítulo IX
La planificación fiscal de la gestión cultural

> *"Cultura es labor, producción de las cosas humanas; es hacer ciencia, hacer moral, hacer arte"*
> (Ortega y Gasset).

ALFONSO GARCÍA-MONCÓ
Catedrático de Derecho Financiero y Tributario
Universidad de Alcalá

1. INTRODUCCIÓN: LA PERSPECTIVA, ES NECESARIO PLANIFICAR LA GESTIÓN CULTURAL

La Cultura es siempre un tema difícil de delimitar, pero nosotros vamos a intentarlo. Definir que es la cultura o la actividad cultural es una cuestión que excede a nuestro objetivo. No pretendemos elaborar un concepto ni mucho menos abordar esta compleja realidad. Nuestra meta es más modesta. Se trata de, partiendo de su realidad práctica actual, elaborar un modelo de gestión que la haga viable en nuestro tiempo. La mejor manera de promover y defender la Cultura es, precisamente, concretar en que consiste su ejercicio. Nada más pernicioso para avanzar en la consecución de dicho objetivo que las alusiones generales y genéricas.

Quizá la elaboración de normas como el Anteproyecto de Ley por el que se modifica la Ley 10/2015 de 26 de mayo para la salvaguardia del Patrimonio Cultural Inmaterial (*BOE núm. 126 de 27 de mayo*), con el fin de actualizar y mejorar la definición de patrimonio histórico incorporando nuevos tipos procedentes del ámbito industrial, cinematográfico, audiovisual, subacuático o paisajístico o también como el Estatuto del Artista y la modificación de otras, como la Ley de Régimen Fiscal de las Entidades sin Fines Lucrativos y de los Incentivos Fiscales al Mecenazgo, contribuyan a delimitar con más claridad el ámbito de actuación de la política cultural. En este sentido, la Ley 14/2021, de 11 de octubre, por la que se modifica el Real

Decreto-ley 17/2020, de 5 de mayo, por el que se aprueban medidas de apoyo al sector cultural y de carácter tributario para hacer frente al impacto económico y social del COVID-2019 (*BOE núm. 244, de 12 de octubre*), cuyas normas iremos destacando, se inscribe en la dirección adecuada de apoyo al sector cultural con diversos instrumentos, básicamente ayudas directas y subvenciones, pero entre los que se encuentran beneficios fiscales no solo para paliar los efectos del COVID sino también para reactivar el sector después de la pandemia.

Tampoco hay que desdeñar, el aspecto económico de este sector. Como ha informado la Agencia Tributaria, los españoles declararon la propiedad de obras de arte y antigüedades por valor de 669,5 millones de euros en el año 2019. Es lo que se desprende de los datos relativos al impuesto de patrimonio. La cifra representa el 41,82% del total de bienes suntuarios declarados, mientras que el 58,18% restante (931,5 millones de euros) corresponde a una categoría más genérica en la que se engloban joyas, pieles, vehículos, embarcaciones y aeronaves.

Por otra parte, la industria cultural emplea a alrededor de 704.300 personas, un 3,5% del total de trabajadores, según los datos del tercer trimestre del año 2017 de la Encuesta de Población Activa (EPA). En 2017 (últimos datos publicados), el sector representaba cerca del 2,4% del PIB, lo que se traduce en 27.728 millones de euros, según los datos del Ministerio de Cultura y Deporte (Anuario de Estadísticas Culturales 2017, Ministerio de Educación, Cultura y Deportes), aunque todas las informaciones coinciden en que antes de la pandemia el sector, aportaban en realidad una cifra próxima al 3%

Según la Exposición de Motivos del Real Decreto Ley 17/2020, de 5 de mayo (Romanos I), estas son las últimas cifras disponibles: "Hay que recordar el peso significativo de la cultura en la economía española. Los principales resultados obtenidos en la Cuenta Satélite de la Cultura en España indican que, en 2017, la aportación del sector cultural al Producto Interior Bruto (PIB) español se cifró en el 2,4%, situándose en el 3,2% considerando el conjunto de actividades económicas vinculadas con la propiedad intelectual. Por sectores culturales, destaca el sector de libros y prensa, con una aportación al PIB total en 2017 del 0,75%, sector que representa el 31,5% en el conjunto de actividades culturales. Le siguen, por orden de importancia, el sector audiovisual y multimedia (28,7%), que incluye entre otras las actividades de cine, vídeo, videojuegos, música grabada o televisión. Entre los restantes sectores destacan Artes plásticas (14,8%), Artes escénicas (9,8%) y Patrimonio, archivos y bibliotecas (8,6%)... En el mismo sentido, y muestra de esta relevancia, el volumen de empleo cultural ascendió en 2019 a 710,2 mil personas, un 3,6% del empleo total en España en la media del periodo anual; siendo el 68,8% del empleo cultural personal asalariado. En cuanto al tejido empresarial destaca, que el número de empresas recogidas en el Directorio Central de Empresas (DIRCE) cuya actividad económica principal es cultural ascendió a 122.673 a principios del 2018, lo que supone el 3,7% del total de empresas recogidas en el Directorio".

Como se podrá observar, la citada industria cultural es intensiva en mano de obra y favorece la creación de puestos de trabajo directos y sostenibles.

Lo que pretendemos, en este libro, es diseñar una serie de instrumentos y herramientas que sirvan a una verdadera Política Cultural guiada por los Principios de eficacia y eficiencia, en el ámbito de lo que vienen denominándose habitualmente Industrias Culturales y Creativas, según se delimitan en el primer capítulo de este libro. Conviene recordar al respecto que es un sector empresarial productivo que representa, como decimos, en torno al 3% del PIB de España, que es sostenible y está entre los objetivos señalados por la Unión Europea en el programa *"Next Generation EU"* para la recuperación económica después de la pandemia del COVID.

Debemos comenzar, como es lógico por lo que dice al respecto la Constitución Española de 1978 (Cazorla Prieto), en su artículo 44.1: *"1. Los poderes públicos promoverán y tutelarán el acceso a la cultura, a la que todos tienen derecho".* Este precepto es consecuencia concreta de que también se afirme en el artículo 9.2 que: *"corresponde a los poderes públicos facilitar la participación de todos los ciudadanos en la vida política, económica, cultural y social"* que incluso se reconoce a los condenados (art. 25.2).

Por otra parte, el artículo 20 señala que: *"Se reconocen y protegen los derechos: b) A la producción y creación literaria, artística, científica y técnica"*.. En otros artículos se establecen políticas concretas, como cuando el artículo 46 afirma que. *"Los poderes públicos garantizarán la conservación y promoverán el enriquecimiento del patrimonio histórico, cultural y artístico..."*

En concreto, se trata de facilitar el acceso, mediante un modelo de gestión eficiente que permita a todos ejercer este derecho con el cual están comprometidos los poderes públicos. El artículo 149.2 de la C.E. afirma:

> *2. Sin perjuicio de las competencias que podrán asumir las Comunidades Autónomas, el Estado considerará el servicio de la cultura como deber y atribución esencial y facilitará la comunicación cultural entre las Comunidades Autónomas, de acuerdo con ellas".*

Por ello, la Sentencia del Tribunal Constitucional, 71/1997, de 10 de abril, establece el marco competencial en la materia entre el Estado y las Comunidades Autónomas sosteniendo en su fundamento jurídico 3°: *"De ahí que este Tribunal haya declarado, concretamente, que corresponde al Estado la "preservación del patrimonio cultural común", así como "lo que precise de tratamientos generales o que no puedan lograrse desde otras instancias" (SSTC 49/1984, 157/1985, 107/1987 y 17/1991). Junto a estas actividades, que competen en exclusiva al Estado, éste puede desempeñar también una actividad genérica de fomento y apoyo a las diversas manifestaciones culturales".*

En este sentido, el artículo 148.1 describe las competencias que las Comunidades Autónomas pueden asumir en sus Estatutos en materias relacionadas con la cultura (apartados 14,15,16 y 17).

Como no podía ser de otra forma, este es el objeto de nuestro trabajo. El mandato constitucional nos obliga. Se trata además de una manifestación de que "España se constituye en un Estado Social y Democrático de Derecho" según afirma el artículo 1.1. de nuestra carta Magna, afirmación muchas veces olvidada pero que es plenamente aplicable como mandato jurídico, siendo el acceso de todos a la cultura un derecho que se desprende de la naturaleza de Estado Social.

No obstante, de forma prioritaria, el fomento de la cultura es una competencia que asumen las Comunidades Autónomas, así lo establece el artículo 148.17 de la C.E. y así lo han hecho estas Administraciones Públicas desde 1978 en el marco del artículo 156 C.E. que consagra su Autonomía Financiera precisamente para el ejercicio de sus competencias. En este sentido, uno de los instrumentos más importantes de esta Política Cultural, tanto del Estado como de las Comunidades Autónomas, es el financiero que comprende los medios tributarios y las medidas en materia de Gasto Público.

Decía, por ejemplo, GUSTAV SHMÖLLER (*Política Social y Economía Política*) en 1897: "El Estado y el Municipio deberían, a mi entender, tener mayor intervención, de la que suelen en la actualidad, en las distracciones populares, como el teatro, a fin de imprimir mayor dirección, a estos agentes tan poderosos, de la educación popular". Es decir, a finales del siglo XIX, un conocido hacendista alemán ya entendía que el teatro como manifestación de la cultura era una parte importante de la educación y nosotros añadimos que la defensa de la cultura es una responsabilidad de la Universidad (García-Moncó).

Este es el objetivo del presente tema del libro. Acotar qué representa la cultura actualmente como Política de las Administraciones, definir sus medios de actuación poniendo el énfasis en la planificación fiscal de los mismos y en el análisis de la eficacia y eficiencia en el gasto público en cultura. Desde esa perspectiva, vamos, primero, a plantear los "problemas" fiscales que aquejan a la gestión cultural e inmediatamente, vamos a proponer las soluciones profesionales a la gestión cultural.

En esta materia, la planificación es tan necesaria como en cualquier otra. Es preciso elaborar planes estratégicos, ejecutarlos y revisar su ejecución. Es preciso diseñar modelos de gestión adaptados a este sector "industrial". Al respecto, durante mucho tiempo se ha pensado que la cultura debía estar en manos de profesionales de la cultura y no es así. Debe estar en manos de profesionales de la gestión cultural. Son necesarios saberes especializados, por ejemplo, la contratación pública, la normativa de subvenciones, nóminas, Seguridad Social, contabilidad de Sociedades que no se adquieren en una vida dedicada al cine a la pintura o a la escritura. Gestionar un teatro o una Fundación es como llevar una empresa no es cuestión de "aficionados". El que el Director de la Real Academia de la Lengua, sea además de un gran escritor, un prestigioso Catedrático de Derecho Administrativo y abogado (Don Santiago Muñoz Machado), demuestra el buen sentido de la R.A.E. pero, sobre todo, las dificultades de gestión que tiene porque, a estos efectos, es como una empresa del sector público.

2. LA INADECUACIÓN DEL MODELO ACTUAL DE FUNDACIÓN PARA EL CUMPLIMIENTO DE SUS FINES. SU INEVITABLE REFORMA

El problema básico que tiene hoy en día la gestión cultural es que el marco jurídico existente no es el adecuado, para las funciones que cumple, sobre todo, teniendo en cuenta que su realidad es muy compleja debido a la financiación pública que en muchos casos recibe, pero su actividad se desarrolla, en la mayoría de los casos, a través de entidades culturales privadas. A este problema estructural hay que añadir desde hace unos años el problema coyuntural de la escasez de fondos tanto de carácter público como privado debido a las sucesivas crisis que han afectado de lleno a la actividad cultural y han repercutido en la dotación de los presupuestos de las Administraciones Públicas y en el Mecenazgo de las instituciones privadas para fines culturales.

La gestión cultural se realiza como decimos, básicamente, a través de Fundaciones. Aunque existen otras tipologías de personas jurídicas dedicadas a esta actividad, la Fundación es la más importante y quizá también la más adecuada, siempre que se configure correctamente. Por ello, vamos a centrar nuestra atención en la misma.

El marco normativo fiscal vigente de las Fundaciones, está constituido actualmente por la Ley 49/2002, de 23 de diciembre, de Régimen Fiscal de las Entidades sin Fines Lucrativos y de los Incentivos Fiscales al Mecenazgo y la Ley 50/2002, de 26 de diciembre de Fundaciones, desarrollada por su reglamento aprobado por el Real Decreto 1337/2005, de 11 de noviembre. A este respecto, el artículo decimoprimero de la Ley 14/2021, de 11 de octubre, en su apartado sexto, modifica la disposición final segunda del Real Decreto-Ley 17/2020, de 5 de mayo, disponiendo:

«Disposición final segunda. Modificación de la Ley 49/2002, de 23 de diciembre, de régimen fiscal de las entidades sin fines lucrativos y de los incentivos fiscales al mecenazgo.

Con efectos desde el 1 de enero de 2021, se introducen las siguientes modificaciones en la Ley 49/2002, de 23 de diciembre, de régimen fiscal de las entidades sin fines lucrativos y de los incentivos fiscales al mecenazgo:

1. Se modifica el artículo 2, que queda redactado de la siguiente forma:
"Artículo 2. Entidades sin fines lucrativos.

Se consideran entidades sin fines lucrativos a efectos de esta ley, siempre que cumplan los requisitos establecidos en el artículo siguiente:

a) Las fundaciones.

b) Las asociaciones declaradas de utilidad pública.

c) Las organizaciones no gubernamentales de desarrollo a que se refiere la Ley 23/1998, de 7 de julio, de Cooperación Internacional para el Desarrollo, siempre que tengan alguna de las formas jurídicas a que se refieren los párrafos anteriores.

d) Las federaciones deportivas españolas, las federaciones deportivas territoriales de ámbito autonómico integradas en aquellas, el Comité Olímpico Español y el Comité Paralímpico Español.

e) Las federaciones y asociaciones de las entidades sin fines lucrativos a que se refieren las letras anteriores.

f) Las entidades no residentes en territorio español que operen en el mismo con establecimiento permanente y sean análogas a algunas de las previstas en las letras anteriores.

Quedarán excluidas aquellas entidades residentes en una jurisdicción no cooperativa, excepto que se trate de un Estado miembro de la Unión Europea y se acredite que su constitución y operativa responden a motivos económicos válidos.

g) Las entidades residentes en un Estado miembro de la Unión Europea o de otros Estados integrantes del Espacio Económico Europeo con los que exista normativa sobre asistencia mutua en materia de intercambio de información tributaria en los términos previstos en la Ley 58/2003, de 17 de diciembre, General Tributaria, que sea de aplicación, sin establecimiento permanente en territorio español, que sean análogas a alguna de las previstas en las letras anteriores.

Quedarán excluidas aquellas entidades residentes en una jurisdicción no cooperativa, excepto que se acredite que su constitución y operativa responde a motivos económicos válidos".

La finalidad de esta reforma es evidente. Se trata de que no puedan disfrutar de los beneficios fiscales reconocidos a las entidades sin fines lucrativos, aquellas que sean residentes en jurisdicciones no cooperativas que es la forma actual de referirse a los paraísos fiscales y territorios "*off shore*".

Igualmente, hay que tener en cuenta las disposiciones específicas que se contienen en la regulación de algunos impuestos, como, por ejemplo, en la Ley 27/2014 de 27 de noviembre reguladora del Impuesto de Sociedades que declara en su artículo 9.2 parcialmente exentas las entidades e instituciones sin ánimo de lucro a las que se refiere la antes citada Ley 49/2002. En estas entidades se aplica el Capítulo XIV del Título VII de la Ley 27/2014 relativo a los regímenes

tributarios especiales que establece el "Régimen de entidades parcialmente exentas" que es el que rige en la mayoría de las Fundaciones.

A lo expuesto hay que añadir las Leyes de Fundaciones que tienen algunas Comunidades Autónomas y gran cantidad de Beneficios
fiscales dispersos en diferentes disposiciones como son las Leyes de
presupuestos de cada año y, cual es el caso, de la Ley 11/2020 de 30
de enero de Presupuestos Generales del Estado para 2021 a la que
nos referiremos más adelante. Tanto la Ley 50/2002 como su reglamento de desarrollo 1337/2005 ya citado, se refieren a esta realidad
y asimismo es relevante en esta materia la Ley 26/2013, de 27 de diciembre de Cajas de Ahorro y Fundaciones Bancarias por la especial
relevancia que tienen alguna de estas Fundaciones.

No obstante, todas estas normas no son suficientes para resolver <u>el
primer problema de las Fundaciones, en la actualidad, cual es cómo
atraer la financiación privada a la gestión cultural</u>. Hace falta algo
más para involucrar de verdad al sector privado. El sector público no
puede hacer frente a todos los compromisos que tiene, algunos de
ellos urgentes e inaplazables, desde la sanidad al desempleo. A proponer soluciones concretas para resolver este problema se destina el
siguiente epígrafe del presente trabajo (III. *"Los beneficios fiscales que
verdaderamente necesitan las entidades culturales"*).

<u>En segundo lugar, las Fundaciones, conservan su carácter de ser
un "patrimonio protegido" para determinados fines y esta naturaleza
no se acomoda bien a la realidad que venimos describiendo</u>. Por ello,
desde hace tiempo se viene hablando de la "Fundación empresaria"
estructura más acorde con los tiempos y que permite adaptarse al ámbito empresarial (Embid Irujo). Es decir, hay que buscar un modelo
de gestión que permita hacer compatible el estricto cumplimiento
del marco normativo con la adaptación a la realidad actual que exige
cambios continuos como la digitalización, la gestión de crisis y sobre
todo la política de comunicación, a saber, debe aumentar la faceta de
gestión que tienen las Fundaciones, contratos, nóminas, obtención,
seguimiento y control de las subvenciones etc.

En este sentido también, de acuerdo a la política general en la
materia, deben darse toda clase de facilidades para la creación de entidades culturales y artísticas, removiendo todos los obstáculos buro-
cráticos, normativos y también fiscales que impiden la puesta en mar-

cha de este tipo de iniciativas. Si se dice que una de las finalidades de los fondos "*Next Generation EU*" es fomentar la cultura de las "*start up*" debe hacerse verdad precisamente en el ámbito de la cultura.

Como medida concreta, mencionamos la constitución de una Comisión en el Ministerio de Cultura que coordine a las Administraciones competentes, es decir, al Estado, las Comunidades Autónomas y los Municipios para agilizar al máximo todos los trámites que afectan a la industria cultural y artística. De esta comisión debe formar parte preponderante la Agencia Estatal de Administración Tributaria y la Administración de la Seguridad Social. Igualmente, deben formar parte de esta comisión, los Consejeros de Cultura de las CCAA y una representación de los Municipios designada por la Federación Española de Municipios (FEMP).

En tercer lugar, debe fortalecerse la figura del "gerente profesional" de la Fundación. Las funciones de dirección no se pueden desarrollar por un patronato que tiene la obligación de supervisión de la actividad que se realiza, pero que debe, sobre todo, mantener el contacto con la sociedad para recabar fondos. Dichas competencias deben ser ejercidas por un gerente profesional que lleve el día a día de esa gestión. Esta es una línea fundamental de la reforma de las fundaciones, regular la figura del "gerente".

En cuarto lugar, otra línea de reforma inexcusable es la "rendición de cuentas". Esta institución de gran solera jurídica en nuestro Derecho, debe cumplirse periódicamente para impedir cualquier tacha de irregularidad en la gestión de los fondos públicos y privados que se manejan que acaban desacreditando a las instituciones sin fines lucrativos. En toda Fundación debe existir un órgano de control interno con unas funciones similares a las que desempeña la Intervención General de la Administración del Estado que es la que debe fiscalizar la actividad de la Fundación con criterios no solo de legalidad sino también de eficiencia y eficacia, rindiendo cuentas posteriormente al patronato. Sin perjuicio de los controles que ya existen para toda institución de esta naturaleza, máxime para las que reciben subvenciones, es muy conveniente que exista dicho órgano de control interno para que en las entidades culturales se asuma también una "cultura" de la gestión eficaz.

En quinto lugar, debe quedar completamente claro en los Estatutos la afectación completa de los fondos a los fines que cumple la Fundación, para evitar lo que ha sucedido en muchas ocasiones que estas entidades se han convertido en un simple instrumento jurídico para otros fines. Por afectación entendemos que todos los ingresos, pero sobre todo las subvenciones, deben dedicarse íntegramente a las funciones para las que están creadas estas entidades que justifican su régimen fiscal privilegiado. La instrumentalización de las Fundaciones para fines distintos de los que la legislación ampara es uno de los problemas más importantes que han tenido dichas instituciones. Desde la planificación fiscal para maximizar su régimen tributario privilegiado, pasando por la sucesión en determinados patrimonios familiares o simplemente el "blanqueo" de ciertos capitales de origen dudoso y hasta la financiación ilegal de partidos políticos, las Fundaciones no han cumplido, en ocasiones, sus fines prioritarios como debe ser la promoción de la cultura. Sirva, como ejemplo, de esta patología, lo sucedido en la Fundación del "*Palau*" de la Música, en Cataluña.

El régimen excepcional y privilegiado que deben tener las Fundaciones, especialmente en el ámbito fiscal, como expondremos a continuación, solo se justifica en la medida que cumplen los fines para los que fueron creadas. La relajación del Principio Constitucional de Generalidad Tributaria (art. 31.1 CE) que suponen, por ejemplo, las exenciones totales o parciales que proponemos solo son admisibles si se cumplen las finalidades que se pretenden que deben ser, en todo caso, compatibles con la Carta Magna. Para que se nos entienda bien, la afectación debe impedir que vuelva a suceder lo que ocurrió con la Organización Nacional de Ciegos de España (ONCE), en su momento, que con un régimen fiscal de entidad no lucrativa y unos ingresos en régimen de monopolio ("el cupón") llegó a tener a través de su Fundación, un grupo empresarial en el que había una participación significativa en una Televisión.

En fin, hay que buscar vehículos adecuados para canalizar la inversión en actividad cultural e instrumentos de gestión que permitan un funcionamiento más ágil de las Fundaciones y lograr así un mejor cumplimiento de sus objetivos en un entorno competitivo en el que ya no se puede contar solo con el apoyo del sector público.

3. LOS BENEFICIOS FISCALES QUE VERDADERAMENTE NECESITAN LAS ENTIDADES CULTURALES

La perspectiva que hay que adoptar es como siempre es la de la eficacia, es decir, la pregunta correcta es: ¿qué beneficios fiscales son los más prácticos para incentivar el sector cultural?

La visión tradicional es de carácter estático, por ejemplo, que un bien cultural tenga una exención en el Impuesto Municipal de Bienes Inmuebles, en concreto, el artículo 62.2.b) del Texto Refundido de la Ley Reguladora de las Haciendas Locales aprobado por el Real Decreto Legislativo 2/2004, de 5 de marzo establece una exención para los monumentos y jardines de interés cultural. Con ser esto necesario no es suficiente. Hay que tener una visión dinámica orientada más a la actividad que a la faceta institucional. A saber, es más eficaz financiar proyectos concretos de gestión que sean susceptibles de control. Aquí lo importante es "objetivar" en la norma reglamentaria los requisitos del proyecto que puede obtener el beneficio fiscal para evitar la discrecionalidad administrativa que puede convertirse en arbitrariedad. Pasando de la teoría a la práctica, se trata, por ejemplo, no de establecer una deducción general en actividades culturales, sino de apoyar la difusión del español a través de los programas del Instituto Cervantes. Financiar la creación de una sede de dicho instituto en el extranjero es concretar la justificación de la relajación de la norma tributaria que supone una exención parcial con la cobertura además de un precepto constitucional como es el artículo 44.1 de la C.E.

La visión que debería prevalecer ahora es que la existencia de un Ministerio de Cultura no es tan necesaria, máxime teniendo en cuenta que gran parte de sus competencias se han transferido a las Comunidades Autónomas, como la presencia de unos programas presupuestarios concretos que cuando sean insuficientes se pueden completar con la ayuda del Mecenazgo, fomentado con los correspondientes beneficios fiscales vinculados a dichos programas.

En primer lugar, el beneficio fiscal que mejor funciona para incentivar la inversión de las empresas es una deducción en la cuota del Impuesto de Sociedades con la estructura clásica: base de la deducción, tipo de la deducción y límite de la deducción, dejando bien claro que, en la base, solo son computables las cantidades que se ajusten estrictamente a lo previsto en la Ley que regula la deducción, puesto que, como es sabido, por el Principio Constitucional de Reserva de Ley en materia tributaria (art. 31.3 C.E.) todos los elementos esenciales del tributo y eso incluye a las exenciones totales y parciales, deben estar regulados por Ley. Este beneficio fiscal, podría ser aplicado también a las empresas cuyo titular sea una persona física, pero esto es menos frecuente.

La deducción actualmente existente en el Impuesto de Sociedades es "estrecha" y "limitada" solo a un sector. En concreto el artículo 36 de la Ley 27/2014, de 28 de noviembre reguladora del Impuesto, dice así en su número 1, tras la modificación introducida por la Disposición Final Primera del Real Decreto 17/2020 de 5 de mayo:

> *"Con efectos para los períodos impositivos que se inicien a partir de 1 de enero de 2020, se modifican los apartados 1 y 2 del artículo 36 de la Ley 27/2014, de 27 de noviembre, del Impuesto sobre Sociedades, que quedan redactados de la siguiente forma:*
>
> «1. Las inversiones en producciones españolas de largometrajes y cortometrajes cinematográficos y de series audiovisuales de ficción, animación o documental, que permitan la confección de un soporte físico previo a su producción industrial seriada darán derecho al productor a una deducción:
>
> a) Del 30 por ciento respecto del primer millón de base de la deducción.
>
> b) Del 25 por ciento sobre el exceso de dicho importe".
>
> Por su parte el número 2 amplia la deducción en los siguientes términos:
>
> "2. Los productores registrados en el Registro Administrativo de Empresas Cinematográficas del Instituto de la Cinematografía y de las Artes Audiovisuales que se encarguen de la ejecución de una producción extranjera de largometrajes cinematográficos o de obras audiovisuales que permitan la confección de un soporte físico previo a su producción industrial seriada tendrán derecho a una deducción por los gastos realizados en territorio español:
>
> a) Del 30 por ciento respecto del primer millón de base de la deducción.
>
> b) Del 25 por ciento sobre el exceso de dicho importe".

Nos parece que esta deducción, aunque sea un buen modelo para el sector aludido, sin embargo, deja fuera a otros sectores igualmente importantes de las industrias culturales y artísticas que no disfrutan de este trato privilegiado fiscalmente que debería extenderse con carácter general a cualquier actividad similar. La concesión de beneficios fiscales en los presupuestos de 2023, para solo determinadas plataformas de televisión es otro buen ejemplo de lo que no se debe hacer.

También hay que destacar el beneficio fiscal reconocido con carácter general respecto a las entidades no lucrativas en lo que se refiere al Impuesto sobre la Renta de las Personas Físicas que ha sido modificado por el artículo decimoprimero de la Ley 14/2021, de 11 de octubre, en su apartado sexto, que a su vez modifica la disposición final segunda del Real Decreto-Ley 17/2020, de 5 de mayo en punto al artículo 5.2 sobre normativa aplicable a las entidades no lucrativas:

"4. Se modifica el apartado 1 del artículo 19, que queda redactado de la siguiente manera:

"1. Los contribuyentes del Impuesto sobre la Renta de las Personas Físicas tendrán derecho a deducir de la cuota íntegra el resultado de aplicar a la base de la deducción correspondiente al conjunto de donativos, donaciones y aportaciones con derecho a deducción, determinada según lo dispuesto en el artículo 18 de esta ley, la siguiente escala:

Base de deducción Importe hasta	Porcentaje de deducción
150 euros.	80
Resto base de deducción.	35

Si en los dos períodos impositivos inmediatos anteriores se hubieran realizado donativos, donaciones o aportaciones con derecho a deducción en favor de una misma entidad por importe igual o superior, en cada uno de ellos, al del ejercicio anterior, el porcentaje de deducción aplicable a la base de la deducción en favor de esa misma entidad que exceda de 150 euros, será el 40 por ciento".

Creemos que estas cuantías son muy reducidas para el efecto que se pretende conseguir que es que se movilice la inversión privada de las personas físicas para financiar el Mecenazgo.

En todo caso, lo importante es que una vez aprobada la deducción se haga un seguimiento de su eficacia, cuantificando el importe de las inversiones realizadas bajo su cobertura legal, el grado de ejecución y el "dividendo cultural" obtenido. Solo así se sabrá cuál es la eficacia de la deducción. En la misma medida si las inversiones son pocas, el grado de ejecución limitado y el beneficio reducido, la exención parcial en que consiste la deducción debe derogarse porque esos malos resultados le hacen perder la justificación de la relajación de la norma tributaria general que representa esta exención parcial.

En este sentido, por ejemplo, la aprobación de una deducción por adquisición de bienes culturales, es decir, por la inversión en cultura, puesto que nosotros consideramos que es una auténtica inversión y no un gasto, supondría un incentivo real al desarrollo de las industrias culturales y artísticas.

En segundo lugar, otro de los beneficios fiscales más eficaces para favorecer la actividad cultural es la consideración como "renta irregular" del rendimiento obtenido por su producción. Recuérdese que la regulación actual es la siguiente. La Ley 35/2006, del IRPF califica como rendimientos de actividades económicas, entre otras las actividades artísticas (art. 27.1) y cualquier otra que suponga la "ordenación por cuenta propia" de recursos humanos y de medios de producción para, en este caso, la prestación de servicios. Como el legislador es consciente de que en este sector es muy habitual que las obras culturales tengan un periodo de generación superior al año se establece la consideración de renta irregular que supone lo siguiente en el artículo 32:

> "1. Los rendimientos netos con un período de generación superior a dos años, así como aquéllos que se califiquen reglamentariamente como obtenidos de forma notoriamente irregular en el tiempo, se reducirán en un 30 por ciento, cuando, en ambos casos, se imputen en un único período impositivo.
>
> La cuantía del rendimiento neto a que se refiere este apartado sobre la que se aplicará la citada reducción no podrá superar el importe de 300.000 euros anuales.
>
> No resultará de aplicación esta reducción a aquellos rendimientos que, aun cuando individualmente pudieran derivar de actuaciones desarrolladas a lo largo de un período que cumpliera los requisitos anteriormente indicados, procedan del ejercicio de una actividad económica que de forma regular o habitual obtenga este tipo de rendimientos".

Una regulación paralela se prevé en cuanto a los rendimientos del trabajo en el artículo 18.2 de la Ley. Pero lo relevante aquí es que se considera a estos efectos como rendimientos "obtenidos de forma notoriamente irregular en el tiempo". El artículo 25 del reglamento del IRPF aprobado por el Real Decreto 439/2007 de 30 de marzo señala:

> "A efectos de la aplicación de la reducción prevista en el artículo 32.1 de la Ley del Impuesto, se consideran rendimientos de actividades económicas obtenidos de forma notoriamente irregular en el tiempo, exclusivamente, los siguientes, cuando se imputen en único período impositivo:

c) Premios literarios, artísticos o científicos que no gocen de exención en este Impuesto. No se consideran premios, a estos efectos, las contraprestaciones económicas derivadas de la cesión de derechos de propiedad intelectual o industrial o que sustituyan a éstas".

Este es el marco normativo actual. En síntesis, significa que los rendimientos obtenidos en más de dos años de generación tienen una reducción del 30% siempre y cuando sean de verdad irregulares y no regulares. Hay una mención específica a los premios que ya están exentos, pero si no lo estuvieran se les puede aplicar la reducción siempre que se imputen en un solo año.

Como se ve es un marco muy estrecho y nuestra propuesta es extender el régimen general de rendimientos irregulares a todos los derivados de las industrias culturales y creativas que efectivamente se generen en más de dos años. Esta es una realidad del sector que hay que tener en cuenta. Todo el que conozca lo que es la producción cultural sabe que el periodo de generación es "irregular" y no tiene porqué, coincidir con el periodo impositivo anual del IRPF, estando plenamente justificada la reducción del 30%.

Pero sobre todo el gran incentivo para los profesionales de la cultura, desde el punto de vista de sus rendimientos es no penalizar los mismos. El problema existente hasta ahora y solo parcialmente resuelto en la Ley 11/2020, de 30 de diciembre de Presupuestos Generales del Estado para 2021, por el cual, era incompatible la pensión de jubilación (rendimiento del trabajo) con la percepción de los derechos de autor (rendimiento profesional), era un grave perjuicio para quienes después de haber cotizado a la Seguridad Social no podían percibir la prestación salvo si renunciaban a los derechos de propiedad intelectual o renunciaban a la pensión para poder cobrar aquellos. Obviamente, esta situación injusta explica, aunque no justifica, la práctica seguida por creadores de éxito de ceder sus derechos a una sociedad interpuesta que, en algunos casos, estaba domiciliada en un paraíso fiscal. Esto es un fraude a la Ley tributaria y genera las correspondientes infracciones tributarias sancionables. La retribución de los derechos de autor, deben imputarse fiscalmente siempre al mismo.

Dicha incompatibilidad ha desaparecido, pero solo para los sectores específicamente determinados en la Ley 11/2020, en su Disposición Final Sexta por la cual se modifica el texto refundido de la Ley de Clases Pasivas del Estado, aprobado por Real Decreto legislativo 670/1987, de 30 de abril:

> "Modificación del texto refundido de la Ley de Clases Pasivas del Estado, aprobado por Real Decreto legislativo 670/1987, de 30 de abril. Con efectos desde la entrada en vigor de esta Ley y vigencia indefinida, se modifica el texto refundido de la Ley de Clases Pasivas del Estado, aprobado por Real Decreto legislativo 670/1987, de 30 de abril. Artículo 33.2: Cuando se trate del desempeño de una <u>actividad de creación artística por la que se perciban ingresos derivados de derechos de propiedad intelectual, incluidos los generados por su transmisión a terceros, la cuantía de la pensión compatible con esta actividad será del cien por ciento</u>, siendo en este caso de aplicación lo previsto en materia de afiliación, altas, bajas y variación de datos y cotización, así como en materia de compatibilidad en el Real Decreto 302/2019, de 26 de abril, por el que se regula la compatibilidad de la pensión contributiva de jubilación y la actividad de creación artística, en desarrollo de la disposición final segunda del Real Decreto Ley 26/2018, de 28 de diciembre, por el que se aprueban medidas de urgencia sobre la creación artística y la cinematografía" (el subrayado es nuestro).

En suma, se entiende, por fin, una de las características básicas del sector, cual es, que forma parte esencial del mismo la generación de derechos de propiedad intelectual a los que no tiene porqué renunciarse, de la misma forma que tampoco debe renunciarse a los derechos adquiridos a una prestación de la Seguridad Social según la debida cotización.

<u>En tercer lugar, están los beneficios fiscales regulados en el Estatuto del Artista.</u> El Real Decreto-ley 5/2022, de 22 de marzo, por el que se adapta el régimen de la relación laboral de carácter especial de las personas dedicadas a las actividades artísticas, así como a las actividades técnicas y auxiliares necesarias para su desarrollo, y se mejoran las condiciones laborales del sector (*BOE núm. 70, de 23 de marzo*) contiene diversas normas que afectan al sector en materia de Seguridad Social.

Por su parte, en materia tributaria (121/000046) el Proyecto de Ley de 8 de febrero de 2019, por el que se aprueban medidas de urgencia sobre la creación artística y la cinematografía procedente del Real Decreto ley 26/2018, de 28 de diciembre, señala en su Exposición de Motivos:

"En el ámbito tributario, se modifica en primer lugar, la Ley 35/2006, de 28 de noviembre, del Impuesto sobre la Renta de las Personas Físicas y de modificación parcial de las Leyes de los Impuestos sobre Sociedades, sobre la Renta de no Residentes y sobre el Patrimonio, para reducir el porcentaje de retención e ingreso a cuenta aplicable a los rendimientos de capital mobiliario procedentes de la propiedad intelectual cuando el contribuyente no sea el autor, del 19 al 15 por ciento. Por lo que respecta a la regulación proyectada en relación con el tipo impositivo del Impuesto sobre el Valor Añadido aplicable a los servicios prestados por intérpretes, artistas, directores y técnicos que sean personas físicas, se modifica la Ley 37/1992, de 28 de diciembre, del Impuesto sobre el Valor Añadido, a fin de aplicar el tipo reducido a los servicios prestados por personas físicas en calidad de intérpretes, artistas, directores y técnicos a los productores y organizadores de obras y espectáculos culturales, recuperando la aplicación del tipo reducido del Impuesto a estos servicios esenciales de la industria cultural, que habían pasado a tributar al tipo impositivo general del 21 por ciento en el año 2012. Por último, en relación con el Impuesto sobre Sociedades, se modifica la deducción por gastos realizados en territorio español para la ejecución de una producción extranjera de largometrajes cinematográficos o de obras audiovisuales que permitan la confección de un soporte físico previo a su producción industrial seriada".

Este Proyecto de Ley aún no se ha aprobado, pero marca unas orientaciones básicas de lo que podría ser un nuevo régimen fiscal para los autores en la industria cultural, básicamente consistentes en una reducción de los tipos impositivos de algunos impuestos.

En resumen, los beneficios fiscales que se reconozcan a la industria cultural deben basarse en un conocimiento de las necesidades reales del sector y de la problemática específica de sus profesionales.

En cuarto lugar, sería muy necesario considerar como deducibles en la base imponible del IRPF los gastos en formación, compra de instrumental de trabajo o incluso las comisiones de los representantes. En realidad, estos son los "costes de producción" de la actividad cultural que deben tenerse en cuenta a efectos de la determinación de su rendimiento neto. Ciertamente, en la determinación de la base imponible por estimación directa de los rendimientos de actividades económicas entre las que se incluyen las actividades empresariales, profesionales y artísticas siempre es posible aportar las correspondientes facturas de los gastos necesarios para obtener dichos rendimientos, pero su apreciación como deducibles depende del control de gestión y comprobación que realiza la AEAT y en algunos casos serían inadmitidos. Por lo tanto, es preciso definir bien los mencionados "costes de producción" para adaptarlos a una realidad específica del sector y, en el reglamento del IRPF delimitarlos correctamente.

En quinto lugar, deben concentrarse los beneficios fiscales para personas jurídicas en las cooperativas y sociedades laborales que se dediquen a la actividad cultural porque este tipo de empresas se adaptan muy bien al sector, la Ley 27/1999 de 16 de julio de Cooperativas, Ley 44/2015 de 14 de octubre de Sociedades Laborales y Participadas. Su Disposición Adicional Novena, establece lo siguiente: "El régimen tributario aplicable a las sociedades cooperativas calificadas como entidades sin ánimo de lucro será el establecido en la Ley 20/1990, de 19 de diciembre, de Régimen Fiscal de Cooperativas".. La posibilidad de que profesionales y trabajadores se asocien para desarrollar sus iniciativas al amparo del marco jurídico que establecen dichas entidades, desde una obra de teatro hasta una galería de arte, deben estar protegidos por un régimen fiscal y de seguridad social específico.

En sexto lugar, se debe afrontar el problema que se plantea respecto de la actividad artística en el Impuesto sobre el Valor Añadido. De todos es sabido, que el artículo 20 de la Ley 37/1992 de 28 de diciembre, reguladora del IVA, declara exentas las siguientes operaciones:

> "26.º Los servicios profesionales, incluidos aquéllos cuya contraprestación consista en derechos de autor, prestados por artistas plásticos, escritores, colaboradores literarios, gráficos y fotográficos de periódicos y revistas, compositores musicales, autores de obras teatrales y de argumento, adaptación, guión y diálogos de las obras audiovisuales, traductores y adaptadores".

Como siempre, la aplicación de las exenciones en el IVA provoca un primer problema que es su delimitación teniendo en cuenta que son de interpretación restrictiva dada su naturaleza de excepciones al Principio Constitucional de Generalidad Tributaria (art. 31.1 C.E.). Es decir, hay un círculo exterior de agraviados que reclaman el mismo trato fiscal diferenciado de los incluidos en la exención.

Pero además está el problema de la mecánica de aplicación del IVA que convierte a quienes realizan el servicio declarado exento, en consumidores finales que al no poder repercutir la cuota tienen la imposibilidad legal de deducirse el IVA soportado (art. 94. 1º a. Ley del IVA) dado que solo tienen derecho a deducción las prestaciones de servicios sujetas y "no exentas". Ciertamente el precio final se reduce al no trasladar la cuota del impuesto, pero el sujeto pasivo soporta el coste adicional del IVA repercutido y no se lo puede deducir. Aquí, en línea con lo señalado en el punto cuarto, debe tenderse a reducir los costes que soporta la industria cultural. En este sentido, sería mejor solicitar a la Unión Europea el reconocimiento de un "tipo 0%" en lugar de la exención, lo cual permitiría recuperar el IVA soportado mediante la correspondiente deducción, lo cual tampoco supondría elevar los precios de los servicios prestados porque el tipo impositivo trasladado al consumidor es 0%.

En séptimo lugar, se deben reducir los tributos locales que afectan a la actividad artística. Esta política alcanza desde las tasas que se pagan por el rodaje de películas (en algunas ciudades de alta recaudación) hasta la tasa que tienen que pagar los artistas callejeros para obtener la correspondiente licencia. Una de las formas de fomentar la actividad artística más genuina que es la popular es ir eliminando todas cargas burocráticas y fiscales que pesan sobre la misma. En concreto, la Administración Municipal puede establecer tasas, según el artículo 20.3 del Texto Refundido de la Ley Reguladora de las Haciendas Locales aprobado por el Real Decreto Legislativo 2/2004, de 4 de marzo, sobre:

> "n) Instalación de puestos, barracas, casetas de venta, espectáculos, atracciones o recreo, situados en terrenos de uso público local, así como industrias callejeras y ambulantes y rodaje cinematográfico".

En materia de prestación de servicios se pueden establecer tasas por los siguientes conceptos según el mismo artículo 20, en su número 4:

> "g) Servicios de competencia local que especialmente sean motivados por la celebración de espectáculos públicos,
> w) Visitas a museos, exposiciones, bibliotecas, monumentos históricos o artísticos, parques zoológicos u otros centros o lugares análogos".

Como es lógico, la regulación de la tasa y su importe depende de la Ordenanza Fiscal que apruebe cada Ayuntamiento, pero es evidente, que supone un desincentivo a la actividad artística. En dicha

Ordenanza se deben prever beneficios fiscales sobre todo para las manifestaciones de menor envergadura que afectan al sector más vulnerable de los creadores de la industria cultural.

4. CONCLUSIONES

Primera. La industria cultural necesita un nuevo marco jurídico específico adaptado a la realidad actual y, en particular, un cuadro normativo fiscal que favorezca las industrias culturales y artísticas con beneficios fiscales eficaces. Desde una perspectiva de *"Lege Ferenda"*, es urgente una reforma legislativa que adecúe el ordenamiento jurídico vigente a una nueva sociedad multicultural.

Segunda. La Gestión Cultural debe estar totalmente profesionalizada con estudios propios orientados a la formación multidisciplinar que necesita hoy en día una actividad tan compleja. Las industrias creativas no deben estar en manos de "aficionados" sino a cargo de verdaderos expertos de cada sector. Se debe crear una comisión interministerial que ponga en marcha las diferentes iniciativas en la materia en coordinación con las Comunidades Autónomas.

Tercera. La Fundación como vehículo jurídico habitual de la gestión cultural se muestra obsoleta y necesita una "refundación", por medio de la figura de la Fundación empresaria. La profesionalización de sus gestores, la rendición de cuentas continua y sobre todo el control de la afectación de sus fondos a los fines que justifican su régimen fiscal privilegiado, son las líneas fundamentales de la reforma que se debe llevar a cabo.

Cuarta. La herramienta fiscal es necesaria para lograr una política cultural competitiva dentro de la Unión Europea pero no es suficiente para hacerla eficaz. Es preciso coordinarla con otras políticas públicas como la económica que reconozca la importancia del sector como creador de riqueza y empleo. Los beneficios fiscales deben estar enfocados a su finalidad como verdadera industria cultural y adaptados a las peculiaridades del sector y sus profesionales.

Quinta. Debemos pasar de la cultura de la subvención a la cultura de la gestión. Tal como se ha entendido hasta ahora, se trataba simplemente de que las Administraciones concedieran fondos públicos a las entidades culturales. Actualmente, las sucesivas crisis exigen que se controle la eficiencia y la eficacia de ese gasto. La consideración del gasto en cultura como Gasto Social no debe impedir que desde un punto de vista económico se entienda como una verdadera inversión.

Al final, para visualizar este trabajo con un ejemplo, tenemos que ser capaces de fomentar la industria cultural, pero también debemos hacerlo de una manera eficaz empleando los instrumentos fiscales más adecuados al sector.

5. BIBLIOGRAFÍA BÁSICA

Benítez de Lugo y Guillén, F., *El Patrimonio Cultural español. Aspectos jurídicos, administrativos y fiscales*, ed. Comares, Granada, 1999.

Cazorla Prieto, L., "La Cultura en el marco de la Constitución de 1978 y de su desarrollo legislativo" en *20 años de Ordenamiento Constitucional, Homenaje a Estanislao de Aranzadi*, Editorial Aranzadi, 1999.

De la Torre Sotoca, J. D., *Tributación de la Cultura, Beneficios Fiscales al sector cultural*, ed. Comares, Granada, 2013.

Embid Irujo, J. M., "Aproximación a la figura de la fundación empresaria" en el *Notario del siglo XXI*, mayo-junio, 2021, núm. 97.

García-Moncó, A., presentación al libro: *Las retribuciones de los artistas, intérpretes y ejecutantes*, Estudio multidisciplinar, ediciones Cinca, 2008.

Muñoz Villareal, A., *Fiscalidad y financiación del Mecenazgo Cultural. Teoría y práctica*. Ed. Lex Nova, Valladolid, 2016.

Ruiz Conde, M., *Fiscalidad de la cultura: incentivos fiscales autonómicos al patrimonio cultural*. Ed. Universidad de Valladolid, 2019.

Schmöller, G., *Política Social y Economía Política*, ed. Heinrich y Cía., Barcelona, 1905, pág. 115.

Villarrolla Planas, A. y Rubio Aróstegui, J. A., "Fiscalidad y mecenazgo cultural en España" en *Economía y Cultura*. Ed. FUNCAS, Capítulo VII. Págs. 199 a 231.

6. MATERIALES, ACTIVIDADES Y/O CASOS

En el Proyecto de Ley de Presupuestos Generales del Estado para 2023, se incluye la siguiente Disposición Adicional:

Disposición adicional quincuagésima cuarta. Actividades prioritarias de mecenazgo.

Uno. De acuerdo con lo establecido en el artículo 22 de la Ley 49/2002, de 23 de diciembre, de régimen fiscal de las entidades sin fines lucrativos y de los incentivos al mecenazgo, durante la vigencia de estos presupuestos se considerarán actividades prioritarias de mecenazgo las siguientes:

1ª. Las llevadas a cabo por el Instituto Cervantes para la promoción y difusión de la lengua española y de la cultura mediante redes telemáticas, nuevas tecnologías y otros medios.

2ª. Las actividades llevadas a cabo por el Museo Nacional del Prado para la consecución de sus fines establecidos en la Ley 46/2003, de 25 de noviembre, reguladora del Museo Nacional del Prado y en el Real Decreto 433/2004, de 12 de marzo, por el que se aprueba el Estatuto del Museo Nacional del Prado.

3ª. Las actividades llevadas a cabo por el Museo Nacional Centro de Arte Reina Sofía en cumplimiento de los fines establecidos por la Ley 34/2011, de 4 de octubre, reguladora del Museo Nacional Centro de Arte Reina Sofía y por el Real Decreto 188/2013, de 15 de marzo, por el que se aprueba el Estatuto del Museo Nacional Centro de Arte Reina Sofía.

4ª. Las llevadas a cabo por la Biblioteca Nacional de España en cumplimiento de los fines y funciones de carácter cultural y de investigación científica establecidos por la Ley 1/2015, de 24 de marzo, reguladora de la Biblioteca Nacional de España, y por el Real Decreto 640/2016, de 9 de diciembre, por el que se aprueba el Estatuto de la Biblioteca Nacional de España.

5ª. Las llevadas a cabo por la Fundación Deporte Joven en colaboración con el Consejo Superior de Deportes en el marco del proyecto "España Compite: en 411 la Empresa como en el Deporte" con la finalidad de contribuir al impulso y proyección de las PYMES españolas en el ámbito interno e internacional, la potenciación del deporte y la promoción del empresario como motor de crecimiento asociado a los valores del deporte. Los donativos, donaciones y aportaciones a las actividades señaladas en el párrafo anterior que, de conformidad con el apartado Dos de esta disposición adicional, pueden beneficiarse de la elevación en cinco puntos porcentuales de los porcentajes y límites de las deducciones establecidas en los artículos 19, 20 y 21 de la citada Ley 49/2002 tendrán el límite de 50.000 euros anuales para cada aportante.

6ª. La conservación, restauración o rehabilitación de los bienes del Patrimonio Histórico Español que se relacionan en el anexo XIII de esta ley.

7ª. Las actividades de fomento, promoción y difusión de las artes escénicas y musicales llevadas a cabo por las Administraciones públicas o con el apoyo de éstas.

8ª. Las llevadas a cabo por el Instituto de la Cinematografía y de las Artes Audiovisuales para el fomento, promoción, difusión y exhibición de la actividad cinematográfica y audiovisual así como todas aquellas medidas orientadas a la recuperación, restauración, conservación y difusión del patrimonio cinematográfico y audiovisual, todo ello en un contexto de defensa y promoción de la identidad y la diversidad culturales.

9ª. La investigación, desarrollo e innovación en las infraestructuras que forman parte del Mapa nacional de Infraestructuras Científicas y Técnicas Singulares (ICTS) en vigor y que, a este efecto, se relacionan en el anexo XIV de esta Ley.

10ª. La investigación, el desarrollo y la innovación orientados a resolver los retos de la sociedad identificados en la Estrategia Española de Ciencia y Tecnología y de Innovación vigente y financiados o realizados por las entidades que, a estos efectos, se reconozcan por el Ministerio de Hacienda y Función Pública, a propuesta del Ministerio de Ciencia e Innovación.

11ª. La investigación, el desarrollo y la innovación orientados a resolver los retos de la sociedad realizados por los Organismos Públicos de Investigación Consejo Superior de Investigaciones Científicas, Instituto de Salud Carlos III, Centro 412 de Investigaciones Energéticas, Medioambientales y Tecnológicas, e Instituto de Astrofísica de Canarias.

12ª. El fomento de la difusión, divulgación y comunicación de la cultura científica y de la innovación llevadas a cabo por la Fundación Española para la Ciencia y la Tecnología.

13ª. Las llevadas a cabo por la Agencia Estatal de Investigación para el fomento y financiación de las actuaciones que derivan de las políticas de I+D de la Administración General del Estado.

14ª. La I+D+I en Biomedicina y Ciencias de la Salud de la Acción Estratégica en Salud llevadas a cabo por el CÍBER y CIBERNED.

15ª. Los programas de formación y promoción del voluntariado que hayan sido objeto de subvención por parte de las Administraciones Públicas.

16ª. Las llevadas a cabo por la Fundación ONCE en el marco del Programa de Becas "Oportunidad al Talento", así como las actividades desarrolladas por esta entidad en el marco del Programa de Formación en Competencias y Profesiones Digitales y Tecnológicas "Por Talento Digital".

17ª. Las llevadas a cabo por la Fundación ONCE del Perro Guía en el marco del Proyecto 2022-2023 "Avances para la movilidad de las personas ciegas asistidas por perros guía".

18ª. Los programas dirigidos a la erradicación de la violencia de género que hayan sido objeto de subvención por parte de las Administraciones Públicas o se realicen en colaboración con éstas.

19ª. Las llevadas a cabo por el Fondo de Becas Soledad Cazorla para Huérfanos de la violencia de género (Fundación Mujeres).

20ª. Las llevadas a cabo por las Universidades Públicas en cumplimiento de los fines y funciones de carácter educativo, científico, tecnológico, cultural y de transferencia del conocimiento, establecidos por la Ley Orgánica 6/2001, de 21 de diciembre, de Universidades.

Dos. Los porcentajes y los límites de las deducciones establecidas en los artículos 19, 20 y 21 de la citada Ley 49/2002, de 23 de diciembre, se elevarán en cinco puntos porcentuales en relación con las actividades incluidas en el apartado anterior.

Capítulo X
Fiscalidad de las actividades culturales y artísticas

MANUEL LUCAS DURÁN
Profesor Titular de Derecho Financiero y Tributario
Universidad de Alcalá. Madrid
Consejo Asesor de Garrido

1. INTRODUCCIÓN

Las personas involucradas en el ámbito de la cultura o del arte, tanto en su faceta creativa como en otras (agentes, intérpretes, etc.), están sujetas a obligaciones tributarias de diversa índole: no sólo han de pagarse impuestos en función de su renta y patrimonio o de los servicios que prestan o bienes que venden, sino que también han de cumplirse determinadas formalidades (llevar una contabilidad ordenada, expedir facturas, presentar declaraciones y formularios, etc.) que exigen las Administraciones tributarias para una correcta aplicación de nuestro sistema impositivo.

Nos referiremos en las páginas que siguen a dos ámbitos distintos: el del arte y el de la cultura. Llegados a este punto, es preciso definir **arte** como una "[m]anifestación de la actividad humana mediante la cual se interpreta lo real o se plasma lo imaginado con recursos plásticos, lingüísticos o sonoros" (Diccionario de la Real Academia Española —RAE—); y **cultura** como un "[c]onjunto de modos de vida y costumbres, conocimientos y grado de desarrollo artístico, científico, industrial, en una época, grupo social" (Diccionario RAE).

Dicho lo anterior, necesariamente aludiremos en las páginas que siguen a diferentes subjetividades: las personas físicas que realizan actividades artísticas o culturales, ya sean como creadores o como intérpretes; y, por otro lado, quienes se relacionan profesionalmente con referidas personas físicas, ya sea como gestores, agentes o intermediarios, empresarios de artes visuales, escénicas, musicales o literarias, etc.

Pues bien, en el presente capítulo se van a analizar las obligaciones fiscales más relevantes a las que tienen que hacer frente quienes se relacionan con el mundo de la cultura y el arte a fin de que, una vez conocidas, sea posible (i) un mejor cumplimiento de las mismas y (ii) una optimización de los impuestos que han de abonarse.

Para llevar a cabo tal análisis debe, en primer lugar, hacerse una referencia —siquiera breve— a las distintas formas en que puede desarrollarse una actividad cultural o artística, en la medida en que las consecuencias tributarias serán distintas en función, básicamente, de que tales actividades se desempeñen por una persona física o jurídica (sociedad, asociación, etc.). A continuación, se realizará un análisis (i) de las obligaciones fiscales de quienes desarrollan su actividad en el ámbito de la cultura y el arte en función de la forma de emprendimiento que se haya seguido (básicamente a través de una sociedad o bien individualmente como persona física), así como (ii) de las operaciones que se realizan en el mercado cultural y artístico. Seguidamente, se refieren de forma somera las obligaciones fiscales que pueden sobrevenir en el caso de que las actividades artísticas o culturales se financien a través de una figura que ha cobrado en nuestros días gran relevancia para emprender ciertos proyectos artísticos y culturales: el *crowdfunding* o financiación colectiva por medio de plataformas de internet. El capítulo acaba con una breve recapitulación y con anexos de bibliografía y recursos on-line, así como de temas de debate y actividades propuestas que se han diseñado para permitir una mayor profundización en los aspectos tratados.

2. DISTINTAS FORMAS DE DESARROLLO DE UNA ACTIVIDAD CULTURAL O ARTÍSTICA Y SUS CONSECUENCIAS TRIBUTARIAS

El desarrollo de una actividad en el ámbito de la cultura o del arte puede hacerse, básicamente, por cuenta ajena o por cuenta propia.

Tal y como se desarrolla en otro capítulo de esta obra, si la actividad se desempeña por cuenta ajena existirá una organización de la actividad por un sujeto tercero y una dependencia de aquél, esto es, una relación laboral (siquiera de régimen de especial, como la prevista para artistas en espectáculos públicos, regulada por el Real Decreto 1435/1985, de 1 de agosto) y deberá formalizarse a través de un contrato de trabajo. Por el contrario, si la actividad se desarrolla por cuenta propia, no existe dirección ajena sino una organización propia de recursos materiales y humanos.

El Derecho español contempla varias posibilidades para emprender una actividad económica por cuenta propia y que, básicamente, se refieren a actuar como persona física (empresario o profesional individual) o bien hacerlo a través de diversos tipos de entidades.

La diferencia entre empresario y profesional consiste básicamente en que mientras los empresarios intervienen, en general, en la producción y comercialización de bienes y servicios diversos, los profesionales son personas físicas cuya actividad (i) requiere de una formación específica —con titulación adecuada— y habitualmente el acceso a un determinado colegio profesional y (ii) consiste en la prestación de servicios cualificados.

Si se inicia una actividad como **empresario o profesional individual**, se responde en relación con la misma con todos los bienes personales, presentes y futuros, salvo que limite su responsabilidad asumiendo la condición del "Emprendedor de Responsabilidad Limitada" (Ley 14/2013, de 27 de septiembre, de apoyo a los emprendedores y su internacionalización), en cuyo caso —mediando los requisitos que prevé la norma— la responsabilidad del empresario no puede alcanzar a su vivienda habitual (hasta un límite de 300.000 euros o, en poblaciones de más de 1 millón de habitantes, 450.000 euros) ni a los bienes de equipo productivo afectos a la explotación.

Si se decide iniciar una actividad económica a través de una entidad, es preciso elegir la forma que resulta más conveniente para el emprendimiento que se pretende. En primer lugar, conviene diferenciar, por un lado, las entidades que tienen personalidad jurídica de las que no la tienen; y, por otro lado, dentro de las primeras, conviene distinguir entre las que ostentan una forma mercantil y las que no.

Así, en relación con las **sociedades mercantiles** que pueden constituirse en el Derecho español, se puede diferenciar, básicamente, entre (i) las de capital (sociedades anónimas —S.A.— y sociedades de responsabilidad limitada —S.R.L.—), reguladas por el Texto Refundido de la Ley de Sociedades de Capital, aprobado por Real Decreto Legislativo 1/2010, de 2 de julio, (ii) las personalistas (sociedades colectivas) y (iii) las mixtas (sociedades comanditarias, que pueden ser simples o por acciones), reguladas estas últimas en el Código de Comercio. Las sociedades de capital que tengan por objeto social el ejercicio en común de una actividad profesional deberán constituirse como sociedades profesionales (Ley 2/2007, de 15 de marzo, de sociedades profesionales).

Pues bien, las **sociedades de capital** tienen un umbral mínimo de capital social (3.000 euros para las S.R.L. y 60.000 euros para las S.A.), y limitan el riesgo al capital aportado o al que se obliguen a aportar sus socios (en cuanto que puede no estar totalmente desembolsado el capital desde un primer momento); y aun cuando pueden estar constituidas por un socio único, en cuyo caso serían unipersonales (sociedad anónima unipersonal —S.A.U.— o sociedad de responsabilidad limitada unipersonal —S.R.L.U.—), lo habitual será que tengan dos o más socios. Cuando la mayoría del capital social sea titularidad de los socios que presten en ellas servicios retribuidos de forma personal y directa, en virtud de una relación laboral por tiempo indefinido y se cumplan alguna condición más (como la falta de acumulación del capital en pocas manos) las sociedades —ya sean anónimas o de responsabilidad limitada— podrán obtener el calificativo de "laboral" —S.A.L. o S.R.L.L.— (Ley 44/2015, de 14 de octubre, de Sociedades Laborales y Participadas).

Las **sociedades personalistas** (colectivas), por el contrario, tienen la característica de que los socios no aportan necesariamente capital, sino, esencialmente, trabajo, participando de forma activa en la gestión de la empresa y, por ello, el ordenamiento español no limita su responsabilidad. Con todo, las sociedades comanditarias tienen, como se ha indicado, un carácter híbrido entre los dos tipos de sociedades antes referidos, y ello porque existen dos tipos de socios: (i) los colectivos (que aportan trabajo y no limitan su responsabilidad) y (ii) los comanditarios (que aportan capital pero no trabajo y limitan su responsabilidad a la cantidad aportada o a la que se obligan a aportar).

Por otro lado, existen otras entidades que, teniendo personalidad jurídica diferenciada de quienes las constituyen o conforman, no ostentan objeto mercantil porque su finalidad no es necesariamente intervenir en la producción y comercialización en el mercado de bienes y servicios, ya sea porque se trata de sociedades constituidas en el marco del Derecho Civil y no del Derecho Mercantil o porque sean entidades sin ánimo de lucro (economía social). Sería el caso de las sociedades civiles (reguladas en los arts. 1.665 a 1.708 del Código Civil), las fundaciones (reguladas en la Ley 50/2002, de 26 de diciembre, de Fundaciones y respectivas leyes autonómicas), las asociaciones (reguladas en la Ley Orgánica 1/2002, de 22 de marzo, reguladora del Derecho de Asociación), las sociedades cooperativas (reguladas en la Ley 27/1999, de 16 de julio, de Cooperativas y en las respectivas leyes autonómicas), etc. Aunque no suele ser habitual que tales entes ejerzan una actividad económica, algunos de ellos pueden desarrollarla, y por ello el ordenamiento diferencia, a efectos de su tributación, entre las rentas resultantes de su objeto social no mercantil y las rentas relacionadas con una determinada actividad económica.

Por lo demás, también existen entidades sin personalidad jurídica como pueden ser herencias yacentes (que son los bienes, derechos y obligaciones dejados en herencia antes de que se cumplan los trámites testamentarios de aceptación y reparto de la herencia) o comunidades de bienes —C.B.— (reguladas en los arts. 392 a 406 del Código Civil), que son un conjunto de bienes que pertenecen a varias personas y que pueden ser utilizados con un objeto o fin (empresarial o no). Tales entes no tienen una personalidad distinta de la sus miembros —comuneros o partícipes—, si bien estarán identificadas ante la Administración tributaria a efectos de control y como eventuales sujetos de regímenes especiales de tributación, pudiendo desarrollar actividades económicas.

Pues bien, en función de que estemos ante actividades desempeñadas por cuenta ajena o por cuenta propia y, en este último caso, dependiendo de que se desarrollen las actividades económicas por personas físicas (o entes sin personalidad jurídica) o bien a través de personas jurídicas, se tributará de una u otra forma.

Por ello, en los epígrafes siguientes se examinará, en primer lugar, la tributación de las personas físicas que desarrollan por sí mismas una actividad cultural o artística; seguidamente nos referiremos a empresas culturales y creativas que desarrollan su actividad a través de una forma societaria. Adicionalmente, se examinará —siquiera sea brevemente— la problemática jurídica que rodea el ejercicio de la constitución de sociedades "interpuestas" por personas físicas para prestar servicios artísticos o culturales.

3. FISCALIDAD DE PERSONAS FÍSICAS RELACIONADAS CON EL ÁMBITO DE LA CULTURA Y EL ARTE

La forma más natural e intuitiva de iniciar una actividad es hacerlo personalmente, esto es, sin crear ninguna estructura societaria. De hecho, es muy común que las personas relacionadas con el mundo del arte y la cultura desarrollen su actividad sin plantearse la constitución de sociedades por varios motivos: en primer lugar, porque en muchos casos se trata de prestaciones personalísimas, siendo así que resulta cabal que para ello no sea preciso crear estructura societaria alguna. Adicionalmente, porque la creación de sociedades conlleva mayores gastos en lo que respecta a su constitución (asesoramiento jurídico, actuaciones notariales y registrales, etc.) y, paralelamente, en lo que concierne a la gestión continuada en el tiempo (llevanza de contabilidad, depósito de cuentas en el Registro Mercantil, presentación de determinadas declaraciones tributarias aun cuando no se haya tenido actividad, etc); también debe reseñarse que cuando las actividades artísticas y culturales son desarrolladas por personas físicas el ordenamiento tributario contempla, sobre todo en el ámbito del Impuesto sobre el Valor Añadido (IVA) un mejor trato fiscal; y, por último, cabe recordar que el ordenamiento jurídico español ha reconocido para las personas físicas algunos beneficios que ostentan las personas jurídicas en cuanto a la limitación de la responsabilidad. Así, quienes quieren emprender actividades económicas de forma personal pueden, desde 2013, utilizar el régimen de los emprendedores de responsabilidad limitada, según se examinó, y reducir así el riesgo de perder sus bienes personales más esenciales.

También debe apreciarse que las personas físicas que desarrollan su actividad en ámbitos culturales y artísticos pueden actuar no como empresarios o profesionales sino como empleados asalariados (v.gr. artistas en determinados espectáculos). En tales circunstancias, las obligaciones tributarias variarán, como se señala seguidamente.

Por lo demás, para examinar las distintas obligaciones fiscales que recaerán sobre quienes desarrollen actividades artísticas o culturales como personas físicas (ya sea como empleados o bien como empresarios o profesionales), parece oportuno seguir la misma estructura temporal que puede predicarse de toda acción: inicio, desarrollo y finalización.

3.1. Inicio de la actividad

Cuando una persona se dispone a iniciar una actividad económica de carácter artística o cultural **por cuenta propia**, debe comunicar tal circunstancia a la Agencia Estatal de la Administración Tributaria (AEAT) a través del modelo 036, o bien por medio del modelo simplificado 037 para pequeños empresarios o profesionales. No será necesario, por lo general, obtener un número de identificación fiscal pues el mismo coincide con el del documento nacional de identidad (sólo resultará exigible para no residentes sin número de identificación de extranjero). En la comunicación de inicio de una actividad económica a través de los modelos referidos se informará a la AEAT de los datos de la actividad que se va a ejercer (dirección empresarial, metros cuadrados del espacio desde donde se desarrollará la actividad, etc.) y habrán de ejercerse, en su caso, las opciones tributarias que correspondan para tributar de una u otra forma de entre las previstas por el ordenamiento. Asimismo, deberán cursarse las notificaciones oportunas a la Seguridad Social sobre el inicio de la actividad económica, como se detalla en otra parte de esta obra.

Ahora bien, cuando se prestan servicios a otra persona **por cuenta ajena** (como empleado), las anteriores formalidades no deberán llevarse a cabo. En su caso, será la empresa la que deba notificar a la Seguridad Social el inicio de la oportuna relación laboral, tal y como se refiere en el capítulo respectivo de este manual.

3.2. Desarrollo de la actividad

3.2.1. Fiscalidad directa

Por *fiscalidad directa* se entiende en ámbitos tributarios el conjunto de impuestos que gravan la renta o el patrimonio de las personas (físicas o jurídicas, residentes o no residentes).

Pues bien, cuando una persona física desarrolla una actividad artística o cultural por cuenta propia (autónomos), estará sujeta al **Impuesto sobre Actividades Económicas** (IAE), que deberá satisfacerse, por lo general, al Ayuntamiento donde se desarrolle la actividad, con un posible recargo a favor de la Provincia donde se inserte el referido Municipio, y que grava el mero ejercicio de actividades económicas por cualquier tipo de personas. Sin embargo, cuando quienes ejerzan tal actividad sean personas físicas no deberá abonarse tal tributo porque, a pesar de que se contemplan las actividades en el anexo I del Real Decreto Legislativo 1175/1990, de 28 de septiembre, por el que se aprueban las tarifas y la instrucción del Impuesto sobre Actividades Económicas y, particularmente, en la sección segunda, agrupación 85 (Profesionales relacionados con el espectáculo) y agrupación 86 (Profesiones liberales, artísticas y literarias) y la sección tercera (actividades artísticas). Ello es así porque el impuesto en cuestión ha variado notablemente desde que se reguló por primera vez y hoy en día toda persona física que desarrolle una actividad económica resulta exenta.

Por lo demás, las rentas obtenidas por personas físicas que tengan su residencia fiscal en España, deberán tributar por el **Impuesto sobre la Renta de Personas Físicas** (IRPF), siendo así que se considera que una persona física es residente en nuestro país cuando (i) permanezca más de 183 días durante el año natural en territorio español o, aun sin ser así, (ii) radique en España el núcleo principal o la base de sus actividades o intereses económicos, de forma directa o indirecta, (iii) o bien cuando así lo determine el correspondiente convenio para evitar la doble imposición firmado con otro país, tratado fiscal que podría incluso determinar que aun dándose alguna de las circunstancias anteriores la persona física deba considerarse residente en otro Estado. En tales casos resultarán aplicables, esencialmente, la Ley 35/2006, de 28 de noviembre, del Impuesto sobre la Renta de las Personas Físicas (LIRPF) y el Reglamento del Impuesto sobre la Renta de las Personas Físicas, aprobado por el Real Decreto 439/2007, de 30 de marzo (RIRPF).

Pues bien, las rentas obtenidas por quienes, siendo residentes en España, desarrollan su actividad económica **por cuenta propia** en el sector cultural y artístico se calificarán a efectos del IRPF como rendimientos de actividades económicas, y los mismos se calcularán, con carácter general, en *estimación directa*, esto es, por la diferencia entre los ingresos obtenidos por el desarrollo de la actividad artística o creativa menos los gastos ocasionados que sean necesarios para llevar a cabo referida actividad (ámbito en el que podrían incluirse desplazamientos, alojamiento y manutención relacionados con el desarrollo de la actividad económica, amortizaciones por bienes de equipo adquiridos, etc.) y siempre que tales gastos resulten debidamente acreditados con facturas debidamente formalizadas. Y aunque existe también la posibilidad de calcular los rendimientos de actividades económicas de tipo industrial, comercial y determinados servicios conforme a signos, índices y módulos (*estimación objetiva*), las actividades artísticas y culturales no están por lo general incluidas en el listado de actividades que permiten dicho régimen.

Al respecto, hay que tener en cuenta algunas peculiaridades que merecen destacarse en este momento:

Así, en primer lugar, tendrán una reducción del 30% los rendimientos netos imputados a un mismo periodo impositivo —hasta el límite de 300.000 euros— y que hayan tenido un período de generación superior a dos años (por ejemplo, por haberse elaborado la obra artística o cultural que luego es vendida en un más de dos años), o bien cuando tales rendimientos se califiquen como obtenidos de forma notoriamente irregular en el tiempo en caso de (i) subvenciones de capital para la adquisición de elementos del inmovilizado no amortizables, (ii) indemnizaciones y ayudas por cese de actividades económicas, o indemnizaciones percibidas en sustitución de derechos económicos de duración indefinida o (iii) premios literarios, artísticos o científicos que no gocen de exención en el IRPF, circunstancia a la que nos referiremos seguidamente. Ello no obstante, lo cierto es que ciertos artistas y creadores pueden recibir de una vez grandes cantidades de dinero, aun cuando se hayan generado en un período inferior a 2 años (por ejemplo, por una interpretación en una película) y con posterioridad pasar varios años sin tener apenas ingresos, siendo así que el pago recibido no permitiría practicar la reducción referida del 30% aun cuando se trata de algo más bien esporádico y que le servirá para mantenerse durante varios periodos impositivos. Por este motivo, reformar las limitaciones previstas para tal reducción es una de las demandas principales que tiene el colectivo en lo que respecta a la aprobación de un eventual estatuto del artista que conlleve reformas fiscales.

Por otro lado, si bien algunos artistas y creadores tienen la naturaleza formal del empresarios o profesionales, sin embargo en ocasiones prestan sus servicios a un único empresario. En tales casos, si se cumplen determinados requisitos adicionales (*v. gr.* que el 70% de los ingresos recibidos estén sujetos a retención, que los gastos deducibles no excedan del 30% e los ingresos, etc.) la normativa permite la práctica de reducciones adicionales en los rendimientos netos referidos que serían similares a las previstas para los rendimientos del trabajo: (i) 2.000 euros anuales con carácter general, (ii) determinadas cuantías dependiendo de las rentas netas obtenidas con un máximo de 6.500 euros y (iii) determinadas cuantías (que oscilan entre 3.500 y 7.750 euros) si la persona en cuestión tiene una discapacidad reconocida superior al 33%.

Y, en el mismo sentido, aun cuando no se cumplan los requisitos previstos en el párrafo anterior, pero se obtengan rentas no exentas —incluidas las de la propia actividad económica— inferiores a 12.000 euros, podrán practicarse, asimismo, una serie de reducciones (hasta un máximo de 1.620 euros y que, conjuntamente con las reducciones previstas en los rendimientos del trabajo por rentas reducidas a las que aludiremos inmediatamente, no puede exceder de 3.700 euros).

Adicionalmente, en el caso que se inicie una actividad económica, se tendrá derecho a una reducción del 20% sobre los rendimientos netos derivados de dicha actividad (con el límite de 100.000 euros de base de reducción), minorados en los conceptos referidos en los dos párrafos anteriores, a partir del primer período impositivo en que dicho rendimiento neto sea positivo y en el período impositivo siguiente.

Por lo demás, si se trata de actividades económicas cuya cifra de negocios no supere los 600.000 euros, tendrán derecho a la reducción de un 5% de los rendimientos netos de actividad económica (sin superar los 2.000 euros) por gastos de difícil justificación (esto es, por gastos que no habrá que acreditar documentalmente a través de facturas, recibos, etc.).

Es preciso indicar que tributarán por el régimen expuesto del IRPF, conforme a lo indicado más atrás, no sólo las personas físicas que desarrollen actividades económicas. Cuando desarrollen tales actividades a través de comunidades de bienes, sociedades colectivas y comanditarias o herencias yacentes (esto es, herencias aún no distribuidas entre los herederos), tales entes no tributarán por el impuesto sobre Sociedades (IS) —pues, en muchos casos, ni siquiera ostentan personalidad jurídica— sino que la renta obtenida por ellos deberá distribuirse entre los socios, comuneros o partícipes y en función de su porcentaje de participación, siendo así que serán tales socios, comuneros o partícipes —que ostenten, adicionalmente, la condición de personas físicas residentes en España—, quienes habrán de tributar por los rendimientos atribuidos en sede del IRPF.

> Imagínese que un escultor autónomo que ingresa al año 100.000 € (IVA excluido) por ventas de su obra al público en general e incurre en gastos anuales (materiales diversos y demás utensilios, alquiler de local comercial para pintar, Seguridad Social de autónomos y otros gastos, todos documentados) por una cuantía total de 40.000 €, todos ellos relacionados con su actividad económica.
>
> Pues bien, en tales casos sus rendimientos de actividad económica en el IRPF se calcularán como sigue:
>
> | | |
> |---|---|
> | Ingresos brutos: | 100.000 €. |
> | Gastos deducibles: | -40.000 €. |
> | Rendimiento neto: | 60.000 €. |
> | Reducción 5%: | -2.000 € (60.000 x 5% = 3.000 €, por lo que opera el límite de 2.000 €). |
> | Rendimiento neto reducido: | 58.000 €. |
>
> Si los rendimientos netos se debieran a una única obra cuya elaboración se ha dilatado 2 años y medio, entonces el rendimiento neto reducido se minorará en un 30%, resultando un rendimiento final de 58.000 - 30% de 58.000 = 40.600 €.

En el caso de que los gastos sean superiores a los ingresos, el rendimiento neto puede resultar negativo, en cuyo caso el mismo se podría compensar con otros rendimientos positivos del mismo periodo impositivo en el IRPF (como los del trabajo, así como ciertos rendimientos de capital y determinadas ganancias) o, incluso, de los cuatro periodos impositivos siguientes.

Por lo demás, cuando una persona física desarrolle una actividad artística o cultural **por cuenta ajena** (como empleado) y sea residente en España, las rentas obtenidas se gravarán por el IRPF como rendimientos del trabajo. También se consideración rendimientos del trabajo determinadas pensiones (como las abonadas por la Seguridad Social, mutualidades o planes de pensiones) o las prestaciones por desempleo, entre otros conceptos. El rendimiento neto del trabajo vendrá constituido por la suma de los salarios brutos y otros rendimientos del trabajo obtenidos por la persona física, menos determinados gastos y reducciones, que están sujetos a ciertos límites específicos (por ejemplo, la aplicación de ciertos gastos y reducciones está condicionada a que el rendimiento del trabajo no resulte negativo).

De los referidos ingresos íntegros son deducibles: (i) las cotizaciones a la Seguridad Social o a mutualidades generales obligatorias de funcionarios así como las detracciones por derechos pasivos y las cotizaciones a los colegios de huérfanos o entidades similares, en cuanto que su pago no resulta opcional para los contribuyentes; (ii) las cuotas satisfechas a sindicatos (sin límite) y a colegios profesionales (con el límite de 500 euros/año) cuando la colegiación sea obligatoria para ejercer el trabajo asalariado; (iii) gastos de defensa jurídica respecto de las rentas pagadas por el empleador (con el límite de 300 euros/año); y (iv) 2.000 euros/año por otros gastos, que no tendrán que justificarse (transporte, vestimenta específica, etc).

Adicionalmente a los conceptos anteriores, podrán deducirse (i) 2.000 euros por aceptar un trabajo, estando desempleado, en otro municipio diferente al de la residencia habitual, (ii) una cuantía de entre 3.500 y 7.750 euros en el caso de trabajadores activos con discapacidad superior al 33% y (iii) una cuantía de hasta 5.565 euros/año por rendimientos netos del trabajo inferiores a 16.825 euros anuales, siempre que no se obtengan rentas, excluidas las exentas, distintas de las del trabajo superiores a 6.500 euros.

Como ocurría en relación con los rendimientos de actividades económicas, los rendimientos del trabajo también se reducirán en un 30% (que se aplicará, como máximo, a 300.000 euros), cuando se hayan generado en un tiempo superior a 2 años o bien se hayan obtenido de forma notoriamente irregular en el tiempo, lo que ocurrirá —entre otros supuestos— cuando se perciban (i) cantidades satisfechas por la empresa a los empleados con motivo del traslado a otro centro de trabajo que excedan de los importes previstos para las dietas exentas; (ii) indemnizaciones derivadas de los regímenes públicos de Seguridad Social o Clases Pasivas, así como las prestaciones satisfechas por colegios de huérfanos e instituciones similares, en los supuestos de lesiones no invalidantes; (iii) prestaciones satisfechas por lesiones no invalidantes o incapacidad permanente, en cualquiera de sus grados, por empresas y por entes públicos; (iv) cantidades satisfechas en compensación o reparación de complementos salariales, pensiones o anualidades de duración indefinida o por la modificación de las condiciones de trabajo; (v) cantidades satisfechas por la empresa a los trabajadores por la resolución de mutuo acuerdo de la relación laboral; o (vi) premios literarios, artísticos o científicos que no gocen de exención.

> Imagínese que el escultor del ejemplo numérico anterior trabajara por cuenta ajena, ingresando 40.000 € de salario bruto y habiendo satisfecho 2.640 € de Seguridad Social a cargo del trabajador. Si se conoce también que ha recibido un premio (no exento) por la excelencia en su labor artística de 10.000 €, su rendimiento neto del trabajo en el IRPF sería:
>
> | | |
> |---|---|
> | Rendimiento bruto: | 40.000 €. |
> | Premio: | 7.000 € (10.000 - 30% de 10.000) |
> | Seguridad Social: | -2.640 €. |
> | Reducción general: | -2.000 €. |
> | Rendimiento neto: | 42.360 €. |

Llegados a este momento es preciso indicar que existen una serie de rentas que pueden ser calificadas como rendimientos del trabajo o de actividades económicas en función de las circunstancias concurrentes. Así, los rendimientos derivados de (i) impartir cursos, conferencias, coloquios, seminarios y similares; (ii) la elaboración de obras literarias, artísticas o científicas, siempre que se ceda el derecho a su explotación; y (iii) la relación laboral especial de los artistas en espectáculos públicos, serán considerados rendimientos del trabajo salvo que supongan la ordenación por cuenta propia de medios de producción y de recursos humanos o de uno de ambos, con la finalidad de intervenir en la producción o distribución de bienes o servicios (esto es, que se trata de una actividad que requiera incurrir en gastos específicos de adquisición de material o contratación de personal), en cuyo caso se calificarán como rendimientos de actividades económicas y podrán deducirse los gastos asociados a tales actividades en función de lo ya indicado al referirnos a tales rendimientos.

Adicionalmente, determinadas rentas (ya sean calificadas como rendimientos de actividades económicas o del trabajo) podrán resultar exentas en el IRPF y, por ende, no tributar por dicho impuesto (*cfr.* art. 7 LIRPF). Entre tales exenciones destacan, a los efectos que ahora nos interesan, las siguientes: (i) indemnizaciones por despido o cese del trabajador en la cuantía que resulte obligatoria según el Estatuto de los Trabajadores y con un límite de 180.000 euros; (ii) prestaciones por desempleo reconocidas por la respectiva entidad gestora cuando se perciban en la modalidad de pago único; (iii) pensiones pagadas por la Seguridad Social por incapacidad permanente absoluta o gran invalidez y similares; (iv) determinados premios literarios, artísticos o científicos relevantes, nacionales e internacionales, previa supervisión de la Administración tributaria, así como los premios "Príncipe de Asturias"; (v) ciertas gratificaciones extraordinarias satisfechas por el Estado español por la participación en misiones internacionales de paz o humanitarias; (vi) determinados rendimientos del trabajo percibidos por trabajos efectivamente realizados en el extranjero y que hayan tributado en el país donde se pagaron (con el límite de 60.100 euros anuales); (vii) becas públicas y concedidas por las entidades sin fines lucrativos (con ciertas condiciones) para cursar todos los grados y niveles del sistema educativo; o (viii) dietas por desplazamientos, alojamiento y manutención con los límites cuantitativos fijados en el art. 9 RIRPF (para empleados).

Lo anteriormente indicado debe diferenciarse de otras circunstancias en las que una persona física adquiere (*inter vivos* o *mortis causa*) una obra literaria o artística en relación con la cual puedan obtenerse rendimientos (v. gr. por cesión de derechos sobre una novela, obra musical, etc.), o bien —por lo general— cuando se ceda el derecho a la explotación de la imagen o se otorgue el consentimiento o la autorización para su utilización, en cuyo caso tales rendimientos serán considerados del capital mobiliario, en cuyo caso se podrán deducir todos los gastos necesarios para la obtención de tales rentas y, en el caso de obtención de rendimientos con un período de generación superior a 2 años o bien en casos de constitución o cesión de derechos de uso o disfrute de carácter vitalicio, se podrá practicar una reducción del 30% sobre los rendimientos netos que no excedan de 300.000 euros. Del mismo modo, cuando transmiten a otras personas tales derechos, se obtendrán ganancias o pérdidas patrimoniales en el IRPF y rentas igualmente gravadas por IS o IRNR, calculándose las mismas por la diferencia entre el valor de transmisión y el valor de adquisición.

Imagínese que un hijo hereda los derechos de autor de una obra musical compuesta por su padre, reconociendo en la herencia un valor de 100.000 €. Si obtiene por ella 10.000 € por derechos de autor porque se los cede a un cineasta que quiere utilizar dicha obra musical en una película, tales rentas se considerarán rendimientos del capital en el IRPF. Si cediera el usufructo vitalicio de dicha obra musical a otro sujeto por 100.000 €, tal renta constituiría rendimiento del capital en el IRPF por la cuantía de 70.000 € (100.000 - 30% de 100.000 al tratarse de un rendimiento irregular). Finalmente, si vende la obra musical a un tercer sujeto por 250.000 €, entonces habrá obtenido una ganancia patrimonial en el IRPF de 150.000 € (250.000 - 100.000).

Una vez que se han calculado los distintos tipos de renta (del trabajo, del capital, de actividades económicas, ganancias y pérdidas patrimoniales, etc.) se compensarán e integrarán las mismas en dos bases imponibles (una general y otra del ahorro) que resultarán multiplicadas por las escalas estatales y autonómicas normativamente previstas para obtener la cuota estatal y autonómica; y, finalmente, se realizarán unas deducciones legalmente previstas (entre las que se incluyen las retenciones, ingresos a cuenta y pagos a cuenta que se hayan ingresado previamente a favor del contribuyente).

Adicionalmente a todo lo anteriormente indicado, deberán cumplirse por parte de las personas físicas determinadas **obligaciones formales y pagos a cuenta**. Por obligación formal se entiende toda presentación de documentos (con o sin ingreso adicional) que hayan de hacer los contribuyentes. Particularmente, en relación con el IRPF deberá presentarse una declaración anual en los meses que van de abril a junio, en la que se calculará la cantidad debida a la Hacienda Pública (o, de resultar la misma negativa, la cantidad que tendría que devolverse por el Tesoro Público).

Por lo demás, si se perciben rendimientos del trabajo derivados de impartir cursos, conferencias, coloquios, seminarios y similares, o derivados de la elaboración de obras literarias, artísticas o científicas, siempre que se ceda el derecho a su explotación, la **retención que girará el pagador** será del 15% (porcentaje que se reducirá en un 60% cuando tales rendimientos se obtengan en Ceuta o en Melilla). Ahora bien, el Real Decreto 31/2023, de 24 de enero, ha modificado el Reglamento del Impuesto sobre la Renta de las Personas Físicas a fin de incorporar algunas de las recomendaciones que formuló la

Comisión Interministerial para el desarrollo del Estatuto del Artista creada por el Real Decreto 639/2021, de 27 de julio.

En particular, en relación con los **rendimientos del trabajo** de artistas, la retención no podrá ser inferior al 2% cuando se trate de contratos o relaciones de duración inferior al año o deriven de una relación laboral especial de las personas artistas que desarrollan su actividad en las artes escénicas, audiovisuales y musicales, así como de las personas que realizan actividades técnicas o auxiliares necesarias para el desarrollo de dicha actividad, ni inferior al 15% cuando los rendimientos del trabajo se deriven de otras relaciones laborales especiales de carácter dependiente. Los citados porcentajes serán el 0,8% y el 6%, respectivamente, cuando se trate de rendimientos del trabajo obtenidos en Ceuta y Melilla que se beneficien de la deducción prevista para tales territorios. El tipo mínimo antes referido no será de aplicación para personas penadas en las instituciones penitenciarias ni a los rendimientos derivados de relaciones laborales de carácter especial que afecten a personas con discapacidad.

Y, por otro lado, en lo que respecta a los **rendimientos de actividades económicas** obtenidos por artistas, el tipo general de retención será del 15%. Ello no obstante, tendrán una retención del 7% y no del 15% los contribuyentes que sean (i) representantes técnicos del espectáculo), (ii) apoderados y representantes taurinos, (iii) agentes de colocación de artistas, (iv) pintores, escultores, ceramistas, artesanos, grabadores, artistas falleros y artistas similares, (v) restauradores de obras de arte, (vi) escritores y guionistas, y (vii) otros profesionales relacionados con las actividades artísticas y culturales no clasificadas en la sección tercera del anexo I del Real Decreto Legislativo 1175/1990, de 28 de septiembre; así como quienes se dediquen a actividades relacionadas con (vii) el cine, el teatro y el circo, (viii) el baile, (ix) la música o (x) espectáculos taurinos; así como (xi) cuando la contraprestación de dicha actividad profesional derive de una prestación de servicios que por su naturaleza. Si se realizase por cuenta ajena, quedaría incluida en el ámbito de aplicación de la relación laboral especial de las personas artistas que desarrollan su actividad en las artes escénicas, audiovisuales y musicales, así como de las personas que realizan actividades técnicas o auxiliares necesarias para el desarrollo de dicha actividad. Ahora bien, para que tenga lugar tal reducción de retenciones se exige que el volumen de rendimientos íntegros del conjunto de tales actividades correspondiente al ejercicio inmediato anterior sea inferior a 15.000 euros y represente más del 75% de la suma de los rendimientos íntegros de actividades económicas y del trabajo obtenidos por el contribuyente en dicho ejercicio. Para la aplicación de este tipo de retención, los contribuyentes deberán comunicar a quien pague los rendimientos la concurrencia de dichas circunstancias, quedando obligado el pagador a conservar la comunicación debidamente firmada. Adicionalmente, es preciso indicar que los porcentajes antes referidos se reducirán en un 60 por ciento cuando los rendimientos tengan derecho a la deducción en la cuota prevista para las rentas obtenidas en Ceuta y Melilla.

Por lo demás, en relación con los **rendimientos del capital procedentes de la propiedad intelectual** la retención será del 19%; y respecto de la **cesión del derecho a la explotación del derecho de imagen** la retención será del 24% (salvo en los casos de imputaciones por derechos de imagen que se contempla más adelante en el apartado V, en cuyo caso la retención será del 19%).

En el caso de que se perciban rendimientos de actividades económicas, deberá llevarse una **contabilidad** ajustada al Código de Comercio y a la normativa contable o, cuanto menos, los siguientes **libros-registro**: (i) libro registro de ingresos, (ii) libro registro de gastos, (iii) libro registro de bienes de inversión (para poder realizar amortizaciones) y (iv) libro registro de provisiones de fondos y suplidos (para saber que no se trata de ingresos efectivos sino de pagos anticipados).

Además, deberán girarse **facturas** por los servicios prestados o bienes vendidos, al menos cuando el pagador sea también empresario o profesional (que será lo habitual), y deberán conservarse todas las facturas, tanto emitidas y recibidas durante el plazo de prescripción de la obligación tributaria (4 años en principio).

Del mismo modo deberán realizarse **pagos trimestrales** a la AEAT del 20% del beneficio trimestral a cuenta del impuesto que finalmente proceda abonar. Asimismo, **deberán informarse sobre las operaciones realizadas con terceras personas** cuando el importe facturado a otros empresarios sea superior a los 3.005,06 euros anuales (modelo 347, que se presenta en el mes de febrero).

Todo ello aparte de las obligaciones que hayan de realizarse en relación con la Seguridad Social (en relación con el régimen RETA para autónomos o el pago de las cuotas correspondientes a empleados, así como las obligaciones de alta y baja de los mismos), según se contempla en otro capítulo de esta obra.

Por lo demás, es preciso indicar que por las adquisiciones a título lucrativo *inter vivos* o *mortis causa* que puedan recibir las personas físicas habrá de pagarse el **Impuesto sobre Sucesiones y Donaciones** (ISD) a la respectiva Comunidad Autónoma, conforme a la regulación estatal de dicho impuesto y la ordenación autonómica aprobada al efecto.

Y, por otro lado, por la titularidad de patrimonio neto habrá de pagarse el **Impuesto sobre el Patrimonio** (IP) cuando se supere el mínimo exento fijado por la Comunidad Autónoma de residencia del artista o creador, si bien resulta preciso indicar que se encuentran exentos de dicho tributo, entre otros bienes y derechos: (i) la vivienda habitual hasta 300.000 euros, (ii) la obra propia de los artistas mientras permanezca en el patrimonio del autor; (iii) los objetos y obras de arte que no superen determinadas cuantías fijadas normativamente y, en todo caso, cuando se cedan en depósito permanente por un período no inferior a tres años a Museos o Instituciones Culturales sin fin de lucro para su exhibición pública, mientras se encuentren depositados; y (iv) los bienes y derechos de las personas físicas necesarios para el desarrollo de su actividad empresarial o profesional, siempre que ésta se ejerza de forma habitual, personal y directa por el sujeto pasivo y constituya su principal fuente de renta. Y a partir de 2022, con la aprobación del nuevo Impuesto Temporal de Solidaridad de Grandes Fortunas (ITSGF), si la Comunidad Autónoma de residencia del titular del patrimonio bonificó total o parcialmente la cuota del IP debería abonarse también el ITSGF.

Asimismo, si la persona física es titular de bienes inmuebles o de vehículos afectos a la actividad económica, deberán pagarse anualmente los **impuestos municipales** sobre bienes inmuebles y de vehículos de tracción mecánica.

En otro orden de cosas, es preciso indicar que cuando la persona física que desarrolla actividades artísticas o culturales no sea residente en España deberá tributar no por IRPF sino por el **Impuesto**

sobre la Renta de no Residentes (IRNR) y habrá que diferenciar a efectos fiscales si tiene en nuestro país un lugar fijo de negocios o realiza actividades de forma esporádica. En el caso de que tenga un lugar fijo de negocios (denominado en la jerga tributaria *establecimiento permanente*) tributará de forma muy similar como lo hacen las sociedades en España (el 25% de las rentas con carácter general). Por el contrario, si no ostenta el referido lugar fijo de negocios en nuestro país, en principio tributará al tipo del 24% sobre tales rentas (o el 19% cuando se trate de contribuyentes residentes en otro Estado miembro de la Unión Europea o del Espacio Económico Europeo con el que exista un efectivo intercambio de información tributaria) la diferencia entre los ingresos íntegros y los gastos de (i) personal, (ii) suministros y (iii) aprovisionamiento de materiales incorporados a las obras o trabajos; o bien el 19% cuando se trata de ganancias patrimoniales y otras rentas específicas.

Sin embargo, si España ha firmado con el Estado de residencia del artista o creador un **convenio bilateral para evitar la doble imposición**, entonces habrá que estar a lo dispuesto en dicho tratado internacional y a la naturaleza de la renta pagada. Así, si se trata de rendimientos por trabajo dependiente o remunerado, podrá gravarse sin problemas en el Estado donde se realicen los servicios y se obtengan las rentas. Por el contrario, si se trata de una actividad independiente, con carácter general no tributarán en España las rentas obtenidas en nuestro país sin mediar *establecimiento permanente*. No obstante, en los convenios para evitar la doble imposición existe un precepto específico dedicado a "artistas y deportistas", en cuyo caso suelen indicar los tratados fiscales internacionales que "las rentas que un residente de un Estado contratante obtenga del ejercicio de sus actividades personales en el otro Estado contratante en calidad de artista del espectáculo, tal como actor de teatro, cine, radio o televisión o músico [...] pueden someterse a imposición en ese otro Estado" al 24% o 19% según lo ya indicado. Y ello con independencia de que se le paguen las rentas al artista directamente o bien a una sociedad que le pertenezca o que gestione sus derechos. Debe destacarse no obstante que tales previsiones sólo están contempladas para los artistas de espectáculo, teatro, cine, radio, televisión o bien para los músicos (en todas sus variedades), pero no para otros artistas como los plásticos, literarios, etc., para los cuales regirán las normas generales del tratado fiscal (sólo tributará en España si, actuando por cuenta propia y no ajena, dispone en nuestro territorio de un *establecimiento permanente*).

Por otro lado, cuando el artista o gestor cultural perciba rentas por la cesión internacional de sus derechos de propiedad intelectual, los mismos serán calificados como *royalties*, cánones o regalías por el respectivo convenio para evitar la doble imposición, y podrán tributar en el país desde donde se pagan en un porcentaje limitado establecido en el respectivo tratado internacional.

En el caso de que, aun siendo no residente, el artista ostente patrimonio en España por encima del mínimo exento previsto en el IP, habrá de tributara, en su caso, en función de lo que indique la normativa autonómica. Y lo mismo ocurriría con el ISD: los no residentes que reciban donaciones o herencias y legados que tienen origen en España habrán de pagar en nuestro país dicho tributo.

> Imagínese que una cantante famosa de música pop que no reside en España realiza en nuestro país una gira de conciertos por los que ingresa 2 millones de euros, siendo así que ha incurrido en unos gastos para hacer posibles tales conciertos de 1 millón de euros. ¿Cuánto tendría que pagar en España por IRNR?
>
> Base imponible: 1.000.000 € (2.000.000 - 1.000.000).
> Tipo de gravamen: 24% (o 19% si reside en un país de la UE con el que exista intercambio efectivo de información tributaria).
> Cuota íntegra: 240.000 € (o 190.000 €).
>
> Y ello con independencia de que el Estado de residencia de la cantante haya firmado con España un tratado internacional de ámbito fiscal (salvo en lo que respecta a la existencia de intercambio efectivo de información tributaria cuando se trate de otro Estado de la UE).
>
> En cambio, si la cantante en cuestión obtiene 10.000 € por derechos de autor en relación con sus canciones pagadas por un residente español, entonces habrán de pagarse 2.400 € de IRNR (10.000 x 24%) si la cantante no es residente en la UE y su Estado de residencia no ha firmado con nuestro país un tratado fiscal, 1.900 € (10.000 x 19%) si es residente en un país de la UE que tenga intercambio efectivo de información con España y no tenga firmado un tratado fiscal con nuestro país (*v. gr.* Dinamarca), y el tipo fijado en el convenio para evitar la doble imposición en materia de renta firmado con otro país para cánones, regalías o royalties si es que se permite (*v.gr.* en el convenio firmado con el Reino Unido no se permitiría a España gravar cantidad alguna en relación con los derechos de autor pagados desde nuestro país a una residente fiscal británica).

3.2.2. Fiscalidad indirecta

Por fiscalidad indirecta se conoce normalmente la tributación que afecta a las transmisiones de bienes o a las prestaciones de servicios. En tales casos, quien manifiesta la capacidad económica es la persona que realiza el gasto (perceptor del bien o servicio), si bien en algunos casos la normativa obliga al vendedor o prestador del servicio a *repercutir* el impuesto a quien resulta destinatario del mismo e ingresarlo en la Hacienda Pública.

Así pues, cuando, mediando precio, se prestan servicios o se ceden bienes o derechos en el ámbito de una actividad económica, tales operaciones suelen resultar gravadas por el **Impuesto sobre el Valor Añadido** (IVA) al tipo general del 21%, si bien hay tipos reducidos del 10 y 4% para algunos supuestos e, incluso, operaciones exentas por las que no tendrá que repercutirse impuesto alguno.

También con carácter general, ocurrirá que el artista o gestor cultural que realice operaciones gravadas por el IVA deberá repercutir dicho tributo a sus clientes (al tipo que corresponda) siempre que tales operaciones no resulten exentas y, por otro lado, sus proveedores y los empresarios o profesionales que contrate le repercutirán, por las operaciones realizadas a favor del mismo, un IVA que el artista o gestor cultural se verá obligado a soportar. Pues bien, la diferencia entre el IVA repercutido y el IVA soportado que resulte deducible habrá que ingresarlo en la Hacienda Pública (o, si el resultado de tal resta es negativo, será la Hacienda Pública quien deberá devolverle tales cuantías al empresario o profesional).

En el ámbito de las operaciones relacionadas con la cultura y el arte existen una serie de especialidades que pasan a relatarse seguidamente:

En primer lugar resultan exentos del IVA (y no habrá de repercutirse dicho tributo) los servicios profesionales, incluidos aquéllos cuya contraprestación consista en derechos de autor, prestados por artistas plásticos, escritores, colaboradores literarios, gráficos y fotográficos de periódicos y revistas, compositores musicales, autores de obras teatrales y de argumento, adaptación, guion y diálogos de las obras audiovisuales, traductores y adaptadores.

Asimismo, resultan exentas las entradas a museos cuando la actividad se desarrolle (i) por entidades de Derecho público o (ii) por entidades o establecimientos culturales privados de carácter social que tengan reconocida tal condición por la AEAT.

En otro orden de cosas, cuando se trata de espectáculos o manifestaciones artísticas o culturales llevadas a cabo en territorio español, deberá repercutirse —en su caso— el IVA de nuestro país.

Por lo demás, tributarán en el IVA al tipo reducido del 10% los servicios prestados por intérpretes, artistas, directores y técnicos, que sean personas físicas, a los productores de películas cinematográficas susceptibles de ser exhibidas en salas de espectáculos y a los organizadores de obras teatrales y musicales. Asimismo, tributarán también al 10% en el IVA las importaciones de objetos de arte, antigüedades y objetos de colección y las entregas de objetos de arte cuando sean realizadas (i) por sus autores o derechohabientes o (ii) por empresarios o profesionales distintos de los revendedores de objetos de arte.

> Si un escritor cobra por derechos de autor a una editorial 3.000 €, no deberá repercutir a dicha editorial IVA.
> Por otro lado, si un director de escena (autónomo) cobra 20.000 € por dirigir una obra de teatro, deberá repercutir a la empresa organizadora el 10% de IVA (2.000 €), con lo que le facturaría 22.000 € (IVA incluido). Si sólo realizara esa actividad en un trimestre, tendría que ingresar en la AEAT dicho trimestre los 2.000 € repercutidos menos las cantidades de IVA soportadas por adquisiciones y pagos realizados durante el mismo trimestre que tengan relación con la actividad económica.
> Finalmente, si un pintor vende un cuadro suyo a una galería por 20.000 €, repercutirá el 10% de IVA en tal transacción, facturando 22.000 € (20.000 + 2.000), debiendo ingresar en la AEAT los 2.000 € repercutidos menos las cuotas de IVA soportas por pagos realizados durante el trimestre que tengan relación con la actividad económica (compra de lienzos, pinturas, etc.). No obstante, si con posterioridad la galería vende dicho cuadro a un tercero por 40.000 €, tendrá que repercutir por tal venta el 21% de IVA en dicha transacción, cobrando 48.400 € (40.000 + 8.400) y podrá deducirse los 2.000 € pagados al pintor entre otros IVA soportados por la galería.

No obstante lo anterior, si las prestaciones de servicios o entregas de bienes se realizan en Canarias, Ceuta o Melilla, se exigirá un tributo diferente: el Impuesto General Indirecto Canario (IGIC) o, si tales operaciones se llevan a cabo en Ceuta o Melilla, el Impuesto sobre la Producción, los Servicios y la Importación (IPSI).

En otro orden de cosas, las ventas realizadas por particulares (no empresarios) de bienes y derechos no tributarán por IVA sino por **Impuesto sobre Transmisiones Patrimoniales y Actos Jurídicos Docu-**

mentados (ITPAJD) en su modalidad de Transmisiones Patrimoniales Onerosas (TPO), regulado por el Texto Refundido de la Ley del Impuesto sobre Transmisiones Patrimoniales y Actos Jurídicos Documentados, aprobado por el Real Decreto Legislativo 1/1993, de 24 de septiembre, a un tipo general del 4% que, sin embargo, puede ser alterado por las Comunidades Autónomas (CCAA) por cuanto que se trata de un tributo cedido íntegramente a las mismas, de manera que aparte de recaudar el impuesto pueden también legislar sobre varios de sus aspectos, entre los que se encuentra el tipo de gravamen. En algunos casos, las CCAA también fijan determinadas obligaciones de información (ventas en anticuarios, casas de subastas, etc.) para un mejor control del tributo.

> Si una persona heredó un cuadro de Picasso y lo vende en una subasta de arte a otro particular por 8.000.000 €, la tributación por quien adquiere el cuadro dependerá de su lugar de residencia: así, si reside en Madrid tributará al 4% (320.000 €) y si reside en Andalucía tributará al 8% (640.000 €), siendo así que en este último territorio la normativa andaluza obliga —en principio— a las casas de subastas a informar a la Agencia Tributaria de Andalucía sobre las transmisiones realizadas cada semestre.

3.3. Fin de la actividad

En caso de que finalice la actividad económica, aparte de declarar las rentas producidas en el último ejercicio en que las mismas se devenguen, deberán comunicarse a la AEAT el cese de actividad a través de los modelos 036 o 037 (simplificado) según se indicó en el epígrafe de inicio de la actividad.

Adicionalmente, claro está, habrá que realizar las comunicaciones oportunas de cese de actividad a la Seguridad Social, en relación con las cuales nos remitimos a lo que se recoge en otros capítulos de esta obra.

4. FISCALIDAD DE LAS EMPRESAS CULTURALES Y CREATIVAS CON FORMA SOCIETARIA

La forma societaria es más propia de las empresas culturales y creativas de una cierta dimensión y facturación. Como es sabido, una estructura societaria permite generalmente limitar la responsabilidad de los emprendedores a lo aportado, disminuyéndose así el riesgo de la inversión y, eventualmente, permite también la financiación de la empresa por cuanto que pueden participar en la actividad socios meramente capitalistas que, no interesados en la gestión social, invierten sus recursos para obtener una rentabilidad que consideren adecuada.

Pues bien, para aludir a las obligaciones fiscales que afectan a las empresas con forma societaria, parece conveniente referirse —del mismo modo que indicamos en relación con el emprendimiento realizado por personas físicas— a tres momentos diferenciados: el inicio, el desarrollo y el fin de la actividad de emprendimiento.

4.1. Inicio de la actividad

El inicio de una actividad económica a través de una sociedad requerirá, en primer lugar, constituir tal persona jurídica separada a través de una serie de trámites que consistirán, básicamente, en la solicitud al Registro Mercantil Central de una certificación negativa del nombre de la sociedad que se pretende constituir (para constatar que no existe ya otra sociedad con dicho nombre) y, seguidamente, solicitar a la AEAT el número de identificación fiscal (NIF) provisional de tal sociedad a través del modelo 036, lo cual deberá hacerse antes de realizar cualquier actividad de la empresa. A continuación, se tendrá que firmar la escritura de constitución de la sociedad, que habrá de estar acompañada de sus respectivos estatutos sociales y de los desembolsos de capital pertinentes. En el plazo de un mes desde tal constitución deberá presentarse el modelo 600 en la oficina liquidadora de la Comunidad Autónoma respectiva (autoliquidación del Impuesto sobre Operaciones Societarias) y que será sin ingreso pues la constitución de sociedades está exenta de tributación. A continuación, podrá inscribirse la sociedad en el Registro Mercantil de la Provincia en la que tenga el domicilio social dicha empresa y, seguidamente, solicitarse a la AEAT en el plazo de un mes desde la constitución de la sociedad el NIF definitivo y el alta en el censo de profesionales y empresarios, también a través del modelo 036, momento en el que se recogerá toda la información relevante sobre la empresa y sobre las opciones fiscales (regímenes especiales tributarios, etc.) que quiera realizar.

Paralelamente, existirán obligaciones frente a la Seguridad Social para comunicar el inicio de una actividad económica, tal y como se contempla en el respectivo capítulo de esta obra.

No obstante lo anterior, existen empresas que se dedican a constituir sociedades y mantenerlas inactivas con el fin de venderlas a personas emprendedoras que quieran iniciar inmediatamente un negocio. En tales casos, se adquirirán las acciones o participaciones sociales de tales empresas inactivas y, posteriormente, se realizarán los cambios pertinentes para activarlas (con modificación, en su caso, de estatutos sociales, nombre, etc.), presentándose el modelo 036 con las modificaciones requeridas en relación con la actividad que se pretendan desarrollar y con las oportunas opciones fiscales elegidas en relación con los distintos tributos que deban satisfacerse.

4.2. Desarrollo de la actividad

Una vez se ha creado la sociedad y se han realizado los trámites indicados en el apartado anterior, deberán cumplirse otras obligaciones fiscales relacionadas con el desarrollo de la actividad cultural o artística.

Así, por un lado, el artículo 25 de nuestro Código de Comercio recoge que "[t]odo empresario deberá llevar una **contabilidad** ordenada, adecuada a la actividad de su empresa que permita un seguimiento cronológico de todas sus operaciones, así como la elaboración periódica de balances e inventarios". Tal contabilidad, cuyos documentos esenciales deberán depositarse periódicamente en el Registro Mercantil, tienen importancia no sólo a efectos comerciales (a fin de una obligada publicidad de las cuentas anuales para socios, deudores y terceros interesados), sino también en ámbitos fiscales pues —como se verá inmediatamente— uno de los tributos más importantes que han de pagar las personas jurídicas es el Impuesto sobre Sociedades, que se calcula sobre el beneficio contable anual que tenga una persona jurídica.

4.2.1. Fiscalidad directa

Al igual que ocurría en el ámbito de las personas físicas, el mero ejercicio de una actividad está sujeto al **IAE** que deberá satisfacerse, por lo general, al Ayuntamiento donde se encuentre la sede social y fiscal de la empresa, con un posible recargo a favor de la Provincia donde se inserte el referido Municipio, si bien también pueden haberse aprobado cuotas provinciales o nacionales para los supuestos en que la actividad se desarrolle en un término territorial superior a la del Municipio. Ahora bien, tal tributo sólo deberá abonarse cuando el importe neto de la cifra de negocios de la sociedad sea igual o superior a un millón de euros, siendo así que si la facturación es inferior a tal umbral la empresa resultará exenta de dicho impuesto. Las cuotas específicas exigibles se encuentran recogidas en el ya citado Decreto Legislativo 1175/1990 y, esencialmente —en función de la actividad de que se trate y de las circunstancias concurrentes en la misma— en la sección primera, agrupación 96 (Servicios recreativos y culturales), recogidas en el anexo I del citado RD 1175/1990. Ello no obstante, deben tenerse en cuenta también tanto el Texto Refundido de la Ley Reguladora de las Haciendas Locales, aprobado por Real Decreto Legislativo 2/2004, de 5 de marzo, como las respectivas ordenanzas fiscales del respectivo municipio y provincia donde se desarrolle la actividad, que recogerán los elementos esenciales para calcular la cuota tributaria que ha de ingresarse.

Por lo demás, en relación con la obtención de rentas por parte de la sociedad, habrá de abonarse el **Impuesto sobre Sociedades** (IS) si tal sociedad tiene residencia fiscal en España. En particular, se considera que una persona jurídica tiene residencia en nuestro país cuando (i) se haya constituido conforme a las leyes españolas, (ii) tenga su domicilio social en territorio español; o (iii) tengan su sede de dirección efectiva en territorio español, aunque pudiera ocurrir que aun reuniéndose alguna de las anteriores circunstancias —y por mor de lo dispuesto en un determinado convenio para evitar la doble imposición— la sociedad deba considerarse residente en otro Estado.

Pues bien, dicho impuesto se calcula realizando sobre el beneficio contable de la sociedad una serie de ajustes exigidos por la normativa fiscal y que aumentarán o disminuirán el aludido beneficio comercial; y también existirán algunas reducciones del beneficio contable como, por ejemplo, las pérdidas obtenidas en ejercicios anteriores. Acto seguido, se multiplicará la cuantía resultante —con carácter general— por el 25%, si bien existen tipos de gravamen inferiores para determinadas empresas (como las cooperativas, que tributarán al 20% con carácter general) o para las entidades de nueva creación (que tributarán al 15% en el primer período impositivo en que la base imponible resulte positiva y en el siguiente), por citar sólo algunos ejemplos. La cuota resultante de multiplicar el beneficio ajustado por el tipo de gravamen será minorado por determinadas cuantías expresamente reconocidas por la ley, como las deducciones previstas para inversiones en producciones cinematográficas, series audiovisuales y espectáculos en vivo de artes escénicas y musicales (del 25-30%, según los casos, y que son estudiadas en otro capítulo de esta obra), así como una serie de beneficios fiscales para las entidades de reducida dimensión (esto es, aquellas en las que el importe neto de la cifra de negocios habida en el período impositivo inmediato anterior sea inferior a 10 millones de euros), entre otros supuestos.

> Así, por ejemplo, si una sociedad residente en España tiene un beneficio contable anual de 10.000.000 € y, con los ajustes fiscales y compensación de pérdidas de ejercicios anteriores, se alcanza una cuantía de 8.000.000 €, lo que tendría que tributar esa empresa por IS sería 8.000.000 x 25% = 2.000.000 €.

Ahora bien, si la sociedad no tiene residencia fiscal en nuestro país pero, no obstante, obtiene rentas en el mismo, habrá de abonar el **IRNR** por las rentas que obtiene en él, para lo cual habrá que multiplicar el beneficio contable ajustado según lo ya indicado por el correspondiente tipo de gravamen (por lo general, a un 24-25% o 19% en función de las rentas obtenidas, dependiendo si la empresa cuenta o no con "establecimiento permanente" en nuestro país —esto es, una instalación fija ubicada en España desde donde realiza sus negocios— y si la sociedad es o no residente en otro país de la UE con el que se tenga un intercambio efectivo de información tributaria).

Ahora bien, para determinar la cuota de IRNR que han de pagar las sociedades no residentes habrá que estar, asimismo y en su caso, a los tratados fiscales firmados por nuestro país con otros países. Por lo general, tales convenios para evitar la doble imposición en materia de renta establecen que cuando se desarrolle la actividad económica sin la mediación de un establecimiento, no deberá de tributarse en el país donde se desempeña referido emprendimiento.

> Así, si la misma sociedad referida anteriormente no fuera residente en España y obtiene el mismo beneficio contable anual de 10.000.000 €, siendo así que después de los ajustes fiscales y compensación de pérdidas de ejercicios anteriores se alcanza

asimismo una cuantía de 8.000.000 €, la tributación dependería de las circunstancias en que desarrolle su actividad económica.

Así, si desarrolla la actividad económica por medio de un *establecimiento permanente* en nuestro país, tendría que ingresar por IRNR lo mismo que hubiera ingresado de ser residente en España (como vimos, 8.000.000 x 25% = 2.000.000 €).

Ahora bien, si no desarrolla la actividad a través de un *establecimiento permanente* y se ha firmado con el país de residencia de la sociedad un convenio para evitar la doble imposición, en tales casos no se tributaría en España por las rentas obtenidas en nuestro país.

Asimismo, las sociedades deben abonar a la **Seguridad Social** las cuotas a cargo de la empresa que ascenderán, con carácter general y como se ha indicado ya en otra parte de este libro, a algo más del 23% de las bases de cotización (sueldos abonados a su personal laboral con unos mínimos y máximos fijados por la normativa), y lógicamente, deberán formalizar todas las obligaciones que impone la normativa de la Seguridad Social a los empresarios en relación con las personas que trabajan para ellos (alta y baja de trabajadores, etc.) tal y como se contempla en el oportuno capítulo de esta obra.

Por lo demás, es preciso también referirse a una serie de **obligaciones formales y pagos a cuenta**. Así, aparte de la ya mencionada llevanza ordenada de la contabilidad, habrán de cumplimentarse otras obligaciones como son la emisión de facturas, la información sobre determinados pagos realizados a otros contribuyentes, o bien la presentación de autoliquidación (con o sin ingreso) de determinados tributos (IS, IRNR o IVA) que, con carácter general, se realizarán en los 20 días siguientes de la finalización de cada trimestre natural del año. Por otro lado, las sociedades también deberán presentar autoliquidaciones e ingresar respecto de determinados pagos que realicen, en relación con los cuales habrán de retenerse ciertos porcentajes fijados por la normativa (en el caso más habitual de rentas dinerarias) o realizar ingresos a cuenta (cuando, de forma excepcional, se paguen rentas en especie). Asimismo, deberán ingresarse —generalmente con carácter trimestral— un pago anticipado del IS (conocido como pago fraccionado) que será deducible de la cuota que finalmente resulte de la autoliquidación anual. Y del mismo modo, si a lo largo del desarrollo de sus actividades la sociedad modificara algún aspecto de la misma o de las opciones fiscales que eligió, deberá comunicarse tal circunstancia a la AEAT (normalmente por medio del modelo 036 antes referido).

Finalmente, del mismo modo que ocurre en el ámbito de las personas físicas, si la sociedad es titular de bienes inmuebles o de vehículos deberán pagarse, asimismo, los **impuestos municipales** sobre bienes inmuebles y de vehículos de tracción mecánica.

4.2.2. Fiscalidad indirecta

Por lo demás, los empresarios están también obligados, por lo general, a repercutir e ingresar el IVA, IGIC, IPSI o ITPAJD en relación con los servicios que prestan o bienes que entregan dentro de España, así como respecto de los bienes que adquieren procedentes de otros países, tal y como se ha indicado previamente. El funcionamiento de tales impuestos indirectos (esencialmente, el IVA y el ITPAJD) fue analizado en el epígrafe anterior, adonde cabe remitirse ahora. En el caso de que la empresa adquiera vehículos, naves o aeronaves nuevos, también debería abonar —además del correspondiente IVA— el Impuesto sobre Determinados Medios de Transporte.

4.3. Fin de la actividad

Cuando una sociedad se extingue por la causa que sea (normalmente por voluntad de sus socios que quieren dejar de ejercer la actividad), deberá hacerse una escritura pública de extinción de la sociedad e inscribirse la misma en el correspondiente Registro Mercantil.

Las obligaciones fiscales que derivarán de tal extinción son diversas. Así, por un lado, deberá ponerse en conocimiento de la AEAT la baja en el censo de empresarios a través del **modelo 036**. Por otro lado, deberán cumplirse las últimas obligaciones fiscales de la sociedad en relación con las actividades realizadas antes de su extinción y los impuestos que las gravan (IAE, en su caso, IS o IRNR, IVA, etc).

Y, de forma paralela, también habrá que informar a la Seguridad Social del cese de tal actividad económica y de la extinción —en su caso— de los contratos laborales firmados por la sociedad pues, entre otras cosas, dejarán de pagarse cuotas a dicho ente por los administradores de la sociedad y las personas que prestan servicios a la misma como trabajadoras. Nos remitimos a los que se indica al respecto en otra parte de esta obra.

Adicionalmente, cuando de la extinción de la sociedad deriven transmisiones patrimoniales de la sociedad a los socios, las mismas resultarán gravadas por el ITPAJD en su modalidad de **Impuesto sobre Operaciones Societarias** (IOS) al 1% del valor de los bienes y derechos recibidos, siendo así que tales socios habrán de autoliquidar e ingresar dicho tributo en la Comunidad Autónoma donde se ubicara el domicilio social y fiscal de la sociedad. Si alguno de los bienes que se transmiten son inmuebles podría devengarse también el **impuesto municipal sobre el incremento del valor de los terrenos de naturaleza urbana**, que habría de pagar la sociedad.

Pudiera darse también que la sociedad se extinga sin necesidad de liquidarse. Ello ocurre cuando se producen ciertas **reestructuraciones empresariales** (fusión por absorción, escisión total…), siendo así que en tales casos también habrían de cumplirse con las obligaciones fiscales antes referidas en relación con la información del fin de la actividad económica o el ingreso de los impuestos por las actividades realizadas antes de producirse la extinción. Sin embargo, y aun cuando en tales operaciones se realizan también transmisiones patrimoniales que podrían gravarse por diferentes tributos, existen beneficios fiscales específicos para evitar que tales reestructuraciones empresariales tengan un costo fiscal tan elevado que las hagan inviables económicamente. Pues bien, para la aplicación de tales regímenes fiscales beneficiosos deben cumplirse una serie de requisitos previstos en la normativa fiscal (como, por ejemplo, que la operación tenga un motivo económico válido distinto al ahorro impositivo) y realizarse determinadas comunicaciones a la AEAT.

Finalmente, en el caso de que no se hayan cumplido adecuadamente las obligaciones fiscales de una sociedad extinta, las Administraciones tributarias pueden exigir las deudas pendientes de la sociedad a los que fueron administradores de la misma —u otras personas que hayan facilitado el incumplimiento fiscal— a través de lo que se conoce como mecanismos de **derivación de responsabilidad tributaria**.

5. CREACIÓN DE SOCIEDADES "INSTRUMENTALES" POR ARTISTAS Y CREADORES

Ya se ha puesto de manifiesto que las actividades artísticas y culturales pueden desarrollarse como persona física o por medio de una sociedad, tributando de manera distinta en función de que estemos en uno u otro caso.

Si se obtienen rentas no muy elevadas, resultará generalmente más beneficioso tributar como persona física y además ello conllevará menores costes de gestión. Sin embargo, cuando las rentas sean más cuantiosas (por ejemplo, cuando se superan los 100.000 euros), puede resultar más ventajoso fiscalmente, a efectos de la tributación de las rentas que se obtendrán de la actividad económica, constituir una **sociedad participada al 100%** (o porcentaje cercano) **por el artista o gestor cultural** y, de este modo, que la persona física facture a la sociedad por las entregas de bienes o prestaciones de servicios realizadas a dicho ente societario y, seguidamente, que sea la sociedad la que facture a terceros clientes.

Tal estructura presenta varias ventajas: en primer lugar, si la sociedad constituida es de capital, se logrará limitar la responsabilidad del artista o gestor cultural; pero, en segundo lugar, podrán "remansarse" las rentas (en lugar de distribuirse en forma de dividendos al socio único) y, de este modo, se podrá diferir el pago de impuestos (sólo pagaría el IS, generalmente al 25% sobre los beneficios sociales, pero no el IRPF por los dividendos distribuidos que tributan entre el 19% y el 26% en función de la cuantía). Ello no obstante, en tales casos resulta preciso que la sociedad realice una serie de gestiones adicionales precisamente por tratarse de "personas vinculadas", esto es, de personas (socio y sociedad) que pueden acordar precios a cuantías distintas de las vigentes en el mercado libre. Es lo que se conoce como "operaciones vinculadas", que tienen un régimen jurídico-tributario particular.

Así, por ejemplo, si un artista obtiene rentas netas de 20.000 € al año (ya sea como empleado —rendimientos del trabajo— o como autónomo —rendimientos de actividades económicas—), la tributación en el IRPF será de, aproximadamente (en función de la Comunidad autónoma donde resida y sus circunstancias personales —entendiendo, por ejemplo, que no tiene discapacidad, ni edad elevada, ni personas dependientes de él—) de unos 4.177,5 €. Mientras que si obtuviera esas rentas a través de una sociedad habría de tributarse por las mismas en el IS 5.000 € más, en el caso de distribuirse los 15.000 € restantes después de pagar el IS, habría de abonar 3.030 € de IRPF. Así pues, de interponerse una sociedad habrían de abonarse un total de 8.030 € por IS e IRPF, esto es, 3.852,5 € más de lo que habría de pagarse si tributa exclusivamente por el IRPF.

Sin embargo, si el artista obtiene rentas netas como autónomo de 305.500 €, la tributación en el IRPF de los rendimientos de actividades económicas ascendería en las mismas circunstancias antes referidas a unos 125.901,5 €, mientras que si vehicula las rentas a través de una sociedad española se pagarían 76.375 € por IS y, si cuando distribuya dividendos respecto de los 49.526,5 € restantes después de pagar el IS, habría de abonar en sede del IRPF 10.280,56 €. Esto es, si se utiliza una sociedad instrumental, en total se pagarían 86.655,56 € por IS e IRPF en lugar de los 125.901,5 € que se habrían de satisfacer si no se interpone la sociedad, provocándose un **ahorro fiscal final de 39.245,94 €** y, además, la posibilidad de diferir el pago del IRPF todo el tiempo que se quiera. Obviamente, en las cifras anteriores no se han tenido en cuenta que cuanto la sociedad preste servicios que son considerados como personalísimos (esto es, que sólo pueden prestarse por el socio persona física) la sociedad deberá realizar pagos a su socio por el valor de tales servicios a precios de mercado, lo que disminuiría bastante el ahorro fiscal antes referido. Es lo que se denomina "operaciones vinculadas" a las que nos referiremos seguidamente.

Pues bien, la constitución de sociedades "interpuestas" o instrumentales para la prestación de servicios profesionales ha planteado múltiples problemas en entre contribuyentes y Administraciones tributarias.

Así, por un lado, la AEAT ha entendido que cuando la sociedad instrumental no tiene medios materiales ni humanos (no exista un local comercial, ni equipos de tratamiento de la información, ni mobiliario, ni personal empleado, etc.), la misma puede considerarse simulada y ser ignorada por la Administración tributaria, de manera que las rentas cobradas por la misma se entenderán obtenidas por el artista o gestor cultural, todo ello con las regularizaciones al alza pertinentes de los impuestos impagados, más intereses de demora y eventuales sanciones.

Por otro lado, cuando se estime que la sociedad instrumental dispone de medios materiales y humanos para prestar su actividad, la AEAT variará normalmente al alza el valor de las operaciones habidas entre socio y sociedad, de manera que la casi totalidad de lo cobrado por la sociedad se entenderá percibido por el artista o gestor cultural, con motivo de los bienes y derechos entregados o de los servicios prestados a la sociedad vinculada, también con regularizaciones de impuestos al alza, intereses y, en su caso, sanciones.

En otro orden de cosas, existe otra forma de planificación fiscal para los artistas y deportistas (aunque han sido normalmente estos últimos quienes han utilizado este esquema fiscal): la **cesión de los derechos de imagen a una sociedad íntegramente participada por el artista** o deportista, a fin de que el <u>empleador</u> pague parte del sueldo en concepto de derechos de imagen a la sociedad y parte al artista o deportista, de manera que puedan "remansarse" rentas en la sociedad titular de los derechos de imagen y de la que suele ser socio (normalmente único) el artista o deportista —sociedad que puede ser residente en España o, de forma más habitual, en el extranjero— y, de ese modo, no tributar por el IRPF sino cuando tales rentas sean distribuidas a su socio, circunstancia que dependerá de cuándo lo decida la persona física.

> Así, si un artista es contratado laboralmente en un espectáculo público y cobra unas rentas netas de 305.500 € por su actuación en un espectáculo público, habría de tributar en el IRPF en las mismas condiciones que antes se han referido unos 125.901,5 €. Sin embargo, si acuerda con su empleador que le pague por su contrato laboral sólo 55.500 € y los 250.000 € restantes se los abone en concepto de derechos de imagen a una sociedad irlandesa cuya titularidad ostenta al 100% y a la que tiene cedido referidos derechos de imagen, entonces tributaría en el IRPF 14.201,5 € y en el IS de la sociedad irlandesa (IS: 10%) 25.000 € (en total: 34.201,5 €). El resto del dinero obtenido quedaría remansado en la sociedad irlandesa íntegramente participada y sólo en el momento de distribuirse dividendos (que pueden ser muchos años después) habría que ingresar en el IRPF por tales dividendos 57.880 €. Como puede observarse, el **ahorro fiscal alcanzaría una cifra de 68.021,5 €**, y ello con la posibilidad de mantener las rentas en la sociedad irlandesa sin distribuirse muchos años, con lo que se diferiría sustancialmente el pago de impuestos en España.

Pues bien, para tales supuestos el legislador español ha previsto un régimen especial de imputación de las rentas obtenidas por la sociedad que ostenta los derechos de imagen a la persona física titular de los mismos, al menos cuando supongan más del 15% de las cantidades pagadas por el empleador (art. 92 LIRPF). Ello no obstante, cuando la persona física no sea empleada (trabajo por cuenta ajena) sino autónoma (trabajo por cuenta propia) el esquema fiscal de cesión de derechos de imagen a la sociedad tendría que combatirse con otros medios antielusivos previstos por el ordenamiento jurídico.

Ahora bien, resulta preciso indicar que las consideraciones anteriores sólo se refieren a las medidas de planificación fiscal que pueden acometer las personas físicas que desarrollan su actividad en el ámbito de la cultura y el arte para ahorrar impuestos sobre la renta y en qué manera el Estado español y la propia AEAT han intentado atajar la elusión fiscal que ello puede suponer, esencialmente en lo que respecta al IRPF.

Pero debe considerarse una cuestión adicional: las referidas acciones legislativas y administrativas combinadas pueden eliminar el ahorro fiscal que se produciría en el ámbito del IRPF para prácticamente igualar la tributación con los supuestos en los que no haya existido la interposición social; sin embargo, se ha referido ya por qué motivo la normativa del IVA suele ser más favorable a artistas que desarrollan su actividad económica por cuenta propia como personas físicas, aumentando tal tributación en el caso de que se realice por personas jurídicas. Siendo ello así, si las medidas antielusivas referidas para evitar menos tributación en los impuestos sobre la renta neutralizan las planificaciones fiscales emprendidas por artistas y gestores culturales, la mayor tributación de la actividad económica en el ámbito del IVA empeoraría finalmente la situación fiscal de quienes prestan sus servicios y entregan bienes en el ámbito de la cultura y el arte, hasta el punto de que sería preferible —de ser así— no interponer sociedad alguna y tributar únicamente como persona física.

6. EL *CROWDFUNDING* COMO VÍA DE FINANCIACIÓN DE ACTIVIDADES ARTÍSTICAS Y CULTURALES: IMPLICACIONES FISCALES

Podría definirse *crowdfunding* como una financiación colectiva o en masa que se hace posible por la amplia proyección que tienen hoy en día las plataformas de internet, permitiendo acceder a un gran universo de posibles financiadores de actividades por medio de las redes sociales.

Es preciso indicar que existen distintos **tipos** de *crowdfunding*: (i) el de donaciones, en virtud del cual los participantes en la campaña aportan dinero a fondo perdido a favor de una causa; (ii) el de recompensas, en cuyo caso los aportantes de dinero reciben una contraprestación por las cantidades aportadas; (iii) situaciones mixtas combinando los dos supuestos anteriores, esto es, aportaciones que suponen al mismo tiempo parcialmente donaciones y en parte conllevan el cobro de recompensas; y (iv) el de financiación empresarial, que recaba financiación para la empresa en forma de préstamos (que habrán de ser devueltos y por los que habrá que pagar un determinado interés) y aportaciones a capital de las empresas (que conllevarán la entrega, en contrapartida, de participaciones sociales o acciones y que permitirán el cobro de dividendos como resultados distribuidos del beneficio empresarial).

Pues bien, sin perjuicio de que los supuestos de financiación empresarial puedan tener interés para la financiación y puesta en funcionamiento de determinadas empresas incipientes (*startups*) que se dediquen al ámbito de la cultura y el arte y que requieran determinados umbrales de capital, a los efectos de la financiación de proyectos culturales y artísticos serán probablemente más relevantes los otros tipos de *crowdfunding* como se verá inmediatamente. Ello no obstante, lo que interesa ahora destacar es que deben tenerse en cuenta algunos aspectos fiscales a la hora de decidirse por financiar proyectos a través de plataformas de *crowdfunding*, pues la mayoría de las personas físicas que, de forma no profesional, obtienen recursos a través de esta vía pueden desconocer tales obligaciones fiscales y, en consecuencia, incurrir en responsabilidades indeseadas (regularizaciones tributarias, intereses de demora e incluso sanciones tributarias).

Así, por un lado, cuando el *crowdfunding* sea **de donación**, el donante, según se contempla en otra parte de este manual (régimen regulado en arts. 17 y ss. de la Ley 49/2002), siempre que la aportación constituya una donación pura, simple e irrevocable y se realice a una entidad sin ánimo lucrativo reconocida como tal por la AEAT, tendrá la posibilidad de deducirse (i) el 80% de lo donado hasta 150 euros y 35-40% por el resto si es persona física residente en España (IRPF), y (ii) el 35% si es persona jurídica (Impuesto sobre Sociedades —IS—), (iii) si es no residente en España sin establecimiento permanente las cantidades fijadas en el apartado (i) anterior; y (iv) si es no residente en España con establecimiento permanente en nuestro país la cantidad recogida en el apartado (ii) anterior.

> Así, si una persona física residente en Madrid realiza, a través de una plataforma de *crowdfunding*, una donación de 100 € a una entidad sin ánimo de lucro reconocida como tal por la AEAT para financiar la rehabilitación de una obra de arte, si tal persona no realiza más donaciones a otras entidades sin ánimo de lucro tendrá derecho a una deducción en su IRPF de 80 €.

En otro orden de cosas, el donatario habrá de tributar (i) por el ISD si es persona física, siendo así que tendría que tributar por lo general al 15,3%, debiendo presentar el modelo 651 ante la Comunidad Autónoma donde resida (o bien ante la AEAT si no es residente en España y recibió de nuestro país una donación); (ii) por el IS (si es residente) o en el IRNR (cuando no sea residente y persona jurídica), salvo si es una entidad sin ánimo lucrativo, en cuyo caso no tendrá que tributar por IS.

> Así, si un artista residente en Madrid y con un patrimonio inferior a 403.000 € solicita a través de una plataforma de *crowdfunding* donaciones de 50 € para realizar una determinada obra de arte, por cada una de ellas deberá presentar un modelo 651 en la Comunidad Autónoma —o en la AEAT si fuera no residente— donde resida en el que ingrese 7,65 €. Así pues, si ha recibido 1.000 donaciones de 50 € cada una, deberá presentar 1.000 autoliquidaciones (modelo 651) de 7,65 € cada una, con un gravamen total de 7.650 €.

Por otro lado, cuando el *crowdfunding* sea **de recompensas**, habrá de tenerse en cuenta que el aportante no tendrá implicación fiscal alguna, si bien de ser empresario o profesional podría solicitar factura de la operación en aras a deducirse el IVA repercutido o la aportación realizada como gasto en su correspondiente impuesto sobre la renta (IRPF, IS o IRNR).

Sin embargo, el receptor de la aportación se convertirá en empresario al entregar bienes y derechos con organización de recursos, con lo que incurrirá en las siguientes obligaciones (i) censales, en cuanto que deberá presentarse el modelo 037 al inicio y al finalizar la actividad de crowdfunding; (ii) en el ámbito del IRPF (si es persona física residente), del IS (si es persona jurídica residente) o del IRNR (si es no residente) por la percepción de rentas, siendo así que si pretende deducirse los gastos en los que ha incurrido deberá solicitar la oportuna factura; y (iii) en el ámbito del IVA deberá repercutir el IVA —salvo que las operaciones realizadas resulten exentas— por las entregas de bienes o servicios que ofrezca y, asimismo, podrá deducirse el IVA de los gastos en los que haya incurrido relacionados con la actividad de *crowdfunding* siempre y cuando estén justificados por la correspondiente factura.

> Si un artista gráfico inicia una campaña de *crowdfunding* en la que ofrece un dibujo suyo por cada aportación de 20 € que se realice, tendrá —en primer lugar— que darse de alta en el censo de profesionales y empresarios (modelo 037) durante el tiempo que dure tal campaña de financiación, y darse de baja tan pronto como acabe la misma. Por otro lado, deberá repercutir el IVA por la entrega de tales dibujos, siendo así que como en los 20 euros debe estar incluido dicho impuesto y el tipo de gravamen para tales entregas de bienes es del 10%, por cada dibujo estará cobrando 18,18 € y repercutiendo 1,82 € de IVA, siendo así que al final de la campaña deberá ingresar el IVA repercutido (1,82 € x el número de dibujos vendidos) menos el IVA soportado deducible (el que haya tenido que pagar por los gastos en los que haya incurrido en concepto de papeles, pinceles, comisión girada por la plataforma, envíos, etc., siempre que estén acreditados con factura). A tales efectos, y dado que el IVA se recauda trimestralmente, es preferible inscribir la campaña en un trimestre natural. Asimismo, para el año en que se inscriba la campaña de *crowdfunding* deberá declarar en el IRPF como rendimientos de actividad económica el total de dinero obtenido en la misma (18,18 € x el número de dibujos vendidos), de donde podrá deducir los gastos acreditados (con factura) en los que se haya incurrido para realizar dicha actividad (comisión de plataforma, hojas y lápices, gastos de envío, etc.).

Finalmente, cuando el **crowdfunding** sea **mixto** (donación y recompensa), deberán seguirse las reglas antes referidas en relación con los dos tipos de financiación analizados, teniendo en cuenta que lo que no sea el valor de la recompensa tendrá carácter de donativo.

> Imagínese que una ONG ofrece en una campaña de *crowdfunding* bolígrafos a 5 euros, siendo así que el precio a mercado del bolígrafo es de 1 € y los restantes 4 € son una donación para una determinada causa. Si el bolígrafo tiene un precio de mercado de 1 € (IVA incluido, esto es, distribuyéndose las cuantías en 0,83 € de bolígrafo y 0,17 € de IVA), los 4 € restantes, al ser una donación, conllevarían para el donante la posibilidad de deducirse (si se cumplen las condiciones legalmente previstas) en su impuesto sobre la renta en los porcentajes antes referidos. Por su parte, la ONG no tendría generalmente que tributar por las rentas recibidas (4,83 €) por resultar exentas, pero sí habría de ingresar los IVA repercutidos (0,17 € por bolígrafo), de donde podría restar —en su caso— los IVA soportados en relación con los bolígrafos referidos.

Por lo demás, el *crowdfunding* **financiero** no presenta especiales problemas en relación con las obligaciones fiscales que de él deriven pues, por un lado, los intereses y dividendos que pueden derivarse como rentas en dicho ámbito están exentos de IVA y, por otro lado, sujetos a retención por parte del pagador, de manera que el aportante de dinero (y perceptor de rentas) sólo habrá de soportar las retenciones que se le giren y posteriormente declarar tales rentas en su correspondiente impuesto, siendo así que —por lo general— el propio sistema de cumplimentación en red (*v. gr.* Renta WEB) recordará la existencia de tales rentas.

7. RECAPITULACIÓN

En suma, la realización de actividades artísticas y culturales comporta una serie de obligaciones fiscales que deben tenerse en cuenta a la hora de emprenderlas. Resulta relevante conocer si, por diversos motivos, interesa realizar el emprendimiento como persona física o como persona jurídica y, en este último caso, qué forma de las que prevé el ordenamiento jurídico puede adoptarse. Con todo, habida cuenta de los beneficios fiscales que existen para las personas físicas en el ámbito del arte y la cultura (sobre todo en el ámbito del IVA) y considerando las características personalísimas de los servicios que se prestan y de los bienes que se producen en el ámbito considerado, en la mayoría de los casos se llevarán a cabo tales actividades sin constituir sociedades.

Por lo demás, quienes emprendan en los ámbitos de la cultura y el arte deben conocer que deberán pagarse impuestos (i) por la renta que obtengan, (ii) por el patrimonio que ostenten y por los bienes y derechos que reciban gratuitamente, ya sea *inter vivos* o *mortis causa*, así como (ii) por los servicios que presten o bienes que entreguen. Adicionalmente, deberán cumplirse con determinadas obligaciones formales (alta y baja en el censo de empresarios y profesionales, informar de las operaciones realizadas con otros empresarios cuando las mismas superen un determinado umbral, presentar autoliquidaciones tributarias, realizar retenciones por determinados pagos que se lleven a cabo e ingresarlos en la AEAT, etc.

Finalmente, debe indicarse que el *crowdfunding* permite allegar dinero con el que financiar determinados proyectos culturales y artísticos, al tiempo que se hace partícipe a quienes colaboran en la financiación de tales proyectos por medio de un sistema de recompensas. Ello no obstante, debe tenerse en cuenta que este tipo de actividades conllevan también obligaciones fiscales que no suelen ser conocidas por quienes las realizan, especialmente si se trata de pequeños artistas que ofrecen su obra en contrapartida a las aportaciones realizadas.

8. BIBLIOGRAFÍA BÁSICA

Abascal Rodríguez, J. A., "Tratamiento fiscal del artista", *Ekonomiaz: Revista vasca de economía* n. 51, 2002, págs. 126-139 (disponible en internet a través de *Dialnet*).

González-Cuéllar Serrano, M. L., *El estatuto fiscal del artista*, La Cultivada, 2019 (disponible *on-line* en http://lacultivadaediciones.es/wp-content/uploads/2019/06/El-estatuto-fiscal-del-artista.pdf, consultado del 2-11-2022).

Jiménez Compaired, I., "Fiscalidad de artistas y deportistas: últimos avances jurispudenciales sobre el tratamiento de la explotación comercial de la propia imagen y otros negocios conexos", *Revista Aranzadi de derecho de deporte y entretenimiento* n. 26, 2009, págs. 405-415.

Ramírez Gómez, S., "Del caso Lola Flores al caso Leo Messi. La conflictiva relación de artistas y deportistas con la Agencia Estatal de Administración Tributaria", *Lección Inaugural Curso 2018-2019* Universidad de Huelva (disponible *on-line* en http://rabida.uhu.es/dspace/handle/10272/15357, consultado el 2-11-2022).

Rodríguez Losada, S., "Interpretación dinámica de los convenios para evitar la doble imposición en relación con las rentas de artistas y deportistas", *Revista Aranzadi de derecho de deporte y entretenimiento* n. 35, 2012, págs. 139-170.

Toribio Bernárdez, L., *La dimensión internacional del fútbol desde la perspectiva del derecho tributario. Reexaminando el fundamento y la aplicación práctica del artículo 17 del Modelo de Convenio de la OCDE*, Tesis doctoral leída en la Universidad de Sevilla en 2019 (disponible *on-line* en https://idus.us.es/handle/11441/91407, consultado el 2-10-2022).

  – *Tributación de futbolistas y clubes de fútbol en los convenios para evitar la doble imposición: Análisis crítico y problemas prácticos*, Aranzadi Thomson Reuters, Cizur Menor (Navarra), 2020.

9. MATERIALES, ACTIVIDADES Y/O CASOS

PÁGINAS WEB DE INTERÉS:

- AFIRIS, "Fiscalidad de los derechos de autor y tributación de royalties en España" (disponible *on-line* en https://www.afiris.es/fiscalidad-tributacion-derechos-autor/, consultado el 2-11-2022).
- Asociación de Modelos y Agencias de España, "Guía sobre el tratamiento fiscal y la facturación de los derechos de imagen en publicidad. Encuadramiento en la seguridad social" (disponible *on-line* en https://amae.es/wp-content/uploads/2021/04/GUIA-FISCAL.pdf, consultado el 2-11-2022).
- Escrichs, M., "El Gobierno dará un trato diferente en IRPF y quizá en cotizaciones a los autónomos artistas y de la cultura", *Autónomos y emprendedor.es* (disponible *on-line* en https://www.autonomosyemprendedor.es/articulo/actualidad/gobierno-dara-trato-diferente-irpf-quiza-cotizaciones-autonomos-artistas-cultura/20220923161817027820.html, consultado el 2-11-2022).
- Expansión, "Los representantes de artistas deben tributar al 21%" (disponible *on-line* en https://www.expansion.com/juridico/sentencias/2020/04/21/5e99e39ce5fdea7d628b45df.html, consultado del 2-11-2022).
- Fun & Money, "Tributación de los artistas extranjeros en territorio nacional" (disponible *on-line* en https://www.funandmoney.es/tributacion-artistas-extranjeros-territorio-nacional/, consultado del 2-11-2022).
- S&A Abogados, "La tributación de las obras de arte" (disponible *on-line* en https://www.simancas-aa.com/la-tributacion-de-las-obras-de-arte/, consultado el 2-11-2022).
- Ministerio de Industria, Comercio y Turismo, Manuales para emprendedores y empresas: http://www.ipyme.org/es-ES/AplicacionesWeb/Paginas/Publicaciones.aspx (consultado el 2-11-2022).
- MYL Abogados y Asesores, "Tributación de los derechos de autor" (disponible *on-line* en https://mylabogados.es/tributacion-de-los-derechos-de-autor/, consultado el 2-11-2022).
- Pérez Delgado, A., "El tipo impositivo de IVA para los artistas y conciertos" (disponible *on-line* en https://www.dominguezfrancoabogados.es/blog/el-tipo-impositivo-de-iva-para-los-artistas-y-conciertos, consultado el 2-11-2022).
- Pérez-Fadón Martínez, J., "Régimen fiscal del artista", *Blog Pintura al aire libre y más* (disponible *on-line* en http://pinturaairelibre.blogspot.com/p/regimen-fiscal-del-artista.html, consultado el 2-11-2022).
- Rodríguez Bernal, A. P., "Fiscalidad en la venta de obras de arte" (disponible *on-line* en https://rodriguezbernal.com/fiscalidad-de-la-venta-de-obras-de-arte/, consultado el 2-11-2022).
- Sympathy for the lawyer,

- • "Fiscalidad derechos de autor. IRPF, declaración de la renta e IVA" (disponible on-line en https://sympathyforthelawyer.com/2017/04/07/fiscalidad-derechos-autor-irpf-iva/, consultado el 2-11-2022).

- • "¿Qué impuestos pagan los músicos? Tributación en IRPF" (disponible on-line en https://sympathyforthelawyer.com/2017/05/30/impuestos-pagan-los-musicos-tributacion-irpf/, consultado el 2-11-2022).

- – Te gestionamos Abogados y Asesores on-line, "¿Cómo funciona el IVA en transacciones con obras de arte?" (disponible *on-line* en https://www.tegestionamos.com/como-funciona-el-iva-en-transacciones-con-obras-de-arte/, consultado el 2-11-2022).

ACTIVIDADES

ACTIVIDAD n. 1. Comparar las obligaciones tributarias derivadas del ejercicio de una actividad en función de que se realice individualmente o a través de una sociedad (pónganse ejemplos con datos numéricos como ingresos y gastos, etc).

ACTIVIDAD n. 2. ¿Qué obligaciones fiscales hay que tener en cuenta en el momento de iniciar el desarrollo de una actividad dentro de los ámbitos artísticos o culturales?

ACTIVIDAD n. 3. ¿Qué reclamaciones fiscales tienen artistas y personas creadoras? Análisis del proyecto del *Estatuto del Artista* y los avances que se han realizado desde el Ministerio de Cultura y Deporte (https://www.culturaydeporte.gob.es/destacados/estatuto-del-artista.html), así como, sobre todo, (https://www.culturaydeporte.gob.es/dam/jcr:71dcb5fa-a6be-448d-8dcd-b1ccfc831875/informe-del-congreso-estatuto-del-artista.pdf).

ACTIVIDAD n. 4. ¿Qué fiscalidad directa tiene el desarrollo de actividades artísticas y culturales? O, lo que es lo mismo, ¿cómo tributan tales actividades por IRPF, IS, IRNR, IAE?

ACTIVIDAD n. 5. ¿Qué fiscalidad indirecta tiene la prestación de servicios o entrega de bienes de carácter artístico y cultural? O, lo que es lo mismo, ¿cómo tributan tales operaciones por IVA o por ITPAJD?

ACTIVIDAD n. 6. ¿Qué obligaciones fiscales tienen quienes financian el proceso creativo de una obra artística o cultural a través de la financiación participativa en masa o *crowdfunding*?

CASOS PRÁCTICOS

CASO n. 1. Te propones iniciar una actividad artística o cultural y debes realizar un informe sobre las obligaciones fiscales que conllevará dicha actividad desde la primera gestión que se llevará a cabo hasta la última (en caso de que se decida dar por terminada la misma). Se pide tratar, al menos, las siguientes cuestiones:

a) Definir el tipo de actividad que se pretende desarrollar con alguna previsión de ingresos y gastos.

b) Indicar si se desarrollará tal actividad por cuenta propia o por cuenta ajena y si existe algún motivo fiscal para ello.

c) En caso de desarrollarse la actividad por cuenta propia, debe indicarse qué forma se elegiría (si como emprendimiento individual o a través de alguna forma societaria (indicando cuál) y las razones que te llevan a adoptar tal opción.

d) Las obligaciones fiscales que se derivarían en las distintas etapas de la actividad (inicio, desarrollo y finalización), tanto desde una perspectiva formal (presentación de modelos y declaraciones ante las Administraciones tributarias) como materiales (ingreso de aranceles, tasas o impuestos, en su caso). A tales efectos, se pueden realizar simulaciones de ingreso (o de solicitudes de devolución) tributarios en función de la previsión de ingresos y gastos que se haya realizado.

CASO n. 2. Te propones financiar una actividad artística o cultural a través de una plataforma de *crowdfunding* y debes redactar un informe sobre las obligaciones fiscales que tal modo de financiación conllevará para no tener problemas con la Administración tributaria. Se pide al menos un detalle de las siguientes cuestiones:

a) Descripción de la actividad artística o cultural que se quiere financiar, con cifras numéricas de los gastos que habrían de financiarse y de la estructura de recompensas (en su caso) que pretende ofrecerse en la campaña de *crowdfunding*.

b) Elección del tipo de *crowdfunding* que se sugiere (de donaciones, de recompensas, mixto, financiero), así como de la plataforma en la que se desea ofertar la campaña. Indíquense los motivos que te han llevado a tomar tales opciones.

c) Todas las obligaciones fiscales que conllevaría la campaña de *crowdfunding* desde el inicio al fin de la misma. Pueden realizarse simulaciones en función de los ingresos y gastos esperados.